周树山 著

乱世和末世的自我救赎

中国近代的知识分子

复旦大学出版社

序

知识分子不是仅指识字和读书的人，他们是具有深邃洞察力和独立批判精神、关心人类命运、具有强烈社会责任感的人。1948年8月25日，在波兰弗罗茨瓦夫召开的"知识分子和平大会"上，爱因斯坦虽受到邀请，但因故没有出席，他写了一份发言稿，后来以"给知识分子的信"为名发表于1948年的《纽约时报》上，他谈到第二次世界大战后，在这个人类发明并使用过核武器的世界，对知识分子而言没有比关心人类命运更为紧迫的使命。他说："柏拉图是最早试图努力为之奋斗的人之一——运用理性和谨慎来解决人的问题，而不是向远祖遗传下来的本能和热情投降。"把知识分子的标杆定在古希腊伟大的思想家柏拉图上，使这个群体更加神圣和庄严。知识分子不仅是人类智慧的大脑，更是人类的良知，是人类社会警醒的守夜人。

　　然而真有这样一群超凡的圣人吗？

　　具体到单独的个体，我认为没有。生活于历史进程中的每个人都有其局限性，没有谁是上帝派来向尘世宣示真理的圣徒。所以我们可以给知识分子一个更确切、更平常的定义，那就是我国杰出的学者陈寅恪所宣示的"独立之精神,自由之思想"。凡是追求和具备这种精神境界的人都应算作知识分子。这有一个起码的底线,就是他不依附于什么,他徒步走在精神的原野上,他看到了,他用自己的脑袋思考,他用内心的良知衡量,然后他说出他的想法和主张或者付诸改变的行动。

这个标准其实并不简单,这样的人只能产生于现代社会里,在前现代社会不会有这样的人。所以知识分子是一个现代的概念。

前现代社会,比如中国两千多年的皇权专制,是一个人身依附的社会,没有公民,只有臣民。在赫赫皇权之下,每个人都是一粒尘埃,都端着皇帝赏给的饭碗,让你活着,就是皇恩浩荡。那时的人做梦也不会想到"独立之精神,自由之思想"的口号,所以万不会产生知识分子。

中国近代知识分子产生在皇权崩解的时代。

康有为、章太炎、梁启超、严复、黄遵宪……都是时代造就的新人,是皇权崩解时代产生的近代知识分子。

他们扎根在旧文化的土壤上,然而他们没有向"远祖遗传下来的本能和热情"投降,他们使滋养他们的旧文化焕发了新的生机并改变了自己。

他们是从异域盗火的勇士,这火光不仅照亮了自己的路,他们坚信,这火光也会照亮民族新生的路。

他们不是中国传统的士。皇权道统的诠释者和维护者通过科举跨进治统,成为皇权专制的国家机器上的齿轮和螺丝钉。

而他们已不认同那些人赖以安身立命的朝廷，从形式上或者实质上，他们已被摒弃和抛出。

他们是皇权专制的贰臣逆子，背转身去，站在了新时代的门槛上。

他们在末世和乱世实现了自我救赎，在阳光明暗之间力图拓展自己的生存和发展空间，但这注定是一场无望的抗争。

他们是一群失败者，如梁启超所言："我所做的事，常常失败——严格地说，没有一件不失败。"无论是政治实践、社会理想、学术功业、人生道路……失败是他们的宿命。

他们颠踬着，奔逐着，呼喊着……我们站在时代的回音壁前，看到了他们的身影，听到了他们的呐喊。

他们是启蒙的先驱，在他们身后是追随者的队伍。报晓的雄鸡死在晨曦初露之时，或许黎明终会到来。这是一种信念。人有信念，才不会倒在荆棘丛生的路上。

本书所讲的不是他们的全体，只是烟云苍茫中几个隐约的身影。但我们认出了他们的面容。我们的前辈，或许也是我们的宿命。

如此而已。

2020 年 4 月 1 日于萨尔图

目 录

序 / i

第一章　末路的失败者 / 1
　　论陈宝箴 / 2
　　苦雨凄风梦亦迷
　　　　——戊戌政变前后的黄遵宪 / 11
　　万里西风雁阵哀
　　　　——严复与近代中国转型 / 43

第二章　旧文化与新生机 / 83
　　启蒙先驱康有为 / 84
　　梁启超悲悼菊花砚 / 97
　　春半如秋意转迷
　　　　——梁启超民初归国的心路历程 / 114
　　大道多荆榛
　　　　——梁启超的宪政思想及其实践 / 140
　　乱世和末世的自我救赎 / 149
　　汤寿潜：读书人的国运担当 / 157

第三章　章太炎二三事 / 173

　　由鲁迅而及章太炎和严复 / 174

　　我看章太炎 / 180

　　太炎先生的婚事 / 185

　　章太炎被殴事件 / 193

　　失去自由的章太炎 / 201

第四章　转型期的文人素描 / 215

　　隐世于学 / 216

　　文人的操守 / 224

　　一匹特立独行的马 / 226

　　失踪的战地记者方大曾 / 237

　　帝国政治的窳败之斑

　　　　——晚清变法及宪政改革的几个节点 / 261

跋 / 283

第一章

末路的失败者

论陈宝箴

陈宝箴是著名史学大师陈寅恪的祖父,晚清的湖南巡抚,主政一省,思想开明。戊戌变法中,在保守落后的湖南厉行新政,其开风气之功被后人铭记。但陈宝箴只能算作清王朝的能臣和循吏,作为体制内的开明臣子,在光绪帝的变法中尽一个地方官员的责任而已。他的思想与变法潮头中的康有为、梁启超的思想有本质上的不同,他甚至在张之洞的授意下,抑制和打压康、梁的思想,以至在后期引起光绪皇帝的不满和责备。但陈宝箴的确是专制王朝中一个忠诚正直、有操守、有原则的臣子,其为人恭谨谦抑、刚柔相济,可谓晚清的一代名臣。

陈寅恪在言及戊戌变法的思想源流时,有语云:

> 当时之言变法者,盖有不同之二源,未可混一论之也。咸丰之世,先祖亦应进士举,居京师。亲见圆明园干霄之火,痛哭南归。其后治军治民,益知中国旧法之不可不变。后交湘阴郭筠仙侍郎嵩焘,极相倾服,许为孤忠闳识。先君亦从郭公论文论学,而郭公者,亦颂美西法,当

时士大夫目为汉奸国贼,群欲得杀之而甘心者也。至南海康先生治今文公羊之学,附会孔子改制以言变法。其与历验世务欲借镜西国以变神州旧法者,本自不同。故先祖先君见义乌朱鼎甫先生一新"无邪堂答问"驳斥南海公羊春秋之说,深以为然。据是可知余家之主变法,其思想源流之所在矣。(《读吴其昌撰梁启超传书后》)

一句话,陈宝箴是体制内的改革派,也就是"补天派"。他们的变法动机来自王朝衰败后被列强欺辱的残酷现实。焚烧圆明园的干霄之火强烈地刺激了他的民族自尊心,要重振天朝大国之雄风,改变积贫积弱的现实,必须向西方学习,试行西方的良法。因此,开矿、修铁路、架电线、练兵、办学、办报等一干举措都是为了使清王朝强大起来,他们对君主的忠诚、对制度的维护、对几千年纲常伦理的认同是不可动摇的,而对于平等、民权等近代思想是抵拒的。其中抵拒最力、视如仇雠的,当属时任湖广总督的张之洞。陈宝箴是张之洞的属下,陈虽然温和一些,但二人的思想观念并无不同。

陈宝箴之温和在于他主政湖南赞同"思想解放",因此有时务学堂之设,同意聘请梁启超来学堂为总教习,支持湖南学政江标(字建霞)办《湘学报》宣传新思想,转变保守的士绅风气。但"思想解放"在张之洞和陈宝箴等体制内官员的思想里是有尺度的,或者说是有红线的,触碰和超越红线是不被允许的。这是张之洞和陈宝箴们安身立命之本,也是多年来传统教育和由士而仕的人生之路所形成的价值观，是一点儿也动摇不得的。这个红线简单地说就是三纲五常。举凡一切动摇三纲五常的新思想和新观念他们都是不能容忍的。当张之洞在《时务报》上发现梁启超的文章中有"放巢流彘"一语就连连大呼"人人惊骇，恐遭大祸"，发电陈宝箴、黄遵宪立即对报纸进行整顿和补救。"放巢"者，源于"成汤伐桀，放于南巢"，即残暴的夏桀被殷汤所灭，流放到南巢。"流彘"者，源于"流王于彘"，指的是周厉王暴虐，不准人们说话，杀死议论朝政的人，国人暴动，把他流放到彘地。"放巢流彘"是用历史典故说明统治者如残暴失德，不仅会殃及国民而且会祸及自身。但在张之洞的眼里，如同秃子讳言"光"和"亮"，说到暴君、昏君，无论文章语境如何，都被看作对当代君主的影射。而这，是绝对不被允许的。出于谨慎和对上司的遵从，陈宝箴自然也会对言论严加管束。

张之洞、陈宝箴与康、梁的对立，不完全是思想和学术上的争端，而是政治上的对立。在陈宝箴主政的湖南，有张之洞这样一个严厉的思想警察，《湘学报》的言论空间更加逼仄，生存更加艰难。张之洞不断地发电给陈宝箴、江标和继任学政徐仁铸，指斥报上所发的"不当言论"。他明确指示，不许《湘学报》发表康有为所谓"素王改制"的言论，他在1897年8月9日致湖南学政江标的电报中说："《湘学报》卷首即有'素王改制'云云，嗣后又复两见。此说乃近日公羊家新说，创始于四川廖平，而大盛于广东康有为。其说过奇，甚骇人听。"其后又指示说："且《湘报》系阁下主持刊播，宗师立教，为学校准的，与私家著述不同。窃恐或为世人指摘，不无过虑。方今时局多艰，横议渐作，似尤以发明为下不信之义为亟……可否以后于《湘报》中勿陈此义。"之后，他再发电陈宝箴，强调他的话"于世道学术，甚有关系"。语气之重，似乎不容辩驳。他为什么反对康有为的学说呢？他的幕僚陈庆年于张之洞发电前一天即8月8日的日记中道出真情——其晚，张之洞招幕僚们于八旗会馆聚饮，宴散后于小亭观月，众人围坐，张之洞说："康长素主张素王改制，自谓尊孔，适足诬圣。平等、平权，一万年做不到，一味呓语云云。反复详明，三更始散。"他所仇恨的是康有为学说中的"平等"和"平权"思想，认为其将动摇君主专制制度。陈宝箴在回电中表示，他和江标会遵从张的指示，将对报上的有关言论"刊误奉报，无俟再商"。此时在南京的谭嗣同（字复生）听到了《湘学报》朋友向他通报的消息，极为愤慨，他在私信中云："湘信言，南皮（张之洞）强令《湘学报》馆改正素王改制之说，自己认错，而学使不敢不从。南皮辞甚严厉，有揭参之意，何其苛虐湘人也。湘人颇为愤怒，甚矣！达官之压力，真可恶也。"

但张之洞以他达官之地位，又被时人称许为学林中人，自愿承担起思想警察的责任，对言论的管制愈益严厉。如他认为上海《时务报》刊发有梁启超"不当言论"，即发电湖南，禁止湖南发行该期报纸。湖南学政江标去职后，继任学政徐仁铸赴任过鄂,张之洞对之大谈对《湘学报》的不满。甚至1898年5月6日,张之洞下令湖北禁订《湘学报》。5月11日,他致电陈宝箴,指斥《湘学报》"其偏尤甚",某篇文章"十分悖谬,见者人人骇怒"。又督责陈宝箴:"公主持全湘,励精图治,忠国安民,海内仰望。事关学术人心,不敢不以奉闻,尤祈……留心救政。"最后表示,要把他的大作《劝学篇》送来,其作"正人心,开风气"。当然,他要的是舆论一律,要以他的是非为是非,要天下的读书人按照他一个人的调门说话。这种霸道无理,乃专制官场之常情,是对思想和舆论的钳制。一个高位者说话,下边的人立刻噤声,马上照办。陈宝箴对张之洞完全让步,他的对策也相当极端,索性下令"删去报首议论"。一张报纸,如果没有议论,则是没有主张,没有思想,完全成为一种资料和信息汇编,等于阉割了报纸的生命。但张之洞是陈宝箴的上司,陈没有理由不服从。

尽管如此,陈宝箴在湖南仍以开明著称。总体来说,他在张之洞与康、梁以及湖南本地开拓进取的青年才俊之间采取了折中的立场,尽量保护维新思潮,以促变湖南士绅的保守风气。如黄遵宪因保护《时务报》梁启超等人,已失去张的信任,甚至被张视为政治异己,但陈宝箴对黄遵宪仍信任有加。然而陈宝箴与维新领袖康有为之间的思想分歧却是难以弥合的。1898年7月12日,他给光绪帝上疏,请求将康有为的《孔子改制考》一书销毁。考虑到光绪帝对康有为信任有加,他在奏疏中措辞极为委婉:

臣尝闻工部主事康有为之为人，博学多才，盛名几遍天下，誉之者有人，毁之者尤有人。誉之者无不俯首服膺，毁之者甚至痛心切齿，诚有非可以常理论者。臣以为士有负俗之累而成功名，亦有高世之行而弋虚誉。毁誉不足定人，古今一致。近来屡传康有为在京呈请代奏折稿，识略既多超卓，议论亦颇宏通，于古今治乱之源，中西政教之大，类能苦心探讨，阐发详尽，而意气激昂慷慨，为人所不肯为，言人所不敢言，似不可谓非一时奇士。

这段话似在肯定康有为，但言语之间也在告诉光绪帝，康是个争议很大的人物。争议的核心在于康所著《孔子改制考》：

其著为此书，据一端之异说，征引西汉以前诸子百家，旁搜曲证，济之以才辩，以自成其一家之言，其失尚不过穿凿附会。而会当中弱西强，黔首坐困，意有所激，流为偏宕之辞，遂不觉其伤理而害道。

陈宝箴否定了康有为的著作，指出其为"穿凿附会"的"偏宕之辞"，当此"中弱西强，黔首坐困"的艰难时世，它的危害在于"伤理而害道"。康有为著作里的什么东西让陈宝箴们如此痛心疾首呢？

其徒和之，持之愈坚，失之愈远，嚣然自命，号为康学,而民权平等之说炽矣。甚或逞其横议,几若不知君臣父子之大防。

伟哉康有为!在万马齐喑、大厦将倾的时代,唱响民权平等之说,给黑暗沉重的千年帝国引入思想之光,爝火未熄,必将燎原!作为中国传统士大夫的陈宝箴,其内心的震动和发自本能的抵拒乃势所必然。他是体制内的官员,思想之底色乃是儒家经典和三纲五常,"君臣父子之大防"是绝不可以挑战的。或曰,陈不是开明的维新派吗?其主政湖南施行的很多新政不是还遭到顽固派的攻击吗?不错,这正是陈宝箴的悲剧所在。一方面忠君,忠于体制,绝不逾越"君臣父子之大防",闻民权平等之说则认为"伤理害道",不可容忍;另一方面,正因为忠于体制,才苦心积虑为这个体制寻新路,开新法,以维护纲常之不坠。如陈寅恪所言,其祖父变法的思想源头来自体制内的郭嵩焘,郭因有出使西方的经历,其所见所闻影响了陈宝箴,才使其在同时的官员中显得开明。同时,也仅仅是"开明"而已,他们是有不可逾越的底线的。其后,在张之洞的督厉下,陈宝箴渐趋保守,他关闭了南学会,对《湘学报》的管束愈加严格,使对湖南风气影响重大的时务学堂自放假后未能再度开学。事实上,湖南的维新思潮在其主政后期已趋于沉寂。即使如此,顽固派也没有放过他。戊戌政变后,慈禧太后以"滥保匪人"的罪名将其"即行革职,永不叙用"。同一道诏书中,在父亲任上协助变法的吏部主事陈三立也因"招引奸邪，着一并革职"。父子两人都被皇朝体制一脚踢了出去。

当然也有为陈宝箴抱不平的，但没有用。慈禧太后一怒之下，不辨良莠，玉石俱焚，你有天大的委屈，也只能逆来顺受。据时人皮锡瑞记载，他在朋友家中见到初被革职的陈宝箴"天君泰然，一无激词"，赞其有古大臣之风。横逆之来，波澜不惊，泰然处之，确实是难能的修养。但内心的苦楚和委屈又有谁人可诉呢？光绪二十四年（1898年）九月廿日，正是"枫叶荻花秋瑟瑟"之时，陈宝箴和儿子陈三立乘舟沿江而下回归江西原籍，满眼烟波处，寥落此心知。当其旧部下黄遵宪前往船上送别时，陈宝箴"于湘舟中洒泪满袖，云相见无时"（黄遵宪1901年《致陈三立函》），真正是"江州司马青衫湿"。一个年近古稀，忠于社稷的老臣，身边是刚刚死去的妻子的棺木，还有同样被革职断了前程的儿子，其内心之悲怆，何可言哉！

年余后，庚子事变，义和团起，洋兵入都，国事危殆，陈宝箴于闲居中愤郁难平，"忽以微疾卒"。

早在光绪十五年（1889年），复官再任的晚清名臣王文韶向朝廷举荐陈宝箴，言及其品行时说："该员才大而性刚，往往爱惜羽毛，有不轻寄人篱下之概，所如稍不合，辄置荣辱于度外，而其秉性忠直，感恩图报之心，固未尝一日忘也。"

这种浊世高蹈，超拔群侪的品格几乎是流淌在陈氏骨血里的，并化成一种高贵的基因传承后世。其子陈三立自随父归籍，知国事不可为，以诗文自娱，如清莲出尘，不染世渎。开初尚有"埋愁无地诉无天"的悲愤,转而如大江出峡,云天平阔,"凭栏一片风云气,来做神州袖手人"。但他并非超然世外,在民族大义和个人去就处仍然风骨凛然:不就袁世凯的参政议员,与投日卖国的多年好友郑孝胥割席断交。到了陈宝箴之孙陈寅恪,其祖父"才大而性刚"的人格评价可一字不易移诸其身,不仅他的学术成就和思想惠及后人,他提出并终身实践的"独立之精神,自由之思想"乃是知识分子的立身之本,如其所言,的确是"与天壤而同久,共三光而永光"的。

苦雨凄风梦亦迷
——戊戌政变前后的黄遵宪

如果说中国现代化转型是从 1840 年开始的，半个世纪后的 1898 年戊戌政变可算作第一次重大挫败。作为体制内的改革派，黄遵宪正当时代的风浪里，突来的激流涌浪一下子把他打进水中，自此他被王朝体制抛弃，以衰病之身注视着腐朽的清王朝陷身于泥淖，越挣扎陷得越深，终及没顶而无从施以援手，他的心情痛苦而又复杂。黄遵宪的晚年心境正是一切体制内的改革派遭遇挫败后所共有的，他们并不在意自己的身世荣辱，更在意他们所曾赖以安身立命的体制的生死存亡，但他们已被体制所抛弃，并被视为体制的叛徒和敌人，所以，其内心的痛苦更加深切而无奈。

一

黄遵宪，字公度，广东嘉应州（今梅州市）人。他一生大部分时间都从事外交工作，自 29 岁始，先后出任过驻日本使馆参赞、驻美国旧金山总领事、驻英国使馆二等参赞、驻新加坡总领事等外交职务，除 1885—1889 年在国内闲居四年，修改和缮写自己的著作《日本国志》，结交国内名士，以自己在外的亲身经历和见识介绍西方的文化、思想和制度外，其在日、美、英等国履行外交使命达十二三年之久。他的职务并不高，时充文员和属吏，但是，正是由于他长期在外履职的经历，善于学习的独特眼界和处理具体事务的精明干练，使之成为当时最懂洋务的官员之一。

1894年，中日甲午战争起，清军屡败，外事交际愈繁，可国内靠八股科举而入仕的朝廷官员，颟顸无知，询以外事，无异问道于盲。湖广总督张之洞移署两江，以筹防需人，奏调时在驻新加坡总领事任上的黄遵宪回国。这年年底，47岁的黄遵宪回到国内。1895年初，黄遵宪至江宁谒见两江总督张之洞。黄遵宪长期在国外任职，尤其英、美等国的经历，使其内心深植平等观念，对于王朝内官员尊卑等级的交往和应酬颇为不屑，康有为记载，其谒见张之洞时"昂首足加膝，摇头而大语"。在权贵和上司面前，毫无奴颜婢膝之态。这使得张之洞很不快，将之"置之闲散"，以一般的幕客待之。黄遵宪对此并不在意，他此时所殷忧在心者乃是外敌的豪横和国事的危殆，丧权辱国的《马关条约》签订，他即有《哭威海》《马关纪事》等诗，"存亡家国泪，凄绝病床时"，其感时伤世、家国哀感之情令人动容。其在给友人书中，谈到《马关条约》，痛彻心扉地写道："新约既定，天旋地转，东南诸省所恃以联络二百余年所收为藩篱者，竟拱手让之他人；而且敲骨吸髓，输此巨款，设机造祸，夺我生业。"慨叹"时势至此，一腔热血，无地可洒"。作为深谙国情而又对外部世界有所体悟的传统读书人,位居下僚,深有报国无门、无可奈何之痛。

这一年,张之洞委派黄遵宪主持金陵洋务局并与法国总领事谈判办理江苏等五省历年教案。也就在此时,黄遵宪的见识和才能被进一步认识,他的仕途行情看涨。新任直隶总督、北洋大臣王文韶奏调黄遵宪赴北洋差委,任水师营务处总办,得到光绪帝的批准,而张之洞以五省教案未结,"若另委他员,断不能如此妥惬……"为由,拒不放人。此时,张之洞又回到了湖广总督的任上,他视黄遵宪为自己的私人幕僚,称湖北新开商埠沙市,宜昌有洋兵击毙地方官员,汉口将添租界为由,上奏光绪帝,请求"准将黄遵宪由臣调往湖北差委,并仍办理南洋五省教案"。光绪朱批"着照所请"后,张之洞即以沙市开埠为由,命黄"速来鄂"。此时刘坤一已回任两江,听到这一消息,亦不放人,并连发两电给张之洞,留黄遵宪在苏州,与日本领事开议苏州开埠事宜。王文韶、张之洞、刘坤一皆是当时权势最大的总督,各自主掌一方,三人为黄遵宪奏请圣上,函电交争,皆欲留黄在手下差委,可见黄声望之重。这时,由于苏州开埠谈判中出现了一些波折,黄为躲开争议,以请假为名去了天津,即被王文韶"委令总理北洋水师营务处并随同办理洋务"。光绪下旨"吏部知道",算是同意黄遵宪留在了北方。

但是光绪帝对于黄遵宪的任用另有打算。1896年,黄遵宪49岁,农历十月十二日赴京,十三日光绪帝下旨预备召见,十六日觐见皇帝，十九日以四品卿衔命为驻德公使。光绪帝对黄遵宪留下了极好的印象，急于变法图强，为国擢拔英才，五天后的二十一日，他再次召见黄遵宪，君臣有变法之议。光绪问："泰西政治何以胜中国？"黄奏对曰："泰西之强，悉由变法。臣在伦敦，闻父老言，百年之前，尚不如中华。"光绪帝"初甚惊讶，旋笑颔之"。言及变法，君臣相得，黄遵宪亦有得明主垂顾，尽忠谋国之念。这年十月二十九日，他在致张之洞电中云："此次来京，召见两次，上垂意甚殷，廿五召见张侍郎，连称'好！好！'惟国事过弱，终虑不堪驱策，孤负圣恩耳。"光绪对其期待甚殷，身为一直沉没下僚的小臣，黄遵宪内心的感奋自不待言！

不久，总理衙门又改派黄遵宪出使英国。但这项任命遭到中国海关总税务司英国人赫德的阻拦，因黄任驻新加坡总领事时，坚持检查外国运军械船只，与赫德抗争，故中以蜚语，使不得行。而当时的德国正谋占胶州，恐黄遵宪为使而力争维权，故以官阶小为辞而拒受之。两次出使任命，皆因派驻国异议而作罢，可见清王朝国力孱弱，处处受制于人的窘状。

身在其中的黄遵宪，短短十几天，仕途如过山车一般由高峰而骤跌深谷，其内心的波澜和失望可以想见。1897年2、3月间，在给友人梁鼎芬的信中表达了内心的苦涩："别仅五月，波澜变幻，至不可测度，可谓咄咄怪事。"本来他并没有任驻外大使的奢望，"使车之出，殆非意计所及，而左提右挈，或推或輓，几欲以大权相属"。但英人赫德却出来阻拦，"赫赫客卿，素有嫌怨，遂出死力相挤排，一之不已，而又再焉。以中外数大臣之保荐，九重之垂注，不敌一客卿之谮，国事尚可问乎？"对于黄遵宪的任命，或许还有庙堂的排挤和倾轧。赫德提出异议后，光绪帝不怿，问："何以外人遽知之？"是否有人借赫德出面作梗呢？但皇帝对黄遵宪的信重并未动摇，立即说："黄遵宪即不往英，应改调一国。"但即使如此，也没如愿。光绪帝虽瞩望殷殷，却无可奈何，连任命一个驻外使臣的权力也没有。这是黄遵宪第一次切近王朝最高权力，然而留给他的是极大的落寞和失望，联系自己的前途身世，不由块垒难消："遵宪平生视富贵泹如，于进退亦绰绰。然而此刻胸中抑郁，为平昔所未经……"皇帝垂爱，许以显位，感奋之情尚未平复，却转瞬成空，真如一场黄粱梦！有人劝黄遵宪就此引退，黄遵宪不以为然："诚以掉头不佳，有似怨怼，自为计则得矣，其如国体何耶？"此时的黄遵宪，仍置皇上和国家在上，他在京耽留，切近地观察国事和庞大的权力机构运行的情况，皇帝两次召见的荣耀和对他的赞许渐渐淡去，他得出结论："居此数月，益觉心灰。"

第二年（1897年）五月，皇帝对他的新任命下来了：新授湖南长宝盐法道。既然外事难成行，只好在国内找个职位。这个职位当然与中枢权力毫不沾边，但可能也算得一个有职有权的肥缺。此时，变法声势日张，国事尚有转圜之生机，黄遵宪出京履任前，曾向同情变法的皇帝近臣翁同龢辞行，乘间就国事进言。他还与日本驻清公使矢野文雄有过一次很私密的谈话，他认为"二十世纪之政体，必法英之共主"。就是说，将来20世纪世界各国的政体不是实行法国的共和制就是实行英国的立宪制，专制政体将为历史所淘汰。这个想法并非一时心血来潮的胡思乱想，而在心中藏了十多年，从未对人讲过。身为皇权专制政体的臣子有此离经叛道之论，实为骇人听闻！矢野文雄立即"力加禁诫"，警告他不要乱说，以免给自己召祸。

黄遵宪在美、英等国履职的经历使他成为一个睁开眼睛看世界的人，他关于各国政体的认知和未来展望，超出所有朝中大臣。显然，在思想深处他已是一个彻底的维新改革家，认同向西方学习和变法维新的全部主张。但是，一个地方小官，他能做什么呢？

这一年，他正好50岁。

二

上一年的七月二十五日，他在给友人陈三立的信中，除了告诉对方由张之洞交办的五省教案一律清结外，还对半年来多方奔走所订苏州开埠的六条章程全部被日本所推翻，深感痛惜。唯一使他感到宽慰的是，由他牵头和推动在上海开办的《时务报》已经于七月初一日正式出版。

《时务报》是黄遵宪平生所看重的一项事业，在国外任职时，他就感到报纸对开启民智、交流信息、表达政见、监督政府不可或缺。由于西方势力的强力进入，近代新闻报业也进入古老而封闭的中国。中国近代的知识人认识到，报纸和现代印刷业能够把自己的声音传达给大众,造成强大的社会影响,改变民众的观念和认知,因此对于办报有着极大的热情。这年三月,他召梁启超,并约汪康年、吴季清、邹凌瀚诸人在上海商议创办时务报馆事宜。五月,在与友人朱之榛信中讲到办报的初衷:"欲以裒集通人论说,记述各省新政,广译西报,周知时事,以"转移风气"。显然,其办报宗旨乃是为变法维新设一舆论阵地,以开启民智,推行新法。黄遵宪不仅自捐1 000元为开办费,还向友人募捐1 000余元,由其转给汪康年。显然,黄遵宪是《时务报》名副其实的创办人。

《时务报》后来发展成一大争端,造成张之洞阵营与黄遵宪的决裂,主要是因为张之洞这股政治力量与康有为在学术和政治上积不相能的敌意。黄遵宪于1895年九月间结识康有为,那时,康正在上海办强学会,为变法集同道、造舆论。黄遵宪由梁鼎芬代签,首列强学会16人之中。不久,他往访康有为,与见张之洞一样,昂首加足于膝①,纵谈天下事。后来,黄遵宪评价康有为"聪明绝特,才调足以鼓舞一世"。但是,他与康有为此后再无交往,反倒与康的弟子梁启超成为晚年的知音。一方面,或许缺少与康交往的机会,另一方面,他对康的学术观念和政治主张还保持着距离。如果两人意气相投,彼此倾慕,本可书函往来,但即便在康得光绪帝信重而誉满京城

---

① 如坐在椅子上,即俗云翘起二郎腿,随意旷达之姿,示与主人人格的平等。这大概是黄的寻常姿势,因此引起位高权重的张之洞的不快。

时，黄也与之两不相关。

康、梁等属于体制外的改革派，其思想更开放，主张更激进，措施更超前（且不论在传统惯性的藩篱中能否得到实行）。光绪二十四年四月二十六日，光绪帝在颐和园仁寿殿召见康有为、张元济等，命康在总理衙门章京上行走，并授予"专折奏事"的权利，康在政治上的蹿红，使张之洞一派的政治势力十分紧张，张甚至有"康学大兴，可谓狂悍，如何，如何？"之惊呼。在《时务报》创办时，黄遵宪结识了风华正茂的梁启超，盛赞其"年甫廿二岁，博识通才，并世无两"，并聘其为《时务报》的主笔。用现在通行的眼光看，《时务报》名为报纸，实则为旬刊，每旬出一册，每册二十余页，分论著、恭录谕旨、奏折录要、京外近事、域外报译、西电照译等栏目，学术、时政、新闻尽揽其中。梁启超以博识古今之才调、骤雨挟雷之文笔，使《时务报》甫一问世，即风行海内。

梁启超带给《时务报》的思想，来自乃师康有为，而这正是张之洞所深恶痛绝的。早在康有为在上海办强学会时，张之洞曾捐款给以支持。后来，康办《强学报》，用孔子纪年，显示其独特的学术与政治倾向。康有为"孔子改制"和"今文公羊"等学说，遭到张之洞等很多传统士大夫的抵制。用孔子纪年，被视为"擅改正朔，以图不轨"，张之洞大为光火，故下令停办《强学报》。不久，强学会即遭清廷封禁。强学会活动时间不长，但留有少数余款，张之洞下令用这少数余款续办《时务报》，并由他的幕僚汪康年把持报馆事务。所以，《时务报》开办之初，汪康年出任《时务报》经理。

汪康年，字穰卿，浙江钱塘（今杭州）人，光绪十五年考取举人，十六年为张之洞家庭教师，后入张之洞幕。汪康年在《时务报》中代表的是张之洞一派的立场，梁、汪之间由此生隙。《时务报》开始时，人员构成及其学术、政治思想差异极大，除梁启超等康派弟子，还有持革命立场的章太炎，后章被康派弟子群殴，甚为狼狈，避走杭州。黄遵宪是王朝体制内的官员，又一度是张之洞赏识的下属，按常理他应毫无保留地站在张之洞一边。但是，由于他从前在海外任职的经历和所闻所见，其思想更接近于梁启超，他对梁的才华深为折服，与梁又同为广东人，无论从思想倾向还是从乡谊来说，黄内心是与梁相通的。

张之洞由于位高权重，视《时务报》几为自家事，经常发电汪康年，指示机宜。后来，黄遵宪调任湖南，成为他的直接下属，对于梁启超在报纸上的言论，严察细审，极为关注。光绪二十三年（1897年）九月十六日，他发电湖南巡抚陈宝箴和任长宝盐法道的黄遵宪：

《时务报》第四十册，梁卓如所作《知耻学会叙》，内有"放巢流彘"一语，太悖谬，阅者人人惊骇，恐遭大祸。"陵寝蹂躏"四字亦不实。第一段"越惟无耻"云云，语意亦有妨碍。若经言官指摘，恐有不测，《时务报》从此禁绝矣。……望速交湘省之人，此册千万勿送……

写文章的人如果头顶有这样一个蛮横强硬、不容分辩的长官，真是倒了大霉！你纵有千般委屈、万斛怨愤，也只能咽进肚子里。梁启超在上海作文，《时务报》在上海刊文，张之洞却发电长沙，实际上是指示黄遵宪约束梁启超。黄遵宪回电称：

……既嘱将此册停派，并一面电卓如改换，或别作刊误，设法补救，如此不动声色，亦可消弭无形。……卓如此种悖谬之语，若在从前，诚如宪谕，"恐召大祸"。前过沪时，以报论过纵，诋毁者多，已请龙积之专管编辑，力设限制，惟梁作非龙所能约束。……

黄遵宪一方面表示服从上司训喻，同时也委婉地表达了不同意见：若在从前，梁文中的话"恐召大祸"，但如今变法时代，一个词就会召来大祸吗？虽然已设了编辑限制梁启超的言论，恐怕梁的文章不是一个编辑所能约束得了的。

张之洞见此回电，心中不快可想而知。

这里有必要解释一下"恐召大祸"的那个词的意思了。"放巢"指"成汤伐桀，放于南巢"，即夏朝的昏暴之君桀被汤所灭后，流放到南巢之地。"流彘"，"流王于彘"也，语出《国语·召公谏厉王止谤》，周厉王暴虐无道，百姓民怨沸腾，召公警告说，老百姓活不下去了，实在受不了了（民不堪命矣）！厉王大怒，命令卫巫监督查举议论时政的人并向他报告，议论者立刻被杀掉。造成国内百姓不敢说话，走在路上只能用眼色示意（道路以目）。厉王沾沾自喜，说他有了让百姓闭嘴的办法，于是召公有"防民之口，甚于防川，川壅而溃，伤人必多"的千古名言，并警告他老百姓的嘴是堵不住的。厉王不听，三年之后，百姓造反，就把他流放到彘地去了。梁启超之文意在用历史典故指君主暴虐的亡国之痛，并非说大清国马上就将有"放巢流彘"的下场。但是，身为清王朝高官的张之洞对此不能容忍，他认为说历史就是影射现实，说历史上的昏君暴君就是说当今皇上，所以有"恐召大祸"之说。

《时务报》内汪、梁矛盾的白热化，正是体制内的改革派张之洞和体制外的改革派康有为的斗争，二者的学术观念和政治思想截然不同。汪康年曾在武昌宣称："梁卓如欲借《时务报》行康教。"这正是张之洞最为担心也最不能容忍的。他以权臣之尊，站在汪康年身后，所以汪康年有恃无恐，非常强硬，根本不把黄遵宪放在眼里。不久，梁启超即被排挤出局，离开《时务报》，到湖南的时务学堂教书去了。

但此时的康有为也已经进入了体制，有光绪帝撑腰，自是不甘失败。他正在依仗热衷变法的光绪，推行他的思想和主张，在朝中也有一些"粉丝"和支持者。于是，在京风头正健的康有为以御史宋伯鲁出面上奏由其代拟的"请将《时务报》改为官报折"。光绪帝当日将其折交给协办大学士、吏部尚书孙家鼐，由他"酌核妥议奏明办理"。孙家鼐并不看好康有为，想把他踢出京去，于是提议，可否由康有为督办官报。光绪批准同意。康有为只好奉旨，离京南下，准备接管《时务报》。康、梁一派虽然能够借势夺回《时务报》这一重要的舆论阵地，但康有为离开了变法的中心，有被边缘化的趋势。可是，张之洞集团也并不想就此缴械，经过紧张而频繁的商议，决定只将《时务报》的空名交官，自己另起炉灶，改为《昌言报》，接续《时务报》出刊。汪康年遵张之洞意，再组班底，出版《昌言报》，采取明交暗抗、釜底抽薪之策。康有为立即发电各地禁止，并通过两江总督刘坤一上报总理衙门。总理衙门将此电呈递后，光绪批示由黄遵宪"查明""核议"。尔后，光绪帝又下旨，命黄遵宪接任驻日本公使，并电召其即刻来京。黄遵宪此时身体不好，稽留南方，奉旨处理《时务报》事宜。张之洞要回护汪康年，提出《时务报》原系商办，不可由官方全盘接管。但黄遵宪并没有迎合张的主张，他在给总理衙门并要求转奏光绪帝的报告中，缕述了《时务报》开办经过：

> 先是康有为在上海开设强学会报，不久即停，尚存有两江总督捐助余款，进士汪康年因接收此款来沪，举人梁启超亦由官书局南来，均同此志。因共商报事，遵宪自捐一千两，复经手捐集一千余两，汪康年交出强学会余款一千余两，合共四千两，作为报馆公众之款，一切章程格式，皆遵宪撰定。……遵宪复与梁启超商榷论题，次第撰布。实赖梁启超之文之力，不数月而风行海内外。

这段话已明确地表明了他的立场,他是站在梁启超一方的。他的结论是:《时务报》实为公报,而非商办,由官方接管,顺理成章。黄遵宪的表态,使他站到了张之洞的对立面,割断了和他的老上司多年积累的情感联系,张之洞用评价康有为的话来贬损他,说他"狂悍"。事实上,已把他视为敌对分子。

创办《时务报》固然为黄遵宪一生重要的事功,也是他为维新变法事业做出的杰出贡献。但是,在波诡云谲、暗潮涌动的晚清官场,他的命运也是岌岌可危的。

三

相比于粤、闽、江、浙诸省以及上海,19世纪末的湖南是一个保守落后的省份,但那里有一个思想开明、注重实干的地方大员陈宝箴。他对于湖南的治理,有一系列进步的设想,需要有改革理念、真抓实干的官员和他一同把这些设想落到实处,黄遵宪正是他属意的人。黄在驻日本使馆参赞任上,注重观察日本的政情风俗,了解日本明治维新以来政治、经济和社会结构的变化,写下了《日本国志》这部重要著作,还有《日本杂事诗》等以诗观风俗民情之作。这些著作不仅为朝廷大员和国内士大夫了解世界和崛起的日本注入了新的理念,有重大的启蒙作用,而且极大地提升了黄遵宪在士大夫中的地位。黄遵宪本就少年早慧,对传统文化有深厚的学养,而且诗名早著,其风华文采灿然夺目。加上多年在海外履职,和东西洋人打交道,其见识和办事能力都远胜于靠科举起家的冬烘官僚。

他当年在金陵洋务局总办任上及受命处理江南五省教案的实绩，已经证明他的远见卓识和务实作风。所以，闻听黄遵宪将来湖南就任的消息，陈宝箴一再电促，希望他早日到职，与其和衷共济，共担湘省治理革新之任。黄遵宪以国事为重，放弃了回籍探亲的打算，六月中旬启程，先上海，再江宁，七月溯江而上，经湖北，八月入湘至长沙，受长宝盐法道职并署理湖南按察使，开始了他地方官的生涯。

黄遵宪在湖南不足一年，在湖南巡抚陈宝箴的支持下，他具体办了以下几件事情：

一是开办时务学堂，聘请梁启超为总教习，给守旧的湖南注入新思想。这件事情阻力甚大，官绅子弟入学，闻听梁启超的教学言论和方法，耳目为之一新，眼界顿开，思想极为活跃。参与其间者不仅有梁启超，还有湖南学政江标以及谭嗣同、唐才常、熊希龄（字秉三）、欧渠甲等走在时代前列的青年才俊。守旧的官绅和腐儒开初不知底里，至回家看到子弟作业，才嚣然大哗，认为离经叛道，蛊惑人心。黄遵宪一方面规范教学内容，一方面坚持输入新思想，对转移湖南的学术和思想风气作用极大。

二是试行现代警察制度，开设湖南保卫局，黄遵宪亲拟章程。其责任是"去民害，检非违，索罪犯"，包括了现代警察的职能。保卫局之性质和现代警察不同的是，它并不是国家权力的工具，而是官、绅、商合办的自治团体，因此自觉贯彻了民主的原则，如保卫局"设议事绅商十人，一切章程由议员议定……交局中照行"。如果所议有违国家法律法规,"其抚宪批驳不行者,应由议员再议"。国家派驻机关和绅商各主其事,并不干扰国家权力的实行,"凡局中支发银钱,清理街道,雇募丁役之事,皆绅商主之;判断讼狱,缉捕盗贼,安置犯人之事,皆官主之"。而对于关涉民生之事,保卫局皆有权处理,如五六七八九各条"凡街区扰攘之所,聚会喧杂之事,应随时弹压,毋令滋事;车担往来,碍行道、伤人物者,应设法安排,毋令阻道;道路污秽,沟渠淤塞,应告局中,饬司事者照章办理;凡卖饮食,物质已腐败或物系伪造者,应行禁止;见有遗失物,即收存局中,留还本人"。保卫局承揽了现代公安、路政、城管、公共卫生等部门的职责,于公序良俗、民生日常,可谓事无巨细,皆有关照。对于保卫局人员,也有明确的纪律规定,其十二、十三、十四、十五诸条:"凡巡查,非奉有本局票,断不许擅入人屋;违者斥革兼监禁作苦役;凡巡查,不准受贿,亦不准受谢;查出斥革并监禁作苦役;凡巡查,不准携伞执扇,不准吸烟,不准露坐,不准聚饮,不准与街市人嘈闹戏谈,违者惩罚。凡巡查,准携短木棍一根,系以自卫,不准打人,并不许擅以声色威势加人。内处同事,外对众人,务以谦和温顺,忠信笃实为主。"这些约束与惩罚规定,如今读来,仍令我们感叹。其第四十四条体现了官绅共治的原则:"本局总办,以司道大员兼充,以二年为期,期满应由议事绅士公举,禀请抚宪札委。议事绅士亦以二年为期,期满再由本城各绅士公举。"这种官绅共治的民主治理模式对于今天的社会治理仍有极大的借鉴意义。由陈宝箴开创、黄遵宪亲自主持的湖南保卫局是地方自治的善政，它取代了原来的保甲团防局，维护了社会治安和良风美俗，得到了百姓的拥护。

三是在保卫局管理下，全省设立五所"迁善所"。黄遵宪亲拟《湖南迁善所章程》二十四条，规定了管理人员职权范围和迁善所的职能。迁善所主要是容留失业无着人员和轻微犯罪人员，"延聘工匠，教令工作，俾有以养生，不再犯法"。对于迁善所的日常运行，黄遵宪在章程中皆有明确规定。如每所容留失业和轻微犯罪者八十人，设有房屋十三四间，每间住失业人和犯人各三名，每人应给床铺一张，冬天给棉被、棉袄、棉裤各一件，夏给席一张。失业者和犯人服色，宜各有式样，以示分别。每所聘请教习八人，每名教习要教工人十名，教令工作兼管理监督。其所教工作，如成衣、织布、弹棉、刻字、结辫线、制鞋、削竹器、造木器、打麻绳之类等手工活计。迁善所给失业者以谋生技能，给犯罪者以自新之路，是19世纪地方社会治理的一大创新。

四是设立"课吏馆"，欲使候补各员讲求居官事理，研习吏治刑名诸书。这是陈宝箴和黄遵宪在湖南设立的干部培训班，今见黄遵宪亲撰《会筹课吏馆详文》，其宗旨是要培养有实学、接触实际的治理人才。因为靠科举上位的官吏"徒溺虚文而少实际，律例、兵农、簿书，钱谷均非平日所服习，一入仕途，心摇目眩……"更因"仕途杂而官无实学"，因此官场上充斥着"猥琐龌龊"之徒，这些钻营利禄的贪腐分子"揣量肥瘠，行私罔上，无所不为"，成为残民害民之蟊贼。因此，要课以为官之实学。所学内容，大致分为六项，除了旧时官吏传统治理所必知的风气习尚、农桑种植、城池道路的修建、律法判案等知识外，增添了在"海禁日开"的新形势下，如何对经商、传教的洋人交涉等内容，以免"化导无术"造成祸端。

以上，都是启用地方才俊，有章程、有组织、卓有实效的维新举措。此外，如大张旗鼓地宣传和推行禁止妇女缠足，提出"保护人权"的口号，都令保守的湖南士庶百姓耳目一新。黄遵宪在署理湖南按察使（相当于湖南高等法院院长和检察长）期间，清理积案，治理刑监，释放了一些超期羁押的人犯，审理冤情，甄别错案，处理一些贪赃枉法、玩忽职守的官员。他在南学会发表的讲义中，明确地阐明了他的改革思想，意在"启民智，倡民治"，"去郡县专政之弊"，他的为政理想是"由一府一县推之一省，由一省推之天下，可以追共和之郅治，臻大同之盛轨"。在19世纪末的中国，由古老而陈腐的帝国政治向现代社会转型中，黄遵宪是不尚空谈、注重实干的改革家。他所倡行的改革新政在百余年后的今天对我们仍有启发和借鉴意义。

四

光绪二十四年四月二十三日，大清王朝诏定国是，光绪帝决意变法。这之后的三个多月中，大批新政设想和改革措施通过圣旨雪片般降下，似乎皇帝金口一开，全国上下风附影从，大清国就能从内忧外患中挺起身来，度过痼疾缠身、病势危殆的困境。这场由因太后多年垂帘听政而被整治得服服帖帖、惊恐怯懦的皇帝主导的改革，历史上被称为"百日维新"。

处在潮流中的黄遵宪，能臣干吏，思想开明，自然是力图变法的皇帝要依靠的对象。年初，皇帝就曾索要黄所著《日本国志》，力图从这个因变法而崛起的强邻中汲取改革动力，借鉴维新经验。这年六月，皇帝三次下旨调黄遵宪进京，命其为出使日本大臣。七月初，他交卸了湖南政务，初八，自长沙起程，借道上海，欲由沪入京，受任新命。到了上海后，他的身体却出了问题，积疾而转成肺炎，遵医嘱必须调养。于是耽留上海，受命处理《时务报》改成官报事。如上所述，黄遵宪的态度和处理意见得罪了老上司张之洞。

在波诡云谲、魅影幢幢的晚清官场，稍有疏忽，就可能踩在地雷上。黄遵宪受到皇帝的青睐，加官晋爵，青云有路，和皇帝的变法理念一拍即合，似乎在晚清的政坛上会有一番作为。实际上，他周围荆棘丛生，隐伏着暗礁和杀机。就在他因病耽留上海之时，八月六日，北京发生政变，慈禧太后下令训政。十三日，谭嗣同等六君子被杀于菜市口，康、梁窜逃海外，守旧派复辟后，光绪帝维新诏命概行废止，百日维新匆匆落下帷幕。黄遵宪知事无可为，二十一日请两江总督刘坤一奏请免去其出使日本大臣，当日即奉上谕：因病开去差使。但是，免了官，黄遵宪的麻烦还没有完，朝廷立即有人上疏，说康、梁等朝廷缉捕的重犯藏匿在黄遵宪处。慈禧太后密电两江总督刘坤一密查，二十四日上海道蔡钧派兵二百围守黄遵宪住处，"擎枪环立，若临大敌"。汹汹杀气，引起外国不安，从前黄遵宪出使过的英、日两国表示，如对黄处理不公，将约同干涉。二十五日夜，得总署报告，康、梁并未藏匿在黄处，二十六日夜，朝廷下旨，将黄遵宪放归原籍梅州。

短短十几天的时间，黄遵宪由高官险成罪囚，虽然有惊无险，全身而归，但内心却有着强烈的震撼。三年后，他已经远离了官场，只是老病在身的回籍平民，在给陈三立的信中述及别后遭遇时说："弟平生凭理而行，随遇而安，无党援，亦无趋避，以为心苟无暇，何恤乎人言，故也不知祸患之来。自经凶变，乃知孽不必己作，罪不必自犯，苟有他人之牵连，非类之诬陷，出于意外者。"

黄遵宪的感慨其来有自，当政变之初，杀气满京城，人人自危之时，不仅有朝中某御史捕风捉影，对其构陷，且有昔日上司张之洞一伙对其落井下石，必欲置之死地而后快。他们对黄谈不上私仇，但因黄在《时务报》上对康、梁的立场与他们相左，所以抱憾切齿，不能相容。张之洞的亲密幕僚梁鼎芬与黄交往20年，当年黄入康有为强学会，列名为梁鼎芬代签，与康结识，也是梁居间介绍，梁且赞康为"南阳卧龙"。早在黄遵宪在湖南任上时，张之洞以上司之尊，就经常发电陈宝箴、黄遵宪指斥《时务报》言论出格，梁鼎芬因有张之洞撑腰，为汪康年站台，时对黄警告申斥。黄遵宪在湖南任上，政务繁忙，"殊觉日不暇给"。梁鼎芬此时竟致电黄遵宪，指斥他

"兄欲挟湘人以行康学"，并以最后通牒的口气说："国危若此，祈兄上念国恩，下恤人言，勿从邪教，勿昌邪说，如不改，弟不复言。"口气之横蛮无理，已超出朋友交往之道。当黄遵宪被清兵围守，生死未卜之际，梁鼎芬到达上海，不是设法营救黄，而是送去一纸绝交信，其冷血绝情，以至于斯！黄遵宪对于梁鼎芬的做法，不但没有嫌怨，却给以极大的宽容和理解，有诗咏其事："怜君胆小累君惊，抄蔓何曾到友生。终识绝交非恶意，为曾代押党碑名。"他认为梁鼎芬与他绝交，只是胆小，怕牵连进逆党之中，并非怀有恶意，还为自己与他交往而使朋友受到惊吓怀有歉意。但黄遵宪未免太善良纯真了，梁鼎芬一伙不仅与他绝交，而且要把他置之死地，在这个敏感而恐怖的日子里，汪康年接到梁鼎芬一电，内云："首逆脱逃，逆某近状，逆超踪迹何若？""首逆"，康有为；"逆超"，梁启超；"逆某"，黄遵宪。他已把昔日朋友黄遵宪列入逆党，关心他的踪迹和近况，为的是进一步落井下石。

曾经赏识黄遵宪的张之洞，在黄被光绪任命驻日大臣并召其入京时，心中十分复杂，利用京城的内线不断打探消息，隐忍而心怀歹意。当光绪下诏变法时，黄曾参与举荐张之洞进京协助皇帝主持大局并就内政外交向张诚恳进言，后张内召未成。如今，黄内召进京，因病耽留，他担心黄有意迟延，或许会被委以中枢大任。因《时务报》事，他对黄已十分嫉恨，言其"狂悍"。政变后，黄被褫职，被围守，被赶回老家，他皆快意于心。黄发电于他，告知将回籍养病，他没有回复，黄对他已没有任何价值，表面文章他也不肯做了。

戊戌政变第二年，守旧派疯狂反扑，湖南一切新政皆被推倒，有大臣参劾左宗棠之子左孝同，张之洞发电时任湖南巡抚俞廉三："去年湘省开保卫局，因保甲局有绅士，大府委左随同办理，一切皆黄遵宪主持，通国皆知，至主民权，改服色等事，尤无影响……"把一切新政责任都推给了黄遵宪。过了两年，两广总督陶模发电张之洞询问黄遵宪所获何罪，欲请黄遵宪去办理学堂，对黄衔恨于心的张之洞发急电于陶："黄遵宪真正逆党，戊戌之变，有旨看管，为洋人胁释。湖南风气之坏，陈氏父子（陈宝箴、陈三立）之受累，皆黄一人为之，其罪甚重。且其人钻营嗜利，险狠鄙伪，毫无可取……"这样阴狠之言竟出自曾对黄十分赏识和信重的张之洞之口，真令人瞠目结舌！黄遵宪赋闲在家，张之洞唯恐其东山再起，1902年2月18日，发电军机大臣鹿传霖："闻有人保黄遵宪，此人确系康党，又系张荫恒党，恶劣不堪，万不可用，务望阻之。"

专制官场中人心之反复险恶，依黄遵宪真诚之本性，不谀媚，不作假，不营私，不结党，直道而行，焉得久存？政变之后，康、梁被通缉，黄遵宪为梁鼎芬对他进行诬陷致电张之洞给予解释，仍然坦陈梁启超是他的"至交"，并不因其为"钦犯"而远祸趋避。这种坦荡的君子之风，虽古贤人也不过如是矣！

五

光绪二十四年农历九月，为推行改良新政呕心沥血，在地方官任上锐意进取的黄遵宪侥幸脱罪，被褫夺一切官职后，放归故里。其《到家》诗叙其心境云："处处风波到日迟，病身憔悴尚能支。"离开处处风波的官场，游子归来，有些迟了，所幸虽然有病，尚能支撑。国家祸乱频仍，江河日下，罢官回籍，是福是祸？"老翁失马卜难知"。但无论如何，他已经被黜退出局，成了国家命运的局外人，只能在病患中捱过残年了。他把自己的居处命名为"人境庐"，取陶渊明"结庐在人境，而无车马喧"之意，另有一联云："陆沉欲借舟权住，天问翻无壁受呵。"他知道国家颓败之势已无可挽，神州陆沉，大清将亡，桑梓庐舍，如茫茫大海上的一叶小舟，随波浮沉，晚年只能栖身于此了。

黄遵宪52岁起闲居在家，到58岁去世，在人境庐住了六年。六年间，他开头也很关注时局的变化，"家事、国事、天下事，事事关心"。这是读书人的积习，何况他是在官场上和国内外行走多年的人，自然不能忘情于国事。1899年，慈禧太后有废黜光绪帝的想法，立溥儁为大阿哥，黄遵宪有诗咏其事，指斥慈禧此举是祸国的阴谋，"袖中禅代谁经见？管外窥天妄测量。"明确表示新立的皇储"天下膏粱百不知"，一个纨绔子无法君临天下，承担治国大任。而他的父亲端亲王载漪自儿子立皇储后，更是气焰万丈，黄遵宪无情地声讨："朝贵预尊天子父，王骄甘作贼人魁。"(《腊月二十四日诏立皇嗣感赋》)朝廷上一片乌烟瘴气，国事愈不堪问。戊戌政变后，一切从前学习西方、开启民智的改良措施都禁行废止，慈禧专断残忍，顽固派疯狂反扑，赞同并参与光绪变法的臣子非杀即黜，朝廷出重金悬赏康、梁之头，顽固派弹冠相庆之余，也在构陷、参劾、举报政治对手，朝野上下，一派人人自危的恐怖气氛。1900年，义和团起，慈禧太后愚妄狂乱，竟依靠义和团向西方列强宣战，引来八国联军攻入北京，她和光绪逃走，签订了丧权辱国的《辛丑条约》，国事则更加糜烂，不可收拾了。黄遵宪这一年的心情极其悲愤，但也只能在诗中抒发他的愤懑和绝望了："博带峨冠对旧臣，三年缄口讳维新。尽将儿戏尘羹事，付于尸居木偶人。"（《初闻京师义和团事感赋》）他直接痛斥慈禧太后乃是"尸居木偶"，三年来，倒行逆施，尽废新法，当年轰轰烈烈的"维新"一词已成忌讳，依靠愚昧迷信的暴民反洋排外，与列强为敌，处理国事如同儿戏。终于造成"皇京一片变烟埃，二百年来第一回"。虽处江湖之远，仍然心系銮阙的黄遵宪回思往日为国为民殚精竭虑的日子，面对眼下江山残破，国事日非的现实，不由悲从中来："当时变政翻新案，早使尤臣泪满襟。"（《述闻》）他终于燃尽了一个体制内的臣子忠君报国的热情，对朝廷和国事心冷如灰，成了一个冷漠而痛苦的看客。

这一年，两广总督李鸿章、江西巡抚李兴锐都曾邀其出山，黄遵宪知事无可为，一概谢绝。他渐渐地把注意力转移到诗赋文章上去，感时赋诗，与友朋迭相唱和。但真正与他心灵对话的人几乎没有，所以他越发孤寂和落寞。这期间，他常常陷入回忆之中，回忆旧时的师友和同僚，想起他们的身世、学问和事功，还有与之交往中的一颦一笑……但他们都不在眼前，而且此生再难相见，于是，他作了怀人诗24首，抒发了对旧友的思念和内心难以排解的惆怅。其中两首写给了与之在湘同开湖南新政的陈宝箴、陈三立父子。"白发沧江泪洒衣，别来商榷更寻谁？"（《义宁陈右铭先生》），他当年虽是陈宝箴下属，但两人情深谊重，对推行变法新政有着共同的信念。陈被罢官后，两人在舟中洒泪而别。陈悲苦地说，以后怕是难以见面了。黄遵宪还不以为然，认为山不转水转，同在天地间，何以后会无期？分别后，陈、黄不仅没有见面，且音讯杳然（一年后，他听到就是陈弃世的消息了）。他在怀念陈三立的诗中写道："文如腹中所欲语，诗是别后相思资。"知音之情倾注笔端。24首诗分别写给离别后思念的24个人，但却没有曾与之交往多年的张之洞、梁鼎芬和汪康年等人，可见抱憾之深。

和所有致仕还乡的官员一样，他以一个绅士的身份参与了宗族和家乡的社会事务。他主持修订了黄氏的族谱，希望黄氏子孙将来能够立德、立功、立言，光耀祖宗和门庭。他自任家乡兴学会会长，热心家乡的教育事业，开办家乡小学校，发布《敬告同乡诸君子》公启，以在国外多年的经历，强调普及教育和义务教育的重要性，乡间的读书人，各族尊长皆有教育子弟之责。他已选派两名青年前往日本学习师范，卒业归国后将承担地方教育的责任。他还对教科书、办学处所、经费、课程等项提出设计要求。他编定并抄写了自己多年创作的诗稿《人境庐诗草》，病榻抚摩吟哦之余，不禁悲怀难抑。在致五弟遵楷函中，感叹自己"平生怀抱，一事无成，惟古今体诗能自立耳，然亦无用之物，到此亦无甚可望矣"，对自己的人生充满了失望和无奈。

人离不开时代和环境。尽管作为熟读儒家经典的传统读书人渴望立德、立功、立言的"三不朽"以成就自己完满的人生，但黄遵宪竭蹶于官场，沉沦于下僚，抱经国之志，处无望之世，口欲言而不能言，心有余而力不逮，最后病体支离，衰年浩叹，其无穷的失望和愤懑又有何人能知呢？

六

知者，唯忘年知交梁启超也。

梁启超比黄遵宪整整小了 25 岁，创办《时务报》时，梁被聘为主笔，二人相识于上海，黄遵宪立刻被梁的过人才华所征服。《时务报》甫一出刊，立刻风靡国内，在知识界和上层官员中引起巨大反响，那是梁启超激扬文字之功。尽管张之洞等人不断地指责和吹毛求疵，但黄遵宪内心是站在梁启超一边的。由于张之洞位高权重，在《时务报》中梁、汪之争中梁被排挤出局，但黄遵宪立即征得了湖南巡抚陈宝箴的同意，聘梁入湘，担任湖南时务学堂的总教习。二人有了更密切的接触，放眼世界，谈诗论学，在新思想、新观念的激荡中，共襄维新大业，领新潮，开民智，二人的心贴得更近，彼此视对方为志同道合的知音。戊戌政变后，梁启超被朝廷通缉，有朝臣说梁藏匿在黄遵宪处，此推断也说明在世人的眼中，黄与梁的关系非同一般。即在人人自危的恐怖日子里，黄也不否定他与梁乃是知交。梁在日人掩护下逃到日本，黄放归回籍，很长时间，二人不通音问，也不知彼此的下落。黄遵宪对梁启超的深切担忧和思念也只能埋在心底。

大约是1902年的上半年，黄遵宪收到了梁启超的日本来信，并随信寄来继《清议报》停刊后创办的《新民丛报》，黄遵宪的心情可以用"漫卷诗书喜欲狂"来形容。他立即给梁复了一封长信。此时，康、梁师生在"保教"的主张上产生了严重分歧，梁启超对康有为的"保教说"不以为然，并作《南海康先生传》，对他的老师康有为给以历史定位。认为康是教育家、思想家，引领时代的"先时之人物"。这种实事求是的定位并不能令康有为满意。康有为提出"孔子改制"的论说，力持所谓"保教"的主张，是以孔子的传人和帝王师自命的，孔子没有执掌过世俗权力，因此被称为"素王"，康号为"长素"，乃自诩为当今之"素王"也。他并且武断地提出六经皆为孔子一人所作的论说。这些，都不是他的弟子梁启超所能赞同的。黄遵宪在复信中完全赞同梁启超给康有为的历史定位，并且不赞成把孔子立为教主。他说，无论东方的佛教、西方的耶稣教，还是穆斯林的回教，都是把教主的信仰定于一尊而排斥其他，各宗教尚有各自的宗教仪式。但孔子的学说没有西方极乐世界、天堂、地狱之说，他是立足于人道和人的日常。"人人知吾为人身，当尽人道为一息尚存之时，犹未敢存君子止息之念，上不必问天堂，下不必畏地狱，人人而自尽人道，真足以参赞天地。……世界至此,人理大行,势必舍一切虚无元妙之谈,专言日用饮食之事,而孔子之说胜矣。"儒家学说即非神道,亦非仙道,乃是实实在在的人道,孔子因人施教,未尝强人所必从也。"大哉孔子,包综万流,有党无仇,无所谓保卫也。"儒学"既无教敌,又不设教规,保之卫之,于何下手?"黄遵宪还指出,强调"保教",容易唯我独尊,造成思想和信仰的一元化,排外、自闭和思想专制。戊戌三、四月间,湖南保教之说盛行,身为地方官的黄遵宪生怕排外的顽固分子借以攻击入湘的传教士,酿成事端,于是在南学会演说,强调世界各地宗教教旨虽不同,但敬天爱人的宗旨是一样的,完全可以信仰自由,和平共处。所以,他对梁启超于《新民丛报》第二篇提出"东海西海,心同理同"的主张赞赏不已。黄遵宪以他多年东西游历所见,提出中国应学习西方政教分离,他说:"且泰西诸国,政与教分,彼政之善,由于学之盛。我国则政与教合。分则可籍教以补政之所不及,合则舍政学以外无所谓教。"这里已隐含了思想自由的主张,因为西方之教非宗教也,乃是自由的学问,完全与政府及国家权力无涉,所以可补政之不足。而政教合一的中国除了官方定于一尊的思想外,再就没有学问和思想了。黄遵宪的确是我国近代史上的思想先驱,他在20世纪初提出的观念至今仍有振聋发聩的作用。他说,对于世界各国包括中国未来的政治走向,他在《易》的"泰、否、同人、大有"四卦中得到了破解,圣人于今日之世变,已有先知和预言:中国必将由君权而政党,再由政党通向民主之路。

我认为，在同时代中国的思想家中，黄遵宪之先进和深刻是无人可以超越的。这得之于他游历海外的独特经历和好学深思的品格，除此，他的谦逊也是常人所不及的。对于小他25岁的梁启超，他不仅是激赏，简直是膜拜。在1902年5月的长信中（只留数千字残篇），他深情地写道："《清议报》胜《时务报》远矣，今之《新民丛报》又胜《清议报》百倍矣。惊心动魄，一字千金。人人笔下所无，却为人人意中所有，虽铁石人亦应感动。从古至今，文字之力之大，无过于此者矣。罗浮山洞中一猴，一出而逞妖作怪，东游而后，又变为《西游记》之孙行者。七十二变，愈出愈奇。吾辈猪八戒，安所容置喙乎，唯有合掌膜拜而已。"在孤寂的乡居日子里，梁启超的来信带给他的无异节日般的快乐，他期盼之殷、想望之切，无以言表，一旦得到，如收到心爱礼物的孩子难掩欣然欢跃之情。1902年9月23日，他在信中写道："三日即奉七夕后一夕惠书，惊喜过望，一日三摩挲，不觉又四五十回矣。"一封远方来信，竟使识多见广、入仕多年的黄夫子如此神魂颠倒！心之所系，岂可以常情度之？他从不以年龄和资历骄人，对年居晚辈的梁启超总是称"公"呼"丈"，自居卑下。梁启超在日本创办《新小说报》，和鲁迅一样且比鲁迅更早，希望用文学唤起民众的自强自立之心，塑造新民，以救中国。黄遵宪为之欢呼雀跃："东游之孙行者，拔一毫毛，千变万态，吾固信之。此新小说，此新题目，遽陈于吾前，实非吾思议之所能及。……吾辈钝根,即分一派出一活,已有举鼎绝膑之态,公乃竟有千手千眼,运此广长舌于中国学海中哉!具此本领,真可以造华严界矣。"后来,黄遵宪应梁启超之约,广集民谣,自作《幼稚园上学歌》《小学校学生相和歌》等为《新小说报》供稿。黄对梁尊之、敬之、护之、爱之,以至于担心梁过于劳累,身体吃不消,亲自为梁定作息时间表,其关爱之情,令人动容。

1902年下半年,黄遵宪与梁启超通信频繁,黄每次执笔,则洋洋数千言而不能止。在这些信中,他尽情坦陈自己政治思想的变化,对国家未来前途的展望,臧否古今人物,对自己在戊戌变法中的作为予以深思和反省。他的思想超越于侪辈,至今读来仍熠熠生辉。1902年12月,他在信中谈梁启超的《新民说》:"公所草《新民说》,若权利、若自由、若自尊、若自治、若进步、若合群,皆腹中之所欲言,舌底笔下之所不能言,其精思伟论,吾敢宣布于众曰:贾(谊)、董(仲舒)无此识,韩(愈)、苏(轼)无此文也。……二百余年,政略以防弊为主,学术以无用为尚。有明中叶以后,直臣之死谏诤,党人之议朝政,最为盛事。逮于国初,余风未沫,矫其弊者,极力划削,渐次销除。间有二三骨鲠强项之臣,必再三磨折,其今夕前席,明夕下狱,今日西市,明日南面者,踵趾相接,务摧抑其可杀不可辱之气,束缚之、驰骤之、鞭笞之,执乾纲独断之说,俾一切士夫习为奴隶而后心安。其文字之祸,诽谤之禁,穷古所未有。由是愚懦成风,以明哲保身为要,以无事自扰为戒，父兄之教子弟，师长之训后进，兢兢然伸明此意，浸淫于民心者至深。故上至士夫、长吏、官幕、军人，乃至吏胥、走卒、市侩、方技、盗贼、偷窃，其才调意识，见于汉唐历史，宋明小说者，今乃荡然无有。总而言之，胥天下皆懵懵无知，碌碌无能之辈而已。以如此无权利思想、无政治思想、无国家思想之民，而率之以冒险进取，耸之以破坏主义，譬之八九岁幼童授以利刃，其不至引刀自戕者几希。"

如前所言，黄遵宪是清末体制内的改良派，是戊戌变法的实践者和参与者。他被体制抛弃后，对现实进行了深刻的反思，其认识警策深刻："戊戌新政，新机动矣，忽而变政，仍以为此推沮力寻常所有也。既而团拳祸作，六飞播迁，危急存亡，幸延一发，卒下决意变法、母子一心之诏，既而设政务处，改科举，兴学校，联翩下诏，私谓我辈目的庶几可达乎。今回銮将一年，所用之人、所治之事、所搜刮之款、所娱乐之具、所敷衍之策，比前又甚焉！展转迁徙，卒归于绝望，然后乃知变法之诏，第为避祸全生，徒以媚外人而骗吾民也。"这个渐进而温和的改良派，终至对朝廷完全绝望，他在1905年给梁启超最后一封信中提出对"革命"二字应避其名而行其实，不必张革命之帜，然而干的就应是推翻朝廷的实事了。这个重大的思想转变历经了极其痛苦的过程，这一年，他殷忧在心，溘然离世。弥留之际，恍惚迷离，眼前仍然是梁启超的影子："君头倚我壁，满壁红模糊。起起拭眼看，噫吁瓜分图。"（《病中纪梦述寄梁任父》）他的眼睛已经看不清楚了，眼前红红的模糊一片，可他看到的仿佛是梁启超的头倚在墙壁上。他一遍遍擦拭自己的眼睛起来细看，看到的却是中国被列强瓜分的地图。呜呼，寄情之殷，忧国之切，有如此乎！

此文至此本当结束，但就黄遵宪与梁启超之交往不得不补叙一节。梁启超有一菊花砚，为唐才常赠，谭嗣同题铭诗，江标錾刻，梁启超极为珍视。戊戌政变时，此砚遗失，梁启超痛惜不已。1902年9月23日，黄遵宪致梁启超信中云："吾有一物令公长叹，令公伤心，令公下泪，然又能令公移情，令公怡魂。此物非竹非木，非书非画，然而亦竹亦木，亦书亦画。于人鬼间抚之可以还魂，于仙佛间宝之可以出尘，再历数十年，可以得千万人之赞赏，可以博千万金之价值。仆于近日，既用巨灵山之力，具孟子超海之能，歌《楚辞》送神之曲，缄縢什袭，设帐祖饯，复张长帆，碾疾轮，遣巨舶，载之以行矣！公之见此，其在九月、十月之交乎？"此处所言，菊花砚也。原来，菊花砚失落后，辗转由黄遵宪得之，黄即补铭，由其甥张某刊刻于上，其铭曰："杀汝亡璧，况此片石。衔石补天，后死之责。还君明珠，为汝泪滴。石到磨穿，花终得实。"铭后署"公之它"，是黄遵宪偶用之名。1902年11月30日，黄致梁书中云："公欲将浏阳砚①之拓本征诗，此砚之赠者、受者、铭者，会合之奇，遭遇之艰，乃古所未有，吾谓将来有千金万金之价值此也。公之它之名偶一用之，而用之于此者，因取友

---

① 此砚为唐才常所赠，唐浏阳人，故称。

必端之语也。既已补铭而刊刻之矣，若于拓本中讳此三字，使世人妄相推测，转为不宜。公之自序，但云由武昌或京师不知何如人寄来，殆古之伤心人也。再过二三年乃实征之，更有味也。"本年12月10日，黄致梁书中又言及此砚："菊花砚近必收到矣。仆前言将'公之它'三字一一拓出，但云不知为何许人也。今公意欲将三字藏过，仆复视字在纸末，藏过亦无迹，未审近已拓出否？仆必作一歌，但不能立限，须俟兴到时为之耳，吾意既表于铭中也。"黄遵宪的《菊花砚歌》吾于其诗中未见，或许没有作。但他对梁启超寄意之深已于铭中表明，他希望梁启超做衔石填海的精卫鸟和炼石补天的女娲，此砚之赠予者、铭诗者、鎏刻者皆死于国事，受赠者应继承他们的遗志，用文章唤起大众，塑造国魂，此砚磨穿之时，必是花实累累之际。

撰文至此，不由掷笔三叹。黄遵宪寄意遥深的梁启超已殁近百年矣，菊花砚尚在否？遗篇千万，国事堪问乎？

黄遵宪晚年有诗云：

> 杜鹃花下杜鹃啼，苦雨凄风梦亦迷。
> 古庙衣冠人再拜，重楼关锁鸟无栖。
> 幽囚白发哀蝉咽，久戍黄沙病马嘶。
> 未抵闻鹃多少恨，况逢春暮草萋萋。

百余年来，先贤志士杜鹃啼血之悲情，几人能理会呢？

万里西风雁阵哀
——严复与近代中国转型

一

1894年甲午海战,严复的多位同窗和学生死于战火。从军舰吨位和从西洋引进的装备来说,北洋水师号称亚洲第一,却几乎覆灭。严复为此受到很深的刺激,他沉痛地说:"呜呼,中国至于今日,其积弱不振之势,不待智者而后明矣。深耻大辱,有无可讳焉者。日本以寥寥数舰之舟师,区区数万人之众,一战而翦我最亲之藩属,再战而陪京戒严,三战而夺我最坚之海口,四战而覆我海军,今者款议不成,而畿辅且有旦暮之警矣。"(《原强》)严复写下这段话时,时当1895年,大清国连败于日军,警报还没有解除,赔款求和,丧权辱国是王朝苟延残喘的唯一退路。严复和一些忧国忧民的士大夫开始思考中国向何处去的问题。

和所有先进的知识人一样,严复认为中国目前处于"五千年未有之大变局"中,以前的危机不过是易姓换代的王朝更迭，而今，若中国没有顺应潮流的勇气，则有亡国灭种之危险。"观今日之世变，盖自秦以来未有若斯之亟也。"世界的这种变局，严复觉得没有一个恰当的名字称呼它，因此，他起了个名字，称之为"运会"。运者，时代和世界的走势也；会者，汇通如潮涌，非人力所能阻挡也。所以，他说："运会既成，虽圣人无所为力，盖圣人亦运会中之一物，谓能取运会而转移之，无是理也。"（《论世变之亟》）用孙中山先生的话来说，就是"世界潮流，浩浩荡荡，顺之者昌，逆之者亡"。任何人若想阻挡这种历史潮流，便如螳臂当车，唯有自取灭亡。

那么，这种潮流或谓"运会"到底是什么？何以使当时最睿智、最先进的知识者有如此之感叹，认为中国非变不可？

严复有恰切的论述，简而言之，就是中国的王朝再也不能关起门来称王称霸，自认为是天下老大，愚民且自愚，残民而自恣了。若将严复等人的论说做个比喻，好比西方的一个白人大汉一脚踢开了古老帝国的大门，老太爷开始以为还是从前的"生番蛮夷"、边鄙属国来进贡，睡眼惺忪中断喝一声："跪下！"其下属家丁也连声叫喊。白人大汉没见过这阵仗，不由得有些犹疑和发蒙，在一番争执和恫吓之后，白人大汉悻悻而去。过些日子他又来了，一进门，先给老太爷劈头一掌，这次轮到老太爷发蒙，定睛一看，门外站着的不是一个大汉，恍惚中似有好多个，个个凶神恶煞，提出要和老太爷做生意，必得老太爷在客厅里预备一张床铺，好叫他歇脚酣眠。老太爷大怒，命家丁们拿起古老的扫帚、拖把，把这些没怎么打过交道的蛮夷赶将出去。不想白人大汉们却掏出古怪的武器来,只轻轻一扫,家丁们应声而倒、四散奔逃,完全不是这些大汉的对手。老太爷这才害怕起来,不敢耍横发威,请大汉上座,敬茶、给钱、说好话,先把他们打发走了再说。可是,大汉们轮番上门打秋风,提出种种无理要求,让老太爷应接不暇。从前安宁的日子再也没有了,老太爷这才感到世道变了。

对于这种汹涌而来的"运会",严复多有论述。然而一些闭目塞听的守旧派认为,蛮夷不足虑,中国地大物博,有三千年灿烂文明,"天不变,道亦不变",只要守祖宗之法,走中国自己的路,华夏必胜。何必杞人忧天,如此夸大蛮夷之力,岂非白日见鬼,灭自己威风吗?严复苦口婆心地解释为什么说中国正面临自秦以来未曾有过的"世变之亟",那是因为此蛮夷非彼蛮夷也!对此,让我引述历史学家蒋廷黻先生的论述——

中华民族到十九世纪就到了一个特殊的时期。在此以前,华族虽已与外族久有关系,但是那些外族都是文化较低的民族。纵使他们入主中原,他们不过利用华族一时的内乱而把政权暂时夺过去。到十九世纪,这个局势就大不同了,因为在这个时期到东亚来的英、美、法诸国人绝非匈奴、鲜卑、蒙古、倭寇、满族人可比。原来,人类的发展可分两个世界:一个是东方的亚洲,一个是西方的欧美。两个世界虽然在十九世纪以前有过关系,但那种关系是时有时无的,而且是可有可无的。在东方这个世界里,中国是领袖,是老大哥,中国以大哥自居,他国连日本在内,也承认中国的优越地位。到十九世纪,来和中国找麻烦的不是东方世界里的小弟们,是那个素不相识而且文化根本互异的西方世界。(《中国近代史·总论》)

但是,让长久与世隔绝、在封闭的专制帝国大酱缸里自得其乐的统治者和士大夫们认识到危机之来,亦并非易事。第一,因为封闭日久,他们对外面的世界并不知晓;第二,即使知道世道变了,他们还是想把大门关起来,过自己从前的日子。因为从前的日子对他们来说就是天堂,从天堂回到人间,他们是拼命抵制的。

对外面的世界全然不知,也不能说他们就是愚蠢。用鲁迅的比喻来说,国人在封闭的铁屋子里酣睡,慢慢地窒息而死,并不觉得痛苦。有一个人喊叫起来,惊醒了周围的人,这个喊叫的人就是众人的公敌。

直到19世纪中叶,大清国虽然和英国的东印度公司做了多年生意,皇帝和他的臣子们还对打上门来的英国一无所知。据吕思勉《中国近代史》介绍,鸦片战争中,朝廷在台湾抓了几个英国人,皇帝亲自下旨,命官员严讯,务必弄清以下问题:英国有多少土地?有多少属国?这个国家和新疆回族各部是否相邻,有没有旱路可通?和俄罗斯是否接壤?和俄罗斯做过生意吗?此次打上门来的英国人是受英皇之命来的,还是在外带兵的将领私自派遣?皇帝对西方这个强国的地理方位和国情全然无知，对打进国门的敌人更不了解。有没有了解的渠道呢？有。明朝末年，就有一本介绍世界各国地理、国情和民俗的书，名为"职方外纪"，但中国人认为那是妄说奇谈，根本不相信，连纪昀修订《四库全书》时都把它摈除在外。暗昧封闭如此，世变之亟时，当然惊慌失措。

  皇帝如此，臣下如何也就可想而知了。林则徐，皇帝派往广东禁烟的钦差大臣，是当时朝廷中最忠诚能干的大臣，他的名言"苟利国家生死以，岂因祸福避趋之"，后世的许多政治人物皆用此表白心志，他还让人每日翻译外国的报纸阅读，应算得朝中最开明、最通外情的人。但就是这样一位开明臣子，到广东禁烟，英国人要中国官方赔偿没收的鸦片烟价，林则徐以官文回复，其文曰："本大臣威震三江五湖，计取九州四海，兵精粮足，如尔小国，不守臣节，定即申奏天朝，请提神兵猛将，杀尽尔国，片甲无存。"这样的檄文，如同从《封神演义》等旧小说中抄来的，可它就是大清国与外邦交往的官方文书，而且出自最开明干练的臣子之手。英国人看着拖着长辫子、穿着奇装异服、磕头作揖的清国人本就感到奇怪和诧异，看了这样的官方文件，更是目瞪口呆。

  统治者对外边的世界无知，有着夜郎自大的心态，这完全是他们封闭自愚且愚民的结果。影响所及，直到19世纪末期，严复等人向国人客观介绍西方还要受到很大阻力。一种人只要听你介绍西人政经文化的优长，就说你别有用心，西人是我们的敌人，岂能说敌人的好话？在19世纪末期，严复就公开认为中国之所以积贫积弱落后于西方，就是因为统治者"以奴虏待其民"；而西方之所以富强，就是因为有自由、平等的价值观。严复的时代还有一种人，认为西方的那一套思想、学说和治国方略，都是我们老祖宗从前有过的，即所谓"西学中源论"。宣扬这种理论的有两类人：一类是介绍西学的某种策略，使视西学为洪水猛兽的统治者和士大夫们不那么恐惧和敌视，这类人当然其心可悯，如汤寿潜为了在中国实行立宪，就写过《宪法古义》一书，论证西方宪政的理论和做法中国自古也有过，不过不那么全面，没有持之有故而已；另一类人则是守旧的顽固派，固执地认为中国的礼教和政治制度是最好的，西方那一套没什么了不起，不过拾我们老祖宗的余唾而已，我们完全不必理会西方那一套。

严复那个时代以及其后先进的知识人，认为这个自秦以来从未有过的大变局，形成了一种人类向更先进、更文明的社会前进的潮流，"夫士生于今日，不睹西洋富强之效者，无目者也。谓不讲富强，而中国可以安；谓不用西洋之术，而富强自可致；谓用西洋之术，无俟于通达时务之真人才，皆非狂易失心之人不为此"（《论世变之亟》）。如果你看不到西方的强大，你是个睁眼瞎；如果你认为不学习西方，走中国的老路，中国就可以像西方那样强大，或者学习西方，也用不着通晓西学，有世界眼光，你这种言论就是丧心病狂。严复认识到中西是两种不同的文明，"嘉庆道光年间的中国人当然不认识那个西方世界，直到现在，我们还不敢说完全了解西方的文明"（蒋廷黻《中国近代史·总论》)。到了19世纪中叶，世道已变，西方世界打上门来，我们必须学习和认识另外一种人类文明，统称为"西方文明"。如严复所云："自胜代末造，西旅已通，迨及国朝，梯航日广……道咸以降，持驱夷之论者，亦自知其必不可行，群喙稍息，于是有不得已而连有廿三口之开。"到了1895年，中国已被迫开放23处通商口岸，不仅国门被砸开，连墙垣也被拆得七零八落，再想把门关上已不可能了。无论你高不高兴，"运会"已至，大潮席卷而来，古老的中国被外力逼迫，必得实行社会的转型，迈进现代社会的门槛。

什么叫转型？"一个国家，一个民族走入近代，就意味着以工业化为主导的经济取代了以地主经济、领主经济或自然经济为主导的中世纪的经济形态，也还意味着，它不再是孤立的或是封闭与半封闭的，而是以某种形式加入到世界总的发展进程。尤其重要的是，它以某种形式的民主制度取代君主专制或其他不同形式的专制制度。"(《中国近代思想家文库·总序》)中国近代的社会转型，自19世纪中叶以来的一百多年里，代有贤人智者大声疾呼，但云遮雾掩，千折百回，暗礁危崖，似难超越。正如西方近代思想家所言，帝制时代专制主义有一条千年老根子在，这条老根子粗长深远、盘根错节，拔除它绝非易事。

严复后来对中西文明进行了一些比较，他认识到，中西文明，尤其是政治文明，在源头上就是截然不同的。

二

甲午海战后的 1895 年，严复因个人及民族情感创深痛巨，思想更为敏锐深邃，对问题的思考也更为深远和睿智。他在这一年发表一篇名为"辟韩"的短文，对帝制时代专制主义的老根子进行了挞伐和批判。他认为，中国自秦始皇灭了六国之后，把权力分散的分封制消灭了，建立了一个金字塔型的中央集权制度，而韩非为这个权力结构提供了理论依据。

韩非被看作法家的代表人物。韩非的理论建立在人类不平等的基础上，他说："古之时，人之害多矣，有圣人者立，然后教之以相生、相养之道，为之君，为之师，驱其虫蛇、禽兽而处之中土。寒，然后为之衣；饥，然后为之食。木处而颠，土处而病也，然后为之宫室。为之工以赡其器用，为之贾以通其有无，为之医药以济其夭死，为之葬埋、祭祀以长其恩爱，为之礼以次其先后，为之乐以宣其湮郁，为之政以率其怠惰，为之刑以锄其强梗。相欺也，为之符玺、斗斛、权衡以信之；相夺也，为之城郭、甲兵以守之。害至而为之备，患生而为之防。"韩非认为人类的进步不是整个人类披荆斩棘、艰苦探索，在大自然中力求生存的结果，文明的成果不是人类共同创造的，而是出了一个超人、一个圣人、一个大救星把人类带出了蒙昧和黑暗。

对这种圣人的理论，严复提出了质疑：这个圣人是人类的一员还是天外的超人？如果是人类的一员，那么，他在榛莽未开的时代与其他人类遭遇同样的困境，他以至他的祖先不早就死掉了吗？如果他非人，那么他一定长着羽毛或者鳞甲以抵御寒暑，一定长着爪牙以攫取食物，那么，这是动物而非人，人类似乎不能靠某种动物类的"圣人"来拯救。如果按照韩非的说法，人类只待"圣人"来拯救，人类岂不早已灭亡了吗？我们后来所熟知的恩格斯《家庭、私有制和国家的起源》便论述：家庭、国家是人类的物质生产发展到一定阶段的产物，并非哪个"圣人"发明出来而后加于人类身上的。中国有文字记载的历史只有3 000余年，而对远古的人类活动语焉不详。我们从中国古代典籍中所知的一些带有神话色彩的人物，我认为他们并非某个神化的个人，而是某个氏族部落。如燧人氏是在洪荒时代敲石取火的部落，有巢氏是为了躲避风雨严寒和野兽袭击而建草寮窝棚以存身的部落，神农氏是人类渐渐脱离狩猎取食而从事初始农业的部落……如果真有大禹这个人，他也是一个带领部落抗御洪水，以图生存的氏族长。他为了战胜洪水，和众人一起，身先士卒，陷溺于泥水，把小腿上的汗毛都褪尽了，手脚磨出了老茧，三过家门未回去看看妻儿①，因此受到氏族人们的爱戴。直到汉武帝时，人们还相信黄帝有120个女人，因其女人多而得以仙升。这不过是人类由母系社会过渡到父系社会的形态而已。人类经过漫长的岁月，向先进的部落学习，由树上栖息回到陆地，学会了取火、熟食、造屋，脱

---

① 按照恩格斯的说法，这时一夫一妻或多妻的家庭已经产生了。

离了狩猎时代进入了农业时代,这是人类文明原初进化的真相,是可以从远古的记载中寻绎出踪迹的。如韩非所云,人类由原始社会到国家的形成都是由于"圣人"的指点才完成的,这种"圣人史观""英雄史观""大救星史观",和人类文明渐进的历史是相违背的。

按照韩非的观点,既有超越于众人之上的"圣人",就有蒙昧的群氓,有"上智",必有"下愚",而圣人统治群氓,上智统治下愚是天经地义的。他说:"君者,出令者也;臣者,行君之令而致之民者也;民者,出粟米麻丝,作器皿,通财货,以事其上者也。君不出令,则失其所以为君;臣不行君之令而致之民,则失其所以为臣;民不出粟米麻丝,作器皿,通财货,以事其上,则诛。"韩非根据当时的社会形态,为帝制时代专制主义设计好了权力结构的蓝图:君王高高在上,发号施令,他的臣子们把他的号令贯彻到底层百姓那里去,而最下等的"民"只负责生产以供上边的君臣享用,如果"民"不好好干活,就把他们杀掉。这个金字塔的国家组织由秦始皇建立,经汉初帝王不断完善,到汉武帝时代已基本成熟。韩非为帝制时代专制主义的国家机器建立了最初的政治学说。

严复质问道,如果几千年君民关系只是奴役与被奴役的关系,那么,尧舜的统治和桀纣的统治有什么区别呢?尧舜和桀纣之事我们的老祖宗也言之不详,不必说它。我们只知道,自打秦始皇建立起金字塔的权力结构之后,国家大一统,权力分层制,历经数千年,易姓换代,朝廷变更,其专制主义的实质从来没有一丝一毫的改变。民，也就是老百姓，历来是被压在最底层的奴隶，他们只是物质生产的工具，对上层建筑和意识形态没有发言权，如果你不好好干活，一个恶狠狠的"诛"字就可以了断你。

帝制时代专制主义建立在人生来就不平等的基础之上的，它的国家理念和政治伦理就是实行对民的剥夺和压迫，对民的奴役和压迫乃是国家的天职。韩非为了这种权力结构的稳定，进一步明确了"三纲"之说："臣事君，子事父，妻事夫，三者顺则天下治，三者逆则天下乱，此天下之常道也。"韩非是"三纲"之说最精辟的阐述者，他的理论被秦始皇以来的历代帝王所赞赏和实践，是真正落到实处的。而孟子所云"民为重，社稷次之，君为轻"的民本思想，只是学者和思想家的空谈，从未被帝王认可，更无从落实到政治实践中去。后来的皇帝朱元璋看了孟子的议论，大怒，先是下令将他逐出儒家的祭祀文庙，后来又亲自删改他的书，把他民重君轻的议论全部删除。如果孟子生在朱元璋的时代早就被砍了头。

韩非主张国家大一统的中央集权制，"事在四方，要在中央，圣人执要，四方来效"。主张削夺并消灭封建诸侯，以便集中权力。对尚未消灭的封建邦国，要"散其党，夺其辅"，驱散其党羽，削平其卫辅。要树立君主的绝对权威，"万乘之主，千乘之君，所以制天下而征诸侯者，以其威势也"。他主张严刑重罚，以维护专制权力的稳定，他认为国家有"五蠹"必须除之。这五种害虫，第一就是学者，第二是爱发表议论的

"言谈者"（今之所谓"公知"和"意见领袖"），第三则是体制外路见不平拔剑而起的游侠（带剑者），第四是那些不肯为大一统国家效力、不服管、不敬畏君王的人（患御者），最后他把"商工之民"（做工和经商的人）也列入"五蠹"之列。除掉这些人，专制权力或许在国家机器的强力镇压下得到了巩固，但人类社会将永远停留在蒙昧的暗夜。

韩非提出的国家理论和权力架构被秦王嬴政大加赞赏，尽管韩非的同学李斯把他害死在秦国的大牢里，但嬴政还是用他的理论统一了六国，建立了中央集权的大一统国家。在中国广大的土地上，历经2 000余年漫长的岁月，王朝更替，秦始皇所构建的权力架构本质上并无变化。它和西方的平等人权理念圆凿方枘，两不相容。这个又粗又长的千年老根子不拔除，我们是没法走出专制和极权的阴影，实现民主政治的现代转型的。

三

严复已经注意到西方国家建构的理论，那是人们为了生命财产的安全，把管理和保护人们的权力让渡给公职人员，使自己能够安心耕织劳动，做工行商，过和平安宁的生活。吾与其担心别人来攘夺和侵犯，"何若使子专力于所以为卫者，而吾分其所得于耕织工贾者，以食子给子之为利广而事治乎？此天下立君之本旨也"。民之所以愿意供养国家公职人员，那是为了让他们保护自己的生命和财产权利，"是故君也臣也，刑也兵也，皆缘卫民之事而后有也"。君主和臣子，刑法和军队，是为了保护族群百姓而存在的，如果没有这种需要，君王和国家就无须存在。"而民之所以有待于卫者，以其有强梗欺夺患害也。有其强梗欺夺患害也者，化未进而民未尽善也。是故君也者，与天下之不善而同存，不与天下之善而对待也。"这种思想和马克思主义的国家理论不谋而合。因为人类的进步还没有到尽善尽美的地步，有"强梗欺夺"的现象，人类有这些"不善"，国家才有必要存在。到了马克思所设想的共产主义，国家就将归于消亡。所以，国家不是和"善"相对立的。

按照韩非的理论，君主和臣子欺夺凌辱百姓天经地义，严复质问道："夫自秦以来，为中国之君者，最能欺夺者也。窃常闻：'道之大原出于天'矣。今韩子务尊其尤强梗，最能欺夺之一人，使安坐而出其唯所欲为之令，而使天下无数之民，各出其苦筋力，劳神虑者，以供其欲，少不如是焉则诛，天之意固如是乎？道之原又如是乎？"严复指出，韩非的理论就是主张天下最大的恶，因为帝王和他的臣子们就是窃夺天下的贼。他们把自己装扮成正人君子和救世主，说他们的权力是上天给的，他们骄奢淫逸，残害百姓乃天经地义。千年以来，以此愚民。"秦以来之为君，正所谓大盗窃国者耳。国谁窃？转相窃之于民而已。既已窃之矣，又惴惴然恐其主之或觉而复之也，于是其法与令猬毛而起，质而论之，其什八九皆所以坏民之才，散民之力，漓民之德者也。斯民也，固斯天下之真主也，必弱而愚之，使其常不觉，常不足以有为，而后吾可以长保所窃而永世。"千年专制独裁的惯技不过侵夺和愚民两术，侵夺以供其奢淫，愚民以长保其位。

中西文明对统治者和国民的定位完全相反，严复指出："是故西洋之言治者曰：'国者，斯民之公产也，王侯将相者，通国之公仆隶也。'而中国之尊王者曰：'天子富有四海，臣妾亿兆。'臣妾者，其文之故训犹奴虏也。夫如是则西洋之民，其尊且贵也，过于王侯将相；而我中国之民，其卑且贱，皆奴产子也。"（《辟韩》）这是对于19世纪末中国败于西方，严复从文化根源上做出的最深刻的反思。

数千年之中国固然不是一姓之朝廷，但朝廷和中国是绑在一起的，虽然顾炎武有"亡国""亡天下"之论，认为朝廷之亡只是易代换姓而已，和老百姓没什么干系，只有"天下兴亡"才是"匹夫有责"。如果你活在当时的大清国，眼看着朝廷腐败，强敌环伺，皇帝、权贵以及他们一伙只知掠夺和欺辱国民，"率兽而食人"，完全不顾国民的死活，这样的朝廷当然没什么指望，你只能盼望它早点崩溃，立即垮台。可是"天下"和"国"又怎能完全分得开呢？外敌入侵之时，当然要爱国，在一般人的眼里，只有国家强大了，老百姓才有好日子过，国民才有尊严。事实上，可能完全相反。国家强大了，帝王和权贵们更加为所欲为，有了更多的掠夺和欺压百姓的手段和本钱，他们的物质欲望和权力欲望无限膨胀，老百姓可能陷入更加苦难的境地。

这要看国是谁之国，国为谁而立。

视民为奴虏者,日以掳掠欺蒙为能事,这是窃国大盗之国;国为公产,执掌国柄者,乃民之公仆,这才是民之国。

我们借严复之文对中国专制主义最早的理论家韩非的思想及秦始皇开创的体制进行了分析,这种政治理念和制度架构延续了2 000余年并无根本改变。世界潮流汹涌激荡,19世纪末的中国为什么不能随潮而进?其症结何在?其根本原因是我们和西方处在两种不同的文明之中,东西两种文明自发轫之初就有根本的分野。

西方政治文明的一个重要源头是古希腊城邦政治和其后的罗马共和制度。主编《希腊的遗产》的英国学者芬利针对希腊早期的城邦政治说:"政治上言之,整个希腊从未出现过任何一种中央集权。希腊化时代出现的一些区域性国家,主要是在被征服的东部而非古老的希腊中心地区。在此之前,希腊世界是由自治性很强的小共同体组成,习惯上被误译为'城邦'……除若干无关紧要的情况外,这些共同体无论在理论上还是在实际上都是独立的城邦,与其各自的'母邦'有着心理上和感情上的联系,而非政治和经济上的联系。"

这种情况与秦统一前周王朝的封建制的社会形态有着高度的一致。那时,华夏大地有800多个(或许更多)分封的诸侯国,他们在政治和经济上是独立的,周天子虽然也有自己的邦国,但只能算各个诸侯国的"母邦",各诸侯名为尊崇和拱卫天子,关键时刻周天子甚至能调动各诸侯国的军队,但随着"母邦"权威的日渐衰落,各诸侯国开始自行其是,它们和

"母邦"的联系也仅剩心理和感情上的了。这时的权力分布是横向的，各诸侯国的国君还有古老真诚的贵族情怀，如被后人骂为"蠢猪"的宋襄公，他是一个诸侯国的君主，与另一个诸侯国交战时，敌人的军队没有渡过河不攻击，没有布列成阵不攻击，结果被对方打得大败。这说明那时还有诸侯间必须恪守的规则，这不仅关乎道德，更关乎人与人、国与国交往的诚信，而这些是必须遵守的。在后来诸侯国间相互吞并的战争中，这些规则被破坏，人们不断地突破规则和道德底线，陷入了弱肉强食的丛林法则中，奸诈、权谋、不择手段、胜王败寇……则被推崇和颂扬，上位者、得势者恰恰是那些狡诈阴狠的角色。正因如此，孔子才痛心疾首，认为他所处的时代"礼崩乐坏"，他要回到周王朝的封建时代去（"郁郁乎文哉，吾从周"）。他认为从前的人更守规则、有道德、有底线、有良知，社会是祥和安宁的。针对人类的凶残攘夺、阴谋算计，他提出"己所不欲，勿施于人"的道德信条。

中国古代也曾出现过类似古希腊城邦政治那样的社会，中国社会在春秋战国和几乎处于同一时代的古希腊有着几近相同的政治生态。芬利引述古希腊哲学家和悲剧作家的话来论证雅典的民主政治："在雅典，智者普罗泰哥拉解释道：'当雅典人所议之主题含有政治睿智……会倾听每一个人的见解，因为他们认为所有人都应拥有这一美德；否则，便不会有城邦。'（柏拉图《普罗泰戈拉篇》）欧里庇得斯在约公元前 420 年上演的《哀求的妇女》中表达了同样的观点：他引用公民大会上的传令官所言：'任何人有良策献于城邦并希望表达出来？'提秀斯评论道：'这即是自由，渴望者可享誉；无欲者则默默无闻。对城邦来说，有什么比这更公平的？'"（芬利《希腊的遗产·政治》）每个人只要愿意，都有对政治发言的权利，这就是古希腊的自由和民主。

在中国的同一时代，孔子和孟子都是以布衣之身在各个邦国之间往来，游说诸侯，陈说对政治的见解。诸侯国的君主对他们待以客礼，认真倾听他们对邦国治理的意见和君主修身的主张。在其后的"礼崩乐坏"时代，也有苏秦、张仪那样的纵横家游说诸侯；就连在自己的邦国遭受排挤的韩非，也能跑到秦国向嬴政献策。如今留下的孔孟以及韩非的书多为对邦国政治发表见解的言论集。可见，与古希腊城邦政治同时代的中国，因为有相似的政治生态，人人有申述政治见解和学术言论的自由，我们把这称为"百家争鸣"。如提秀斯所云，渴望参与政治并对政治发言的人会享有盛誉。无论是孔、孟还是韩非，他们享誉2 000余年，名声不朽，著作被人阅读，孔子和孟子还被称作"圣人"，难道不是他们所处的社会有可以谈论政治的自由，才成就了他们不朽的声名和历史地位吗？（中国的历史典籍并没有记载当时有公众议政的场所，孔子等人只是向诸侯国君主进谏，"肉食者谋之"仍是春秋时代的政治现实。）

人类文明的初始阶段好比一个人的童年和少年，朝气蓬勃，心地纯洁，质朴向善，尽管由于地理、族群和语言的限制，两种文明并无交汇。中西的政治生态有诸多相似之处，后来却走向了截然相反的方向。

四

中国的专制主义难以撼动，是因为它的历史太久远了。2 000多年前，有韩非这样的专制主义思想家，也有秦始皇这样专制主义的实践家。秦始皇统一六国之后，建立了中央集权制的大一统国家，他把江山、国家、百姓当成自己私产，给自己定的名号叫"始皇"，即从他开始，他和他的子孙要千秋万代永远高踞权力的巅峰，号令天下，统治万民。国家权力如同一个猛兽抢夺来的猎物，因时刻怕失去权力，所以统治者用戒惧、仇恨的目光打量着周围。秦王朝整治国人的措施如此血腥，法律如此严酷，如连坐法（一人犯法，家人与邻里同坐）、挟书令（非法持书者杀）、偶语者弃市（两人在一起说话，一定有图谋或发泄不满，杀）、销兵、焚书、坑儒……乃至血腥的酷刑和杀人的手段，千年之后，仍令人不寒而栗。这个第一次把华夏大地整合在一起的中央集权制国家使黄河、长江流域的人类文明倒退至最黑暗、野蛮的时代。后世的人不断美化秦王嬴政和他建立的王朝，那是出于维护专制权力的需要。至于一些所谓文人和历史学家不断地为这个有史以来最残暴的君王大唱赞歌，那是因为他站在君本主义的立场上而非站在民本主义的立场上。疆域广大，统治牢固，那是帝王之事，好像轮不到后世一个小小的读书人来高兴。倘若你生在秦始皇时代，拿一本官家禁止的书就要杀头；两个人在路上相遇只能以眼色会意（道路以目），开口就会招来杀头之祸；挖个坑把读书人活埋（你这种人当然也在坑里）；或者你的老子和邻居犯了法，你和你的亲人连同幼小的孩子都被大刀砍头，铁矛贯胸……你怕是就唱不出赞歌来了！或曰，秦始皇毕竟搞了"书同文，车同轨"，统一度量衡的事。前面说过，文明是人类共同创造的，也是渐进的。若说没有秦始皇，我们至今仍会活在人类造巴别塔的时代，大概你也不会赞同这个说法。孔子、孟子、老子、庄子……他们生活的时代都比秦始皇要早，他们的著作照样被各诸侯国的人阅读；孔子坐着牛车到处跑，没听说因车轨不同不能通行。一个国，疆域再辽阔广大，种族再群聚繁衍，如果人们都生活在恐惧之中，不许思想，不许说与官家不同的话，法如猬毛，动辄得咎，随时会被关到牢里或送到刑场上去，这个国只该被诅咒，而不该被歌颂。

　　严复说，自秦始皇开始，中国历代君主都是"强梗欺夺"之人，因为他们把国当成自己的"私产"，待民如奴虏，千年的学术政教，都以愚民为能事，"使吾之民智无由以增，民力无由于奋"，造成中国民智蒙昧，民德窳劣，民力困穷。这样的奴虏之国，何以能和西方秉持平等自由的列强之国相抗衡呢？中国历来奉行周公孔孟之教，"则周孔之教，固有未尽善焉者，此固断断不可辞也，何则？中国名为用儒术者，三千年于兹矣，乃徒成就此相攻、相感，不相得之民，一旦外患忽至，则糜烂废瘘不相保持。其究也，且无以自存，无以遗种，则其道奚贵焉？儒术之不行，固自秦以来，愚民之治负之也"（《原强》）。中国奉行儒术3 000年来，造成了互相攻击，互相欺诈的国民，外患一来，糜烂而不堪一击，甚至有亡国灭种之虞，请问，3 000年尊崇的儒术到底宝贵在哪里呢？民智如此蒙昧，民德如此败坏，民力如此困穷，难道不是自秦以来，愚民之政教造成的吗？严复指出中国历来的礼教文化乃是驯化奴隶的手段，他说，把人分成等级，"以隶相尊者，其自由必不全"。而吾国的礼教文化，"必使林总之众，劳筋力，出赋税，俯首听命于一二人之绳轭，而后是一二人者，乃得恣其无等之欲，以刻剥天下，屈至多之数以从其至少，是则旧者所谓礼，所谓秩序与纪纲也，则吾侪小人又安用此礼经为！"（《主客平议》）严复是在介绍西方自由平等的政治伦理时说这番话的，"故言自由，则不可以不明平等，平等而后有自主之权"。所谓自由，是每个人能"各尽其天赋之能事"发挥自己聪明的天性，自己去创造生活，为自己的命运负责。但统治者把人分成等级，多数人被少数窃夺权力者奴役，不但要拼死拼活出力供养他们，还要如奴隶一样被捆缚着俯首听命，任凭那少数人为所欲为，敲剥天下，这就是中国的礼教和纪纲。我们老百姓为何要用这种所谓的礼教来束缚自己呢？

严复多次指出，中国人尊崇儒术，信奉孔教，但3 000年来，中国信奉的孔子早已不是原来的真孔子了。孔教多变，"西汉之孔教，异于周季之孔教；东汉之孔教，异于西汉之孔教；宋后之孔教，异于宋前之孔教。国朝之孔教，则又各人异议,而大要皆不出前数家。故古今以来,虽支派不同,异若黑白,而家家自以为得孔子之真也"(《保教余义》)。儒术支派众多,流变如此,各家理论,如黑白之异,但大家尊崇孔教是一致的。严复举出一个例子来说明孔教儒术无补于救亡。很多儒家信徒把孔教视如性命,认为关乎国家兴亡,但香港、旅顺、威海、胶州等地被割让给外国居住和经商,铁路、矿产、关税等关系国家经济命脉的利权被外人把持,国人不过将此作为饭后谈资,以遣雅兴。可是,听说一伙兵丁进入山东孔庙,有亵渎狼藉之行,立刻汹汹不可终日,不但读书的士人愤愤然,就连商贾行旅之人也嚣然怒目,如挖了自家祖坟一般。是的,中国人是有信仰的,国家是有主义的,但国家之尊严到底体现在哪里呢?失地、赔款、战败、求和以及种种屈辱的不平等条约,国人认为那是"肉食者谋之",大不了改朝换代,亡国而已,国又不是自己的,与己何干!而关涉到信仰和文化,则是亡天下的大事,匹夫有责。中国3000年尊崇孔教和儒术,上下大讲礼教,但由于视民如奴虏,"君主臣民之势散,相爱相保之情薄也"(《原强》)。"欧人视之,相与骇笑",所以"骇笑"者,那是不了解中国的国情啊!

严复因为不是科举正途出身,尽管他学通中西,在那个时代是最了解西学的士人,但在官场上却得不到重用,也被靠八股文起家的权贵看不起。严复因此发愤于科考,自1885年始,参加了四次科举考试,皆名落孙山。从自身痛苦经历和八股取士的实践中,认识到"八股取士,使天下消磨岁月于无用之地,堕坏志节于冥昧之中"(《救亡决论》)。他总结八股误国之害:一曰锢智慧,二曰坏心术,三曰滋游手。社会上充斥着游手好闲,不辨菽麦,不事生产,考场作弊,醉心仕途,于家国有百害无一用的八股士人,使国家愈愚愈贫。他认为八股也为统治者愚民之一法,因此和当时很多有识之士一样,呼吁废除八股。严复在30岁至40岁之间准备科考,集中精力重读、深读经史典籍,补足了自15岁即中断了的中国传统教育。但他毕竟有西学的眼界,他深入中国传统文化和学术后,觉得中国的知识和西方的知识有着巨大的差距,中国知识人好古,所学所议,孜孜矻矻,终其一生,对强国富民百无一用。"盖学术末流之大患,在于徇高论而远事情,尚气衿而忘实祸。"厌弃科举的士人,"厌制艺则治古文词,恶试律则为古今体,鄙折卷者,则争碑版篆隶之上游;薄讲章者,则标汉学考据之赤帜"。知识人即使不入八股科考之门,不过去搞古文词,抄古碑,习书法,做训诂考据,"于是此追秦汉,彼尚八家……唐祖李杜,宋祢苏黄;七子优孟,六家鼓吹。魏碑晋帖,南北派分,东汉刻石,北齐写经……钟鼎校铭,圭琮著考,秦权汉日,穰穰满家,诸如此类,不可殚述。然吾一言以蔽之,曰:无用"。

严复把历代中国读书人醉心的学术志业判之为无用,是和西方知识人所关注的文化相比较而言,认为西方人无论是社会科学还是自然科学,都切近实务,不尚空谈,于国于民有看得见、摸得着的好处。而中国读书人好古谈玄,在书法、考据、钟铭鼎石、训诂考据上终一生之力，终无补于国衰民困。这样的学术和文化也是愚民之一种。八股取士加上千年以来知识人所浸淫其中的学术文化，把中国弄到了败亡的地步。当然，严复也并非全盘否定中国的文化和学术，他说，中国之学术"非真无用也，凡此皆富强而后物阜民康，以为怡情遣日之用，而非今日救弱救贫之切用也"。他又斥"侈陈礼乐，广说性理"的陆王心学乃玄远无实之学。他说，当此民族生死存亡之际，不独破坏人才的八股宜除，举凡宋学汉学，词章小道，皆宜束之高阁。他认为所谓陆王心学，完全是师心自用、闭门造车之学。如骊山博士说瓜，先不问瓜之有无，议论先行蜂起。他举了明朝儒生王伯安的例子，对着窗前一竿竹子冥思苦想，想从中弄清心学之道，结果，"格竹"七日，把自己弄出病来了。西方有格致之学，乃科学也。王伯安和西方植物学家之"格"，简直风马牛，这样的学术于国计民生有何实用哉？

严复有西学的功底和眼界，因此对中国文化能深入其内，又出乎其外，无论对韩非与秦政的批判，还是对中国传统文化的检讨，都洞烛其病灶。正因为有视民如奴虏的专制主义制度，才有锢蔽民智的愚民文化。千年以来，八股取士，无用无实之学术，造就弱国愚民的朝廷。在西方列强破门而入，"运会"之来，无可阻遏之际，唯有开启民智的启蒙，向西方学习，才能救亡图存，开出中华民族的新路，使中国实现近代的制度转型。

五

严复是百余年前，中国面临"千年未有之大变局"之际，一度有着最清醒最激进认识的知识分子。他对中国落后的原因从制度和文化层面给以了深刻的批判，触动了专制主义的老根子，因此也招致了专制主义上层及其卫道士最为激烈的反抗。他的《辟韩》一文一出，晚清大臣张之洞就认为这是离经叛道、非君犯上的"洪水猛兽"，命御史屠仁守在《时务报》撰文反驳。严复也私下称张之洞为"妄庸巨子……恐此后祸国即是此辈"。张之洞一度曾想将严复罗致自己麾下，但由于两人思想上存在根本分歧，关系破裂。

张之洞最为世人所知的是他提出的"中体西用"说，既不改变中国固有之思想制度，又引进西方之术，为我所用。严复认为这条路根本走不通，他列举了中国当时引进西方的一些做法，曰："海禁大开以还，所兴发者亦不少矣：译署，一也；同文馆，二也；船政，三也；出洋肄业局，四也；轮船招商，五也；制造，六也；海军，七也；海署，八也；洋操，九也；学堂，十也；出使，十一也；矿务，十二也；电邮，十三也；铁路，十四也。拉杂数来，盖不止一二十事，此中大半，皆西洋以富以强之基，而自吾人行之，则淮橘为枳，若存若亡，不能实收其效者，则又何也？"（《原强》）他引用苏东坡的话："天下之祸，莫大于上作而下不应，上作而下不应，则上亦将穷而自止。"中国引进西术，因没有社会基础，上作而下不应，流于形式，收不到强国富民的实效。"中体"不动，"西术"无法为我所用。强为之用，淮橘为枳，劳民伤财，晚清洋务运动的失败，证明了严复的灼见。

千年专制主义的统治，以奴虏驱民（民亦以奴虏自视），以无用无实之学术束缚知识人的头脑，思想被禁锢，民德、民智、民力愈益窳败堕落，中国积贫积弱久矣。面对前所未有的外力冲击，也有人提出两种自保之路：一是不变祖宗之法，走中国自己的路。"中国之所以不振者，非法制之罪也，患在奉行不力而已。祖宗之成宪俱在，吾宁率由之而加实力焉。"就是说，按照秦始皇的办法，尊崇法家，力行秦政，"于是而督责之令行，刺举之政兴"。上督下责，检举揭发，严刑苛法，人人自危，刺举之政，遍于国中，则天下何言不治？严复说："如是而为之十年，吾决知中国之贫与弱犹自若也。"后来的历史已经证明了他的预见。二是既然西方富强有术，我们照搬其术就是了，于是大搞洋务，通铁轨，开路矿，练陆军，置海旅……其效如何？人所共见也。

严复认为，改变中国之贫弱，必须从根本即启蒙和教育入手，改变中国人的观念，提高中国人的公德心，开启中国人的智慧之门，而这一切，首先要使中国人由跪下的"奴虏"成为站起来的自由人。所谓国家富强，根本在于国民有权利，有尊严，"夫所谓富强云者，质而言之，不外利民云尔，然政欲利民，必自民各能自立始；民各能自立，又必自皆得自由始；然欲听其皆得自由，尤必自其各能自治始"。民何得自由、自立而自治，由专制国家的"奴虏"成为民主国家的公民？对此，严复提出，"是以今日要政，统于三端：一曰鼓民力，二曰开民智，三曰新民德"。之后，严复对比中西教育，批判中国教育对人的戕害。"且中土之学，必求古训。古人之非，既不能明，即古人之是，亦不知其所以是。记诵词章既已误，训诂注疏又甚拘，江河日下，以致于今日之经义八股，则适足以破坏人才，复何民智之开之与有耶？"至于中国之民德，严复举了一个例子，甲午年办海防时他在北洋水师任职，有人为了获取一得之私，偷工减料，竟然在制造水雷和炸弹时以沙泥代替火药。这件事使西方人大为吃惊，在报纸上评论说，何以中国人不怕战败失地、丧师辱国，见小利而忘大义？甲午之败，岂偶然哉？在《救亡决论》一文中，严复引一位朋友的愤慨之言："华风之弊，八字尽之，始于作伪，终于无耻。"此弊从上到下，一以贯之，且问政事、政教何事不作伪？又何事不无耻也？上行下效，社会上作伪已成风气，为害之烈，何可尽言！至于民之公德心，国乃一人或一伙人之国，国本私产，无公可言，奴虏不必为主人负责，何公德之可云乎！

严复说来说去，还是归结到中国应该学习西方的制度。他说，政府如果真有改革图强之心，你就做一件老百姓期待最殷呼声最高的实事让大家看一看，"有一二非常之举措，内有以慰薄海臣民之深望，外有以破敌国侮夺之阴谋，不然，是琐琐者，虽百举措无益也"。当然这是对聋子喊话，你无法叫醒一个装睡的人。

严复深知近代国家转型绝非易事，专制权力既为私有，又不受制约，必定形成特权，权力必被滥用和寻租。权贵们为了保护自己的政治特权以及由此带来的利益，必然拼死抵制社会转型，所以，要专制统治者随"运会"而变更制度和行为规则，无异与虎谋皮。严复在《论世变之亟》一文中，引用一位官员论及庙堂顽固派的话说："世固有宁视其国之危亡，不以易其一身一瞬之富贵。"推测其心理曰："危亡危亡，尚不可知，即或危亡，天下共之。吾奈何令若辈志得，而自退处无权势之地乎？"是啊，为什么让改革成功，把我的特权地位弄没了呢？即使天下危亡，天下人共担，让我为此牺牲权位和利益，休想！孔子曰："苟患失之，无所不至。"为了保住垄断的权力，任何伤天害理的坏事都可以干得出来，这是专制权力的本质所决定的。正因如此，虽然"运会"已至，世变已亟，严复深知，腐朽的清王朝是不会弃旧图新，走上人类现代文明的康庄大道的。在西学东渐、大潮汹涌的19世纪末，严复对中国问题的思考，主要体现在《原强》一文中。他对此文很重视，因言犹未尽，又写了续篇，最后做了修订。他在此文中提出了学习西方制度的重要性，最后引用梁启超的话说："万国蒸蒸，大势相逼，变亦变也，不变亦变。变而变者，变之权操诸己；不变而变者，变之权让诸人。"且问专制权力家天下有万世一系，亘古不变的吗？大势相逼，想不变可能吗？清王朝拖延不变，结果"变之权"让给了革命党，土崩瓦解，一命呜呼。

殷鉴不远，岂可不凛然深惧哉！

六

严复对中国转型期的思想贡献，因其对中国历史文化及国民性的深刻反思，在同时代的思想家中是最清醒和最深刻的。其主要原因，和一般囿于中国传统文化的士大夫不同，他有着西方学识的底子，有世界的眼光，在中西文明的对比中有切身的痛楚和清明的理性。

严复是福建侯官人，15岁起就入由清末革新派和洋务派大臣沈葆桢与法国人日意格所创办的船政学堂学习。他在那里以英文为专业语言，学习算术、几何、物理、化学、机械等课程，与同时代以读经和八股为课业的少年相比，他非常幸运地很早就接受了现代教育。1871年5月，17岁的严复从该校毕业，其后的六年间，在英国皇家海军的教导下，他分别在"建威"和"扬武"两艘军舰上实习，曾到过新加坡、日本等地。这种阅历和眼界，又非浸淫于经史子集和举业中的青年可比。严复在23岁时，被清政府派遣，前往英国皇家海军学院留学。他在英国待了两年，其间与驻英大使郭嵩焘成为忘年交，两人有机会就中国接受西学融入世界的问题进行深入的交谈，为了开阔这些青年的眼界，郭嵩焘还带严复等人访问过法国。在英国和法国的学习和游历，使青年时代的严复对西方文明有了更加深刻的体悟。在19世纪下半叶的中国，严复所受的教育和个人经历异于侪辈，是一个特例。

严复被国人所重,似乎并非因他对国事的思考和议论,乃是他对流行于西方思想界经典文献的翻译。对赫胥黎《天演论》的翻译,使他在国人中暴得大名,"物竞天择,适者生存"的思想一时深入人心,对被迫洞开国门而又惶惑无措的中国无异当头棒喝。其后,他陆续翻译了《原富》《群己权界论》《群学肄言》《法意》《社会通诠》《名学浅说》《穆勒名学》等西方重要典籍,将西方重要思想家达尔文、斯宾塞、赫胥黎、边沁、亚当·斯密、穆勒等人的思想介绍到中国,这对于国人认识西方文明,开启民智有着开拓之功。我们的近邻日本在学习西方上是走在前列的,日本因"脱亚入欧"摆脱了东方的文化羁绊,成功地实现了社会转型,其中,翻译西方著作是一个非常重要的举措,我们如今使用的许多耳熟能详的名词皆来于日本的翻译。加藤周一认为"明治的翻译主义"实现了西洋文化的"日本化"过程,同时也确保了日本文化的独立。严复的翻译工作不仅有着骄人的实绩,他还为翻译确立了信、达、雅的标准。19世纪,他在翻译上的开拓之功和对国人的启蒙作用,无人能出其右。

但是,处于时代急剧变化中的严复,置身于中国文化的大环境中,有着十分复杂的面相。由于不是科举正途出身,他的政治地位不高,无法跻身于权力的中枢,这是他大半生的焦虑。在中国,官位的大小决定一个人的社会地位,尽管他被时人誉为"西学第一人",但仍不被朝廷赏识和重用,他的头衔仅止于北洋水师学堂总办道员,属于正四品。很多庸碌龌龊之徒官运亨通，学贯中西的严复只能沉没下僚。严复在30至40岁之间，决定科场一搏，但四次入闱，皆名落孙山，这给他很大的打击。他的一些师友为他抱不平，但这改变不了黄钟毁弃、瓦釜齐鸣的现实。严复从自身的经历中，痛陈八股取士埋没和摧折人才之弊，认为中国积贫积弱以至今日，八股乃亟应革除的弊政。科场失利的打击，使严复落寞消沉，加上恃才傲物，使他与上司李鸿章关系不睦。本来他可以弃北图南，投奔张之洞而求一展长才，但由于他对中国专制思想及制度的批判，二人积不相能，他的这条路也断了。大约在此时，苦闷中的严复染上了鸦片瘾，且终其一生都难以戒除。他曾在文章中自嘲说，中体西用引进了西方很多东西，大多淮橘成枳，难收实效，唯有鸦片一物为国人所钟爱。他对鸦片深恶痛绝，认为"害效最著"，陈层层严禁之策，然而他自己就是受害者和顽固的瘾君子。这可以看出严复性格上软弱颓唐的一面。他和上司与同僚的关系都很一般，这是他在与人相处上的短板，更由于缺少坚强果决的意志，所以只能在译事和文章上有所成就。他曾短暂地主持安庆高等学堂和北京大学，因人事纠纷而主动去职。他是主张从教育入手，开民智、新民德、强民力，为中国富强行治本之策的，然而真叫他执中国高等教育之牛耳，他却做不下去，因而几无建树。他的好友林纾感叹道："君著述满天下而生平不能一试其长，此可哀也。"岂无一试之时机和平台，自身缺乏坚毅果决的意志而不能持之有恒也。

有人把严复和日本的伊藤博文相比较，认为严复只能"坐而言",却不能像日本的伊藤博文那样返国后"得君行道",把国家带向转型之路。不错,伊藤博文和严复都处在各自国家被西方破门而入的转折时代,但前者出生在下层武士家庭,日本的武士文化使伊藤博文养成以命相搏的狠劲和认准道路宁死不返的韧劲,而这是出生于以儒家文化为底色的中医之家的严复绝不可能有的品格。伊藤博文开始是一个排外的"愤青",从事暗杀迫于西方压力而妥协的幕府人士。但排外并没有把日本带出困境。1863年,长洲藩主命令他和其他三个年轻藩士秘密出洋,到英国留学。此时的伊藤博文也是23岁,和严复去英国时年龄相同,这是他们的命运暗合之处,因此才有人把他们相类比。伊藤博文在英国目睹西方文明,思想发生变化,认识到,攘夷绝非日本新生之路,只有开国,向西方学习,日本才能走上光明大道。此后,他为自己"脱亚入欧"的理想做着不屈不挠的努力。作为日本第一任总理大臣的伊藤博文,在推动日本走向现代化方面贡献巨大。1881年起,他主持开设国会,制定宪法,推行政党政治,组织自由民权运动,主张司法独立原则,使日本在制度上走向了西方民主之路。严复所以不能和伊藤博文相比,不仅在于个人性格和修为上,更在于两人处于不同的社会环境中。严复回国之后,只能做洋务运动中教英文的教师(洋文总教习),无法参与政治活动。即使有政治活动的平台,他在腐朽的清王朝也不会有什么作为。

且不说在实际政治中影响日本近代走向的伊藤博文,即和同时代的福泽谕吉对日本国民的思想启蒙相比,严复对19世纪中国的思想影响也谈不上多么重要。福泽谕吉比严复大19岁,他主持庆应义塾(后发展为闻名世界的日本庆应义塾大学),办《时事新报》,也从事对西方思想文化的翻译和引进,他是日本"脱亚入欧"论的积极提倡者。从旁观者的角度,他对腐朽清王朝的认识高于国内许多当权者和士大夫,他说:"日中韩三国相对而言,中韩更为相似,此两国的共同之处就是不知国家改进之道,在交通便利的现世中对文明事物也并非没有见闻,但却视而不见,不为心动,恋恋于古风旧习,与千百年前的古代无异。"中国对西方的学习,只注意引进"器"的方面,对西方文明的本质,即思想和制度,不仅无视,且采取排斥的态度。他认为这是日本和中国学习西方根本上的不同。他认为中国已变为腐朽、顽固和野蛮的国家,日本应以西方文明的标准判断是非,脱离中国的影响,加入西方文明的阵营,这样,日本很快就会成为东亚的盟主,强大起来。100多年前,福泽谕吉的此种认识,当年的中国人除严复等人外怕是很少有人认识到。

福泽谕吉一生没有官职,只是从事教育、翻译、著述的民间人士,严复虽有正四品的道员之称,后又被授予文科进士,但没有任何政治上的实职和操作空间,本质上说也只能算作民间人士。但从实际的影响和事功来说,严复对近代中国的影响实在有限。和福泽谕吉一样,严复也从事过中国的高等教育的管理工作,但福泽谕吉主持的庆应义塾是他自己的学校,严复的职位是被聘任或被任命的公职。严复缺少管理才能,和同事、下属不能和睦相处,所以,在职时间都很短。1912年,他被袁世凯任命为京师大学堂总监督,出掌北京大学,接管大学堂事务,但他只干了不足八个月,就撂挑子了。他也办过一份名为"国闻报"的报纸,但在中国的政治环境下,他的报纸不能持久也在意料之中。先是有人说他的报纸和外国人勾结,引起了光绪皇帝的疑心,命北洋大臣王文韶调查。后来虽然解除了疑虑,但显然举步维艰。康、梁戊戌变法失败后,风声日紧,他怕以言贾祸,就把报纸卖给了日本人。他和福泽谕吉同样从事西学的翻译,但无论就数量和所涉范围之广,严复都不能和后者相比。福泽谕吉翻译的书有60余部,达一百数十册。诸如政治经济、军事外交、历史地理、制度风俗等固不待说;就是天文、物理、化学,或是儿童读物、习字范本、修养丛书等,甚至连簿记法、兵器操作法或攻城野战法等,都包括在内,范围之广,有如百科全书。对西方文化的全面引进,在19世纪的中国,如严复不能和岛国日本的福泽谕吉相颉颃,更有何人哉!另外,就著述的影响来说,更不可同日而语。福泽谕吉的著作文采斐然,通俗易懂,易于深入人心;而严复的译本对应的是桐城派古文的笔法,雅则雅矣,偌大中国,除了有古文修养的文人学士,又有几人能懂?严复自己的著述皆为文言,一般识字人读来皆感费力,其影响力当然大为减弱。福泽谕吉的《脱亚论》在日本几乎无人不知,其所著《西洋事情》十卷,在日本发行竟达25万部。日本民风大开,对西方文化的认识,端赖于此。

19世纪的中日两国,皆处在被迫打开国门,接受西方文化的时代,当时两国先进人才的对比,于斯可见,其最后的成果不待预卜而知。福泽谕吉虽然终生在野不仕,一直以民间学者文化人的身份开办学校、编辑报纸、著书立说,其实际影响要远远大于任何一个政治家或其他方面的人士。一百年来日本主流舆论奉福泽谕吉为"日本近代最重要的启蒙思想家",给予他极高的评价,他的肖像一直印在日本面额最大的纸币——一万日元纸币上。而中国的严复,似乎早就被一般的中国人所忘记了。

七

严复一生和许多大人物有过交集。如他在英国留学期间和驻英大使郭嵩焘成为忘年交,尽管他们对西方文化都十分钦慕,认为向西方学习乃中国富强的必由之路,但由于年龄和社会地位的差距,二人很快就相忘于江湖。回国之后,晚清重臣李鸿章又调其到北洋水师学堂任教,但李鸿章似乎并没有为他的前程提供帮助,1891年,他已经37岁,才升为正四品道员。此时他身体欠佳,精神郁闷,染上了鸦片瘾。北洋水师虽为国家海军重镇,但严复亲见其军纪废弛、内幕黑暗以及种种劣败之行,这使严复对国民的品格和改革的前景产生悲观情绪,也加重了他的精神苦闷。他对自己的工作并无热情,自云"味同嚼蜡"。

严复自小丧父,15岁就进入船政学堂学习轮船驾驶,这是一所军事学校,实行军事化管理,相对封闭,专业性强;23岁又赴英国皇家海军学院留学,在当时的中国是比较另类的青年。社会上没有人会对他的专业感兴趣,也少有人与他用英文交流,因而养成他孤高自傲、我行我素、不易与人相处的性格。他对人和事有清醒的认识和判断标准,不因个人好恶而改变,尽管李鸿章对他没有恩宠私交,他仍然认为李是晚清政府难得的明白人,忍辱负重而尽忠国事。李去世后,他撰一挽联:"使先时尽用其谋,知成功必不止此;设晚节无以自见,则士论又当何如?"李若地下有知,当感这位多年被其冷落的部下乃是真正的知音。

他在李鸿章那里不得志时,曾有意投奔张之洞,但严复本质上是书生,对未来的靠山并无巴结屈从之意,终因发表时论文章得罪了张之洞,断了另谋高就之路。这或许是他未及预料的。但《辟韩》等文从根本上揭示中国专制主义的本质,指出秦以后之帝王皆为"强梗欺夺"的强盗,几千年因惧怕人民觉醒而实行愚民统治。这样忤君犯上的言论,皇帝也不能容,况寄生于庙堂奉君如父的众多臣子呢?但严复就是严复,他后来曾说张之洞是"妄庸巨子"、祸国之人,批驳张之洞的"中体西用"说,痛言朝廷应破把持之局,他引孔子之言,痛斥为私利而阻碍改革者为"鄙夫",云"小人宁坐视其国之危亡,不以易其身一朝之富贵"时,心中未尝没有张之洞的影子。张之洞虽非晚清的顽固派,但他与晚清朝廷一损俱损、一荣俱荣,同体同命,休戚与共,他的改革和"西用"之说只是为了保朝廷，严复比他看得更远、更深。

严复在1898年（戊戌年）9月14日曾蒙光绪皇帝召见。这一年他44岁，所译《天演论》发行不久，声名大噪。康、梁的戊戌变法正在进行中，严复并没有参加康、梁等新党的活动，他不在圈子里，或许新党有人认为严复这样有西学背景的人宜应大用，因而建言皇帝召见。但晋见皇帝没有给严复带来任何命运的转机。外面的人很难看清庙堂内的情形，雷霆飙风之来，只有身在其中的人才能敏锐地感觉到。此时，政局险恶，光绪帝的变法频遭阻遏，顽固派积聚力量，正在拼死抵抗，慈禧太后已经对光绪帝积累了太多的怨恨，她覆手之间，一切所谓的新政都将化为乌有。就在同一天，光绪帝命杨锐（字叔峤）带密诏给康有为，诏称"朕位且不保，令与诸同志设法密救"云云。（张荣华编《中国近代思想家文库·康有为卷》）如果这是真的，那么，光绪帝还有什么心情与严复深谈呢？六天之后，即9月21日，政变发生，光绪帝被囚，慈禧回宫训政，谭嗣同等六君子相继被捕，几天后被杀于菜市口。光绪帝的接见，对严复来说，可能是生命中的一件大事，但无论对中国政治还是对严复本人都毫无意义。这一年，严复有《拟上皇帝书》，不知是接见前准备的折子还是事后欲上书言事，其忠君爱国之心、剖肝沥胆之诚、对世事洞见之明以及切要实际的分析都令人折服。他陈请皇帝在实施变法前应亟行三事：一曰联各国之欢，二曰结百姓之心，三曰破把持之局。用现在的话来说，要为改革创造良好的国际环境和民意基础，限制或打破阻挠改革的既得利益者把持的权力，如此，变法和改革才能顺利进行。真可谓句句切中肯綮。他建议皇帝开展高层外交活动，请皇太后监国，由十几艘军舰护送，带领庞大的外交团队，亲自走访西欧各国，在平等互惠基础上缔约结盟，申天子励精图治之志，破列国侮慢觊觎之心。正是野贤焉知朝中事，空将良策付流云。严复的上书即使能够上达天听，被囚于瀛台的光绪帝读到，也只能流涕叹息也。

袁世凯尚未执掌国柄时，和严复就有交往。1897年，严复与夏穗卿、王修植、杭辛斋在天津创办《国闻报》，袁世凯正在小站训练新军，每周提前到天津，必至王修植处落脚，和几个文人作长夜谈，"斗室纵横，放言高论"（严复《学易笔谈二集序》）。当时他们"靡所羁约"，言谈随意，甚至互相开玩笑。杭辛斋笑指袁世凯他日必做皇帝，袁世凯回道："我做皇帝必首杀你。"于是，"相与鼓掌笑乐"。这样一种关系，虽算不得贫贱之交，也算订交于微末之时。后来袁世凯对严复多方关照，先是任命他为南下议和代表，随唐绍仪与南方共和派谈判；袁做中华民国大总统后，1912年2月即任命严复为京师大学堂（5月改为北京大学）校长，月薪320两；8个月后，严复辞职，旋被任命为总统府外交法律顾问、参政院参政，以及宪法研究会与宪法起草委员会委员。应该说，袁世凯对严复宠眷有加，其原因一是顾念旧交，二是看重严复才名，第三点也是最重要的一点，就是严复与袁世凯在政治理念上有同气相求之处。后来，袁世凯欲恢复帝制，严复列名筹安会。当然，筹安会主要是杨度等人在张罗,严复似乎没参加什么活动,袁帝制失败后,严复也有为自己辩解之词,说袁利用他的声名造势。但是,他在袁世凯帝制自为上态度摇摆暧昧,应该是确凿无疑的。后来,筹安会诸人被通缉,严复在天津待不下去,才南去上海。与严复不同的是,袁世凯欲拉拢杭辛斋为其当皇帝充当帮手,这位预言袁他日将当皇帝的预言家,此时断然拒绝袁的拉拢和贿赂。杭辛斋被投入监狱,袁死后才获释。如果袁世凯皇帝当下去,杭辛斋极有可能成为首个祭龙旗的死囚。"我做皇帝必首杀你",当年袁的戏谑之言或许真的一语成谶。

严复是一个书斋里的思想家,不是政治活动家,没有折冲樽俎的才能、酬应化解的本事,尽管袁世凯对他多方提携,他在实职禄位上终无所为。他对袁世凯始终心存感念,1916年,袁世凯在万方唾骂中郁愤而死,严复《哭项城归榇》诗有语云:"近代求才杰,如公亦大难。六州悲铸错,末路困筹安。"对袁晚年铸成终生大错深表痛惜。"及我未衰时,积毁能销骨……化鹤归来日,人民认是非。"他相信历史对袁世凯的功过终会有一个公正的评价。

1901年,严复曾任职于开平矿务局,1905年,因开平煤矿诉讼事前往伦敦,他在那里会见了中国革命的先行者孙中山。严复认为中国千年专制,造成国衰民愚,积重难返,必经渐进改革才有出路,而激烈的革命会使中国陷入更大的动乱和纷争。他对孙中山说:"中国民品之劣,民智之卑,既有改革，害之除于甲者，将见于乙，泯于丙者，将发之于丁。为今之计，惟急从教育上着手，庶几逐渐更新乎！"孙中山回答说："俟河之清，人寿几何，君为思想家，鄙人乃实行家也。"这是改良与革命，改良思想家和革命实践家的分野。当然，中国没有按改良思想家的路子走，教育救国在革命家的眼里显得太过迂腐，中国急剧的制度变革给中国带来了几十年的纷争和新的问题，启蒙仍然是需要的。

严复15岁起即中断中国传统教育转向西学，30岁以后为求取功名再读经史典籍，尽管屡次落第，无补于仕进，但正如余英时先生所云，此举使他完成了运用古典文字的有效训练，使他在中国古典文化的一般修养已与同时代的士大夫没有很大区别了。此种修养当然不仅是文字的运用，更重要的是给他的思想打上了传统的底色，使他的思想呈现出复杂面相。他一生坚持西方的民主、自由、平等的理念，但他不是一个革命家和彻底的西化主义者。如果说，日本的福泽谕吉能够轻易抛弃中国的传统，提出"脱亚入欧"的主张，而身处东方儒家文化母国的严复对传统价值在灵魂深处有着更多的认同。他后期思想有儒家的底色，也有道家的影响，甚至笃信扶乩，焚灵符为药以治病，相信鬼神灵异等。但这不影响他是一位历史上难得的具有世界眼光和进化观念的杰出思想家，他对西学的翻译和介绍，对国人有着振聋发聩的影响。他反对革命，主张中国渐进改革，认同康有为的改良主义思想，认为"旧法可损益，必不可叛"。

1920年,严复有咏菊诗云:"万里西风雁阵哀,苍然秋色满楼台。那知玉露凋林日,犹有黄花冒雨开。"延颈而望,家国仍在烟雨苍茫处;黄花凄冷,他仿佛听到了云中寒雁嘹呖声声,生命的暮雨黄昏就这样降临了……

1921年,67岁的严复病逝于福州郎官巷家中。他在遗嘱中慨叹:"知做人分量,不易圆满。"

呜呼,人生一世,又有谁能圆满呢?

第二章

旧文化与新生机

启蒙先驱康有为[①]

一

梁启超在品评时代的杰出人物时，提出两种标准，即"先时之人物"和"应时之人物"。所谓"先时之人物"，即是引领时代潮流，以他的思想和行为创造和推动一个时代的人，也就是我们所说的先知先觉的人；而"应时之人物"则是顺应时代潮流，因时代而造就的人物。梁启超认为他的老师康有为是"先时之人物"。康有为有许多令人訾议的思想和行为。对于这个评价，后人或许有异议，但我们回顾中国近现代的历史，不能不承认，康有为和他的弟子梁启超等人的确是开启近现代中国思想的先驱，是数千年帝王专制的黑暗世界的一缕耀眼的强光。

康、梁诸人是从传统的士转向现代知识分子的"先时人物"，中国现代意义上的知识分子从康、梁诸人发其端，应该

[①] 本文的写作参考茅海建《戊戌变法的另面："张之洞档案"阅读笔记》、康有为《康南海自编年谱》、梁启超《康有为传》等，不一一具注。

是没有疑义的。中国传统的士，以儒家经学立身，所谓"学成文武艺，货与帝王家"。他们是帝王专制制度的道统维护者，时刻准备通过科举进入治统，也就是皇权体制中去，他们是皇权体制的"后备干部"，谈不上独立意志、自由思想，更谈不上对现行体制的审视和批判，以及知识分子必备的人文关怀和对灵魂的终极追问。一句话，他们是皇权体制上的"毛"，"皮之不存，毛将焉附"，一旦皇权体制瓦解，他们也就惶惶如丧家之犬，失去了存在的意义。康、梁诸人通过公车上书推动的戊戌变法，尽管其事功几乎全部失败，但它开启了中国现代化的历史轮毂，诞生了现代意义上的知识分子。康、梁诸人如火中涅槃的凤凰，终于在皇权的迫害和追杀中完成了从士向现代知识分子的转化，成为了中国近代思想史上的启蒙先驱。这里可化用陈寅恪评价王国维的话，"先生之著述，或有时而不章，先生之学说，或有时而可商"，惟此先时而动，开风气之先，引领时代精神的思想和行为，如开江河而辟草昧，终为历史所铭记，为后人所跟从。

康有为参与推动的皇权体制末期的变法运动，在体制内寻求改革而终归失败，史称戊戌变法，其政治成果寥若晨星，然其开启现代启蒙运动的思想意义则影响深远。皇权体制迅速崩解后，历史虽没有按照康有为所期待的轨辙运行，但在其后暗昧的历史天空中，康有为这颗思想星辰，仍未陨落。

1895年，时当甲午战败，李鸿章代表清政府与日本签订丧权辱国的《马关条约》，外敌环伺，国事糜烂，朝野士大夫面临亡国之虞，惶惶不知所终。康有为时年37岁，入京会试，中式为第5名，殿试为二甲46名，朝考为二等第102名，奉旨分发工部，为学习主事。① 本已进入皇朝体制，但吃官饭、做一个公务员而了此一生，岂康氏之志乎？其自述云："自知非吏才，不能供奔走，又生平讲学著书，自分以布衣终，以迫于母命，屈折就试，原无意于科第，况仕宦乎？未能为五斗米折腰，故不到署。"此康述志之言。这一年，康迫于母命，入京科考，因公车上书受阻，决定做一个体制外的读书人"讲学著书"，以一介布衣终此一生，因此虽被录用为国家公务员，并没有上班。康有为暂时仍留居京城，一方面结交朝中官员和士大夫，拓展人脉，另一方面也算尽了一点"工部主事"的分内之责。他见京城街道芜秽不堪，曾上折请求整修街道，但依他的职位和资历，其所建言，并不能上达天听，后来由另外一个官员上书，把他的折子作为"附片"呈上去，这才得"奉旨允行"。但先要开会，"交工部会同八旗及顺天府街道厅会议"，最后形成一个文件上报，"仅修宣武门一段"。何以如此？全北京城的街道皆坎坷荒秽，为什么只修一小段呢？一个官员告诉他："修道岁支帑六十余万金，旗丁工部街道厅分之，若必修，则无可分矣。"朝廷虽有修路的专款，每年下拨，都被分掉，并没用在工程上，若真修路，大家无钱可分，谁愿意去做？所

---

① 见茅海建《戊戌变法的另面："张之洞档案"阅读笔记》，此说与康自编年谱有异。

以只修"宣武门一小段"以应付皇上。这件事情被康有为郑重记于《我史》中。康有为上折请修路的举动虽是为公尽责,但肯定会招来不满和怨恨。朝廷腐败,上下痞隔,国事糜烂,于斯可见。大清国败亡之象,岂仅在外敌攻伐凌辱乎!

官职卑小,政事一无可为,又不愿做一尸位素餐的禄蠹,上班应差混日子,应赋《归去来辞》,卷铺盖回家才是。但一些官员还是挽留康有为,认为国事堪忧,"时有可为,非仅讲学著书之时"。康有为是个读书人,而非仅供驱遣的差役,他所贡献于国家的,主要在于思想文化方面。他认为,古老的帝国要想振作重生,必须引进新的观念,进行思想的启蒙,"以士大夫不通外国政事风俗,而京师无人敢创报以开知识。变法本源,非自京师始,非自王公大臣始不可,乃与送京报人商,每日刊送千份于朝士大夫,纸墨银二两,自捐此款。令卓如、孺博日属文,分学校军政各类,日腾于朝,多送朝士,不收报费,朝士乃日闻所不闻,识议一变焉"。卓如,梁启超;孺博,麦孟华。自费办报,分赠朝中士大夫,以引进外来思想,开拓其眼界,拓展其心胸,中国首开启蒙之功,非康氏而谁?

这份名为《万国公报》的报纸于1895年8月17日创办于北京,康有为为创办人,由他和另一名叫陈炽(字次亮)的人负担经费,编辑为康的两位弟子梁启超和麦孟华,所刊文章虽未署名,其实皆出自梁、麦之手。后来康氏两名弟子梁、麦并称且声名大振,的确是始于这份报纸。

《万国公报》是中国近代较早的报纸之一。同名的报纸有两种，第一份《万国公报》由美国监理会传教士林乐知于1868年9月5日创办于上海，原名《教会新报》，是教友交流宗教信息的报纸，1874年该报出至第301期时改名为《万国公报》，介绍西方各国的政治、历史和文化信息。20年后，康有为袭用其名，介绍"外国政事风俗"，其所刊文，涉及西方的教育、军事和政治，具体的操盘手就是他的弟子梁启超和麦孟华。

康、梁师徒的学问底子是中国古老的儒家经学，康有为对此多有阐述和发明，梁启超在《康有为传》中说，康有为青年时期"其间尽读中国之书，而其发明最多者为史学。究心历代掌故，一一考其变迁之迹，得失之林，下及考据词章之学"。这种传统教育和历代儒生并无区别，然则康有为的西方学问是从哪里来的呢？"其时西学初输入中国，举国学者，莫或过问，先生僻处乡邑，亦未获从事也。及道香港、上海，见西人殖民政治之完整，属地如此，本国之更进可知。因思其所以致此者，必有道德学问以为之本原，乃悉购江南制造局及西教会所译出各书尽读之。彼时所译者，皆初级普通学，及工艺兵法医学之书，否则耶稣经典论疏耳，于政治哲学，毫无所及。而先生以其天禀学识，别有会悟，能举一以反三，因小以知大，自是于学力中，别开一境界。"这是19世纪末海禁初开时，中国先进的知识人接触并学习西方文化的实况，康有为如是，梁启超又何尝不如是！先是入眼，亲见殖民地（香港和上海租界）西人良好的治理环境；然后是入心，阅读翻译西方的书籍；盗来天火之后，启蒙中国士人。而康有为所创办的《万国公报》

就是启蒙的阵地。

如梁启超所云,康有为等先驱人物当时对于西方的理解不可能全面和深刻,或许还有些幼稚和误解,但是,西学东渐之门一旦开启,对于古老中国思想和文化的冲击,如天际隐约轰鸣的雷声,必将带来暴风骤雨,荡涤古老中国陈腐污秽的思想观念以及政治制度,爆发一场全新的革命。康有为和他的弟子们,是奋力开启这扇沉重大门的力士。

二

康有为在创办《万国公报》介绍西方的同时,还在京城组织了强学会,这也是现代结社之始。康、梁二人对此皆有追述。

康有为说:"中国风气,向来散漫,士夫戒于明世社会之禁,不敢相聚讲求,故转移极难。思开风气,开知识,非合大群不可,且必合大群而后力厚也。合群非开会不可,在外省开会,则一地方官足以制之,非合士夫开之于京师不可,既得登高呼远之势,可令四方响应,而举之以辇毂众著之地,尤可自白嫌疑。"

梁启超说:"自近世严禁结社,而士气大衰,国之日屚,病源在此,故务欲破此锢习,所至提倡学会。"

强学会者,为使国家富强而开拓视野,增长学识之会也。其宗旨在于"开风气,开知识",以使衰朽、僵死的中国思想界开出一扇窗,透进外面的空气和阳光,从而一新士人的知识和眼界,使古老的中国得到新生。其行为在于打破皇权专制下"严禁结社"的律令,使知识人焕发出蓬勃的朝气,相聚讲求,讨论思想和知识，砥砺共进。强学会得到了体制内外知识人的普遍响应，因有朝廷官员相助，故起初如爝火初燃，夺人眼目，既则腾焰而起，光耀暗夜，京师强学会成为衰朽的清王朝一道奇异的风景。政治新星袁世凯、后被杀于北京菜市口的戊戌六君子之一的杨锐、参与并赞同变法的沈曾植（字子培）等人，都是最先入会并捐款赞助的人。其中清王朝最具新思想的高官张之洞捐银5 000两，此举具有风向标的意义。据康有为自述，强学会的序文和章程是他和梁启超草定的，然后交与大家讨论。但由于有官僚的参与，康、梁等人与其思想观念和办会宗旨上多有分歧，故久议而未决。为了顾全大局，使强学会不致流产，康有为做了让步，这样，强学会总算开办起来。入会诸人每三日在炸子桥嵩云会馆聚会一次，讨论新思想和学问，结社入会鼓荡起体制内外读书人的热情，"来者日众"。为使强学会能持久开办下去，真正成为黑暗中国的启蒙阵地，他们议定了三件将办之事：一是办报输入新思想；二是建"书藏"，即图书馆；三是派人游学、游历各国以学习现代西方的思想和文化。

北京强学会成立后，"先以报事为主"，将《万国公报》改为《中外纪闻》，算作强学会旗下的报刊。"书藏"准备办在京师文化荟萃之地的琉璃厂，并开始选址购书，派康有为之弟康广仁去上海购置图书。专营图书古籍的翰文斋"愿送群书"，"英美公使愿大助西书及图器"。使得"书藏"的规模日广。可是，遍搜京城，却找不到一张世界地图，康有为慨叹道："京师锢塞，风气如此，安得不败？"在国事危亡之际，士大夫和知识者眼光向外，寻求振兴之道，同时也在努力探索自身安身立命的新途。按此发展下去，万马齐喑的局面就会打破，国家或许会有新生之路，而士这个阶层或许也会进化为现代知识分子，找到自己的价值，有一片独立于体制外的生存空间。

但是，这可能吗？

康有为是一个一脚门里一脚门外的人，他深知，想做这样一件王朝体制并不看好的事，必须找体制内的靠山来站台，他向王朝内的权臣发去公函请求支持。因为要图强救国，拯救危亡，王朝体制内的所谓"清流"自然也希望大清江山代代相传，于是，刘坤一、张之洞、王文韶等各捐银5 000两扶持强学会。李鸿章也捐银2 000两表示支持。但李鸿章刚刚代表清政府和日本签订完《马关条约》，在"清流"主战派眼里，李鸿章属于汉奸卖国贼，所以，拒收了李鸿章的捐款。官僚的参与引入了朝廷内部的派系斗争，埋下了隐患。强学会的性质也发生了潜在的变化，滑向了明末东林党朝争权斗的邪路。东林党就是一群朝中的官员自以为站在道德的制高点上强项抗争，最后造成王朝为平息内争无暇他顾，埋下了玉石俱焚、同归于尽的伏笔，终使大明覆亡。康有为倡导的强学会有与明末东林党全然不同的性质，这是一个相聚讲求的思想文化阵地，是知识分子"自由结社"的林中响箭，具有雄鸡报晓的意义。但是，在皇权专制时代，与它初衷相背的变化和失败几乎是难以避免的。这里所谓的"清流派"是一些热血沸腾的爱国主义者，但是，难道他们不知道依大清之羸败无力抗击日本及列强的蛮横强权吗？除了嘴上功夫和呼天抢地的表演，他们谁有扭转乾坤的平戎之策呢？他们知道，李鸿章甲午败后的签约是不得已而为之，《马关条约》是太后和皇帝批准的。李鸿章自己也说，他是一个裱糊匠，维护着这个千疮百孔的王朝最后的体面。他被选中去和日本媾和，当了皇家的"背锅侠"，也成了政治对手的靶子。对于很多朝中官僚，爱国是幌子，权斗才是实质。但权斗引入强学会，就等于为它装置上一个爆炸的引信，最后终于摩擦出火花，发生了爆炸，四分五裂而归于消亡。

由于拒收李鸿章捐款，引起了朝中另一派官僚的警惕和嫉恨，他们上疏皇帝，要求查禁强学会。清王朝本就对结社办报之类的行为抱有极大的不安和敌意，因为这是中国数千年闻所未闻的，在皇权专制的祖宗家法里根本就没有这一条，知识人的言论历来被视为煽动造反的先声，于是断然下令查禁。存在仅数月的强学会就此终结，由《万国公报》更名而来的《中外纪闻》，发行仅一个月零五天即遭封禁。

三

就在风声日紧，京师强学会面临劾奏岌岌可危之时，康有为留下梁启超在京中支撑，于1895年阴历八月二十九日出京南下。他离京之目的，是要在上海和广东两地筹办强学会，以形成南北呼应之势，动员更多的体制内外的知识人学习西方，接受他孔子改制的学说，以推动变法维新运动。

当时的康有为由于过人的才华、早年在家乡讲学授徒的经历以及在京师积极参与公车上书等政治活动，已在政、学两界积累了相当的名望。他途经山海关、天津、上海，九月二十日抵达南京，受到了时任两江总督张之洞的热情接待。①

光绪二十六年（1900年）庚子事变后，康有为在海外支持的唐才常自立军起义失败，张之洞搜捕屠杀起义党人，康有为避难新加坡，致信张之洞，忆及南京交往，云："隔日张宴，申旦高谈，共开强学，窃附同心。"他在上海设立强学会的主张得到了张之洞的热烈回应。依康有为的社会地位，位高权重的晚清名臣张之洞何以对他青眼独垂，并如知交密友般"隔日张宴，申旦高谈"？其间原因有二。一是康有为在张之洞眼里，不仅是朝廷六品衔的"工部主事"，而且是名闻海内的大名士，所以对其格外看重。据蔡元培《自写年谱》云：光绪二十一年"赴南京访张香涛氏……张氏盛赞康氏才高学博，胆大识精，许为杰出的人才"。身为晚清大员并在士人中有极高地位的张之洞愿意笼络名士，为其所用。二是两人有相同的政见，"在马关议和期间皆主张废约再战，在换约之后皆主张变法自强"，这使两人有了彼此信任的基础和共同语言，所以，康有为与张之洞的会谈非常成功。张之洞是晚清最具新思想的重臣，上海、广东两处强学会的开办，体制内说话有分量的人的支持是

---

① 康抵达南京的日期，本文采用了历史学家茅海建的说法，《康南海自编年谱》中云：九月"十二到上海。十五入江宁，居二十余日，说张香涛开强学会，香涛颇以自任，隔日一谈，每至夜深"。

至关重要的条件。

康有为能够成为张之洞的座上客,还有一个隐秘的背景,那就是张之洞最重要的幕僚梁鼎芬的引荐。梁鼎芬,广东番禺人,字星海,号节庵。他小张之洞22岁,虽为晚辈,却对张影响极大。康有为是梁鼎芬最重要的同乡和朋友。梁鼎芬早年很推重康有为,曾有诗云:"岂有疏才尊北海,空思三顾起南阳。"把康有为喻为孔融和诸葛亮,可见推重之深。而梁鼎芬把康有为引荐给张之洞,是为了让康发宏论,以解张之洞的悲痛和烦忧。原来,张之洞次子(一说长孙)张仁颋,于光绪二十年九月十九日夜半,赏月觅句而误堕江宁总督府园池,未久身亡,年仅24岁。张之洞为此伤悼不已,梁鼎芬建议张之洞与康有为等谈话聊天,以疏解心愁。这有梁鼎芬致张之洞两封书简为证。这些隐情康有为是不知道的。

总之,康与张的交谈颇为顺利,张之洞决定上海的强学会由他的幕僚汪康年办理,广东的强学会由康有为办理。因为汪康年尚在武昌,上海强学会由康有为等人先行办理。康有为到达上海后,即着手办理强学会事宜,他选定了上海张园附近为会址,并撰写了《上海强学会序》,由张之洞署名,发表在《申报》上。1895年设会开局,一时间江南士人轰动,远近响应,入会者众,黄遵宪、张謇、陈宝琛、汪康年、章炳麟等人都是最先入会者。上海强学会开办的主要经费是由张之洞支付的。他共拨银1 500两,其中500两是他的个人捐款。

《上海强学会章程》开列"最要者四事":"译印图书","刊布报纸""开大书藏"（图书馆），"开博物院"。这些事要根据后续款项的多寡陆续推行。这四件事都是当时中国的启蒙要事，康有为是把它作为终生事业来做的。因为强学会很快就被封禁，康有为和张之洞的矛盾公开化，这些事基本都没来得及开展。康有为主持的《强学报》刊发了两期，第三期虽已印好却停发。这期间，康有为还向南京一个叫杨仁山的人购买了两架来自英国的天文望远镜，一大一小，大者据说能看到火星，小者准备送到北京的强学会。但张之洞等人已不再支持，且令停办，所以康有为只好把订购的望远镜退了回去，自己还赔了一些钱。

康张之矛盾，一关学术，二关政治，后几不相容。所关学术者，康有为自述云："香涛不信孔子改制，频劝勿言此学，必供养。又使星海来言。吾告以：'孔子改制，大道也，岂为一两江总督供养易之哉？若使以供养而易其所学，香涛奚取焉。'"所谓孔子改制以及今文学说的学术主张，一直是康有为学术立身之本，但张之洞并不买账。据张之洞一个名为陈庆年的幕僚1897年8月8日的日记所记："薄暮，南皮师招赴八旗会馆谈宴。散后，在小亭观月。同人围坐。南皮师说：康长素师主张素王改制，自谓尊孔，适足诬圣。平等，平权，一万年做不到，一味呓语云云。反复详明。三更始散。"南皮、香涛，皆张之洞①。长素，康有为②。

---

① 张之洞，字孝达，号香涛，直隶南皮人。
② 康有为，号长素，广东南海人，后人称康南海。

康有为与张之洞矛盾的不可调和，还在于政治上。康、张二人尽管都是忠于清王朝的，但康有为有着知识分子自负甚至狂傲的个性，有些自由主义，不顾及政治禁忌；而身为朝廷高官的张之洞则不然，清王朝是他安身立命的"皮"，稍有违忤，在他眼里都是大逆不道的事情。康有为所刊发的《强学报》不用清王朝皇帝年号为纪年，为了张扬康的孔子改制的学说，而以孔子诞生为纪年。"奉正朔用纪年当属政治表态，立教会更有谋反之嫌，康此时虽绝无与清朝决裂之意，但此举必引来许多不利的议论。此在康似尚属理念，在张则是政治。"除此之外，张之洞认为，康有为的学术主张可以自己著书立说，绝不可在《强学报》中夹带私货，更何况他本不认同康有为那一套。所以，他断然中止了对康有为的支持，康、张自此分道扬镳。也就在此时，光绪二十一年十二月初七日，御史杨崇伊参劾京师强学会，光绪帝当日下令封禁。十二月十四日，在上海的张之洞财务总管经元善致电张，请示是否应停止对上海强学会的拨款。张回电："不便与闻。"他已经躲得远远的，把这件事情撇得一干二净了。可见，即便在王朝统治式微之际，知识人的活动空间还是相当有限的。

强学会在 19 世纪的中国，如昙花一现，此后终不复见，但它对中国社会启蒙发轫之义，则不容低估。它使知识人认识到，在皇权体制之外，还有另外一个生存空间。这个空间使得士化蛹成蝶，蜕变为现代知识分子成为可能。

梁启超悲悼菊花砚

一

1897年,梁启超25岁,满腹经纶,豪气干云,痛国家之衰败,哀民智之暗昧,有匡世救国之志。这年秋天,湖南友人谭嗣同和黄遵宪、熊希龄等开办时务学堂于长沙,聘请梁启超为总教习,梁遂欣然前往。

这之前,王文韶、张之洞、盛宣怀等朝中大臣曾向朝廷连衔举荐,谓梁乃国家可用之才,请朝廷擢拔重用。朝廷有旨,交铁路大臣差遣。梁启超以不愿被人差遣辞之。张之洞又力邀其入幕府,梁亦固辞。那么,他为何跑到湖南一个刚成立的学堂去教书呢?他在那里又教了些什么呢?

中日甲午战后,清帝国危机日深,但国家的出路在哪里?朝野上下仍很迷茫。虽有一些大臣有改革图强的想法,但朝中守旧势力相当顽固,国家仍然在旧有的轨道上蹒跚。民间百姓被旧的礼法和道德所束缚,懵懂混沌,对世界大势一无所知。要想民族新生、国家富强唯有开启民智,改弦更张,向世界上先进国家学习，变法维新。觉醒的士人最先认识到这一点，他们忧心如煎，奔走呼号，希望能警醒帝国统治者和他们治下的臣民。梁启超和他的老师康有为就属于这样一群先知先觉的人物。如果说，当时的中国面临着三千年未有之大变局，在这大变局中，中国的知识人由皇权专制下"学成文武艺，货与帝王家"的士蜕变为现代的知识分子，梁启超就是他们中最杰出的代表。在这个由蛹成蝶的艰难蜕变中，梁启超具有标志性的意义。

湖南的时务学堂有学生40人。受聘前，梁启超曾与老师康有为拟订教育方针，以彻底改革、洞开民智为目标，用急进之法，痛下猛药，言人所不敢言，提倡民权、平等、大同之说，发挥保国、保种、保教之义。在这万马齐喑、死气沉沉的专制帝国里，这样的声音，无异于闷云不雨中的惊雷，既使人惊悚惶惧，又令人警醒振奋。梁启超不奉朝廷，不入官场，以启蒙民众为己任，于这年冬月，来到了长沙。在时务学堂教学的日子里，是梁启超最激昂、最快乐的时光，真是"指点江山、激扬文字，粪土当年万户侯"。在讲堂上，宏论滔滔，在学生所作札记上，日批万言。时务学堂和旧时的私塾、书院不同，应是中国最早的新式学堂之一。学生如何学，教师怎么教，皆无定法可资借鉴。梁启超后来回忆道：当时"学科视今日殊简陋，除上堂讲授外，最主要者为令诸生作札记，师长则批答而指导之，发还札记时，师生相与坐论"。这样的教学方法和当今培养研究生的方法差不多。这40个学生，多为有一定旧学功底的少年学子，老师批答讲授之言，皆闻所未闻。初闻如霹雳惊梦，懵懂茫然，继则如醍醐灌顶，欢忭起舞，师生间往来辩难，"时吾侪方醉心民权革命论，日夕以此相鼓吹"。学生与老师都在风华正茂的年龄，学到的不止是学问，更激励出以身许国的人生志向。

应该说，梁启超等人在时务学堂所讲在当时都属于"大逆不道"之言，所以后来守旧顽固派以他们在学生札记上的批语为"叛逆"之据，向朝廷告发，由朝中顽固派大臣逐条劾奏，成为戊戌政变镇压维新派的最有力的口实。下面是梁启超在学生札记上的几条批语：

今日欲求变化必自天子降尊始，不先变去拜跪之礼，上下仍习虚文，所以动为外国讪笑也。

乾隆年间，英使马戛尔尼来华，朝廷以天朝大国自居，强令英使晋见皇帝行三跪九叩之礼，英使不从，废然返国，开放口岸贸易的使命没有达到。后来用大炮打开天朝国门。鸦片战争多年后，中国仍然保持着这种皇帝神圣至尊，臣子口称奴才，伏地三跪九叩，不能仰视天颜的野蛮礼节。统治者不把臣子当人，更谈不上把百姓当人，这样专制野蛮之国，欲求平等、民权，何其难也！

屠城、屠邑皆后世民贼之所为，读《扬州十日记》尤令人发指眦裂。故知此杀戮世界非急以公法维之,人类或几息矣。

"扬州十日""嘉定三屠"乃清军入关后对汉人最血腥的屠杀暴行,梁揭此伤疤,无异于骂清王室的祖宗,煽动民族革命,当属大逆不道的罪行,无怪乎朝廷视康、梁为不赦之异端也!

二十四朝,其足当孔子王号者无人焉,间有数霸者生于其间,其余皆民贼也。

此论何其精当痛快!专制王朝哪里会行孔子王道之说,除了几个霸主外,余下的都是压迫欺侮百姓的民贼,清王朝自然也不例外。

要之,王霸之分,只在德力,必如华盛顿乃可为王矣。

提出华盛顿,引入西方民主思想,对当时闭关锁国的大清王朝,真乃石破天惊之语!与梁同在时务学堂的韩树园亦有批语云:"地球善政首推美国","天下无敌,美国有焉,欧洲不及焉……将来大一统者必由美国以成之也"。在一百多年前的晚清,向往美国联邦制的民主制度,提出这样超前的观念,令我们不能不佩服他们的远见卓识。

这样的教学方法和教学理念,在几千年延续下来的封闭、腐朽的文化环境中自然是一个异数。梁启超在《清代学术概论》中述及当时的教学情形:"启超每日在讲堂四小时,夜则批答诸生札记,每条或至千言,往往彻夜不寐。所言皆当时一派之民权论,又多言清代故实,胪举失政,盛倡革命。其论学术,则自荀卿以下汉、唐、宋、明、清学者,掊击无完肤。"如此离经叛道,抨击时政,岂能不惹来祸端!

湖南这个地方,虽得风气之先,维新改革的激进分子多出此省,但也是维护旧学问、旧道统的顽固派最为猖獗之地。当时,赖有先进革新思想的湖南巡抚陈宝箴之提倡和回护,时务学堂得以开办并维持下来。当时,社会上并不知入了学堂的学生在那里学些什么,因为学生住宿在学堂,师生日夕相处,家长还以为学生在那里学些八股策试一类东西。及至放了年假,把札记及老师的批语遍示亲友,结果耸动省内外,惹得全湘大哗,新旧两派大哄大闹,阵线分明,势同水火矣!先是湖南守旧派学人王先谦、叶德辉以时务学堂的课本为叛逆之据,向湖广总督张之洞举报,巡抚陈宝箴闻讯后,派人午夜通知梁启超,速将课本改换,否则不等第二年戊戌政变,以梁启超为首的这一干书生早就遭了大祸。表面看来,这是思想学术之争,但它的激烈程度,已上升到政治层面,你死我活,不共戴天。叶德辉著《翼教丛编》数十万言,将康有为所著书和梁启超所批学生札记及湘中革新派报纸上的言论逐条批驳,以名教罪人和当朝叛逆申讨之,其言曰:"伪六经,灭圣经也;托改制,乱成宪也;倡平等,堕纲常也;申民权,无君上也;孔子纪年,欲人不知有本朝也……"王先谦更是声称,与革新派斗争"雷霆斧钺,所不敢避",完全是一副拼死的架势。思想学术上的纷争一旦变成政治的声讨,就透出了凛凛杀气和血腥味,守旧派指斥梁启超等人"是何肺腑,必欲倾覆我邦家也?"。后来,在变法的日子里,就有湖南举人曾廉上书皇帝,摘录梁启超在《时务报》及时务学堂的关于民权自由的言论,指为大逆不道,请杀康、梁。光绪皇帝为了保护康、梁二人,先命谭嗣同对曾廉奏疏逐条驳斥,才敢给西太后看。

湖南革新派和守旧派的殊死搏斗,关乎国家的前途和命运,其意义非同一般。1895年,梁启超就认识到湖南在国家变革中的重要性,在给友人的信中写道:"十八省中,湖南人气最可用,惟其守旧之坚,亦过他省,若能幡然变之,则天下立变矣。"三年后,梁启超毅然入湘,如蛟龙弄潮,和一帮志同道合的热血士子,掀起宏波巨浪,使古老而沉酣的中国战栗猛省,进入了光明和黑暗的交战,其功厥伟,何可限量!后来发生戊戌政变,梁启超流亡东瀛,他在时务学堂所教的40名学生中,竟有11人冲破重重阻力,历经千难万险,跑到日本去找他。先进的思想一旦进入青年的大脑,会产生何等的精神力量!这40名学生,后来都成了中国革命和进步的中坚,至民国初,大半死于国事,存者仅五六人而已。其中最优秀的学生蔡锷(字松坡),后来在梁启超的支持下,潜回云南,组织护国军,倒袁起义,成为中国近代史上的传奇人物。这已是后话。

二

一个杰出人物的出现,必然有他得以产生的大环境和适宜成长的小环境。启蒙思想家梁启超也不例外。从大环境来看,19世纪末,一方面中国内忧外困,列强环伺,面临瓜分和亡种之祸,首先觉醒的有识之士如寒蝉临秋露,对危机有切肤之痛,认识到中国必须改革旧制,方能自保而图强;另一方面,东西方列强的入侵也带来了全新的思想观念,并向国人展示了他们不同于古老专制帝国的先进政治制度,这些都强烈地刺激着知识者的神经。返观中国,在上者颟顸守旧,不想放弃专制的权力,在下者麻木愚昧,自甘为奴隶和奴才,浑浑噩噩,对世界大势一无所知。改革图强,必须唤起国人觉醒,梁启超认为"开民智、开绅智、开官智"乃一切之根本,因此,他们才奔走呼号,办学办报,以启蒙为己任。在这个大环境下,湖南又形成了一个小环境。这个小环境,首先有赖于湖南巡抚陈宝箴对维新改革思想的支持和同情;其次,在他的提倡和保护下,有一批志同道合者齐聚湘中,无论为官为民,居长居幼,皆平等共事,以新学相砥砺,以议政相激荡,以国事相期许,以推进国家更新改制为目标。在等级制森严、尊卑次序分明的专制帝国里,形成这样一个知识者的小团体是多么难能可贵啊!在这个小团体中,梁启超年纪最小,却因他的才华和卓见赢得普遍的尊重,成为其间的翘楚和核心人物。

梁启超也认为湖南时务学堂期间是其平生"镂刻于神识中最深"的一段经历。他在《戊戌政变记》中有一段记述说:"先是湖南巡抚陈宝箴、湖南按察使黄遵宪、湖南学政江标、徐仁铸、湖南时务学堂总教习梁启超及湖南绅士熊希龄、谭嗣同、陈宝箴之子陈三立等,同在湖南大行改革,全省移风……"这里列出了湖南改革集团的主要人物。下面仅就诸人与梁启超的关系缕述一二。

陈宝箴,江西义宁县(今修水县)人,1831年生,1897年在湖南巡抚任上时已经66岁,长梁启超42岁,应该算祖父辈的人。他的新政举措领全国风气之先,如开办时务学堂、刊布《湘学报》以启民智,设矿物、轮船、电报及制造公司等实务,设保卫局维护地方治安等,成为地方督抚中唯一倾向维新变法的实权派。梁启超在湘期间,协助陈、黄诸公倡行新政,出力甚多。德国占领胶州湾后,外患益深,梁曾有《上陈中丞书》劝湖南自立自保,以为将来大难到来做准备,又有《论湖南应办之事》,力陈变科举、设学堂、倡新学,以应时变。这些建议都深得陈的重视,对梁的才华深表嘉赏。在梁启超父亲莲涧先生五十大寿时,陈亲为撰联:"行年至一万八千日,有子为四百兆中雄。"这样的赞语可谓极矣。陈宝箴之子陈三立,1853年生,长梁20岁,应属梁的父辈,时任吏部主事,在父亲任所襄助新政,和梁也情厚谊深。百日维新夭折后,陈宝箴以"滥保匪人"罪被革职,永不叙用,其子陈三立,以"招引奸邪"罪，一并革职。陈氏父子退居南昌西山，陈宝箴两年后即郁郁而终。陈之死因，后世有很多猜测，后有史料和分析证明，他是被西太后密旨赐死的。

黄遵宪，字公度，1848年生，1876年中举。1877年随清朝驻日大使何如璋出使日本，后任大清国驻美国旧金山领事、驻英使馆二等参赞、驻新加坡总领事等职，是当时颇负时望的外交官。1894年奉召回国，先任江宁洋务局总办，1897年转任湖南长宝盐法道，后署理湖南按察使。在此期间，协助陈宝箴办理新政，是维新派的骨干和中坚。黄有许多诗文著作传世，如《日本国志》《日本杂事诗》《人境庐诗草》等，因有东西洋游历见识，对维新变法鼓吹最力，是当时最有影响的改革思想家之一，同时被誉为"诗界革命之巨子"。黄长梁启超25岁，来往书函中却尊梁为"公"，自卑为"弟"，此绝非虚文客套，实乃对梁之才华见识感佩敬服之至也。1902年，梁在日本办《新民丛报》，黄来信盛赞曰："惊心动魄，一字千金。人人笔下所无，却为人人意中所有，虽铁石人亦应感动。从古至今，文字之力之大，无过于此者矣。罗浮山洞中一猴，一出而逞妖作怪，东游而后，又变为《西游记》之孙行者，七十二变，愈出愈奇。吾等猪八戒，安所容置喙乎，唯有合掌膜拜而已。"黄也是见识遍寰宇，文名满天下的长者，将梁比作孙悟空，自贬为猪八戒，对梁这等"后生小子"推重如此，岂非心悦而诚服！1905年黄逝世前，在与梁书中谓梁"公学识之高，事理之明，并世无敌"。时梁流亡东瀛，周围聚集一些当年时务学堂中跑出去追随梁的弟子，众人照了一张照片，寄给卧病在梅州家中的黄遵宪，黄兴奋之情，溢于言表，"半年岑寂，豁然释矣"，并嘱梁对众人朗诵他的两句诗："国方年少吾将老，青眼高歌望尔曹。"这位亲自筹办时务学堂，为国培育新政人才的老人痼疾缠身，行将就木之时仍对少年后进寄望殷殷，对国家的新生充满憧憬。黄在辗转病榻的晚年，梁启超几乎是他唯一的精神寄托。二人彼此倾慕，又政见相同，来往书函，满布风云沧海之气、剖肝露胆之谊，读来令人感慨良深。黄在弥留之际的最后一首诗就是写给梁的，诗云："君头倚我壁，满壁红模糊。起起拭眼看，噫吁瓜分图。"对梁的悬望之深和对国事的忧虑多么深切动人！黄死后，梁启超有语云："平生风谊兼师友，不敢同君哭寝门。"应是肺腑知己之言。

陈宝箴父子和黄遵宪对梁启超而言，应算有官职的长辈。在湖南改革集团中，还有一人，即江标，1860年生，长梁13岁，按年齿来算，也是长辈。他当时是湖南学政，相当于省教育厅厅长，那时这样级别的官也是要由朝廷任命的。江是江苏元和（今苏州）人，光绪十五年进士，曾任翰林院编修，当时即蜚声词翰，诗文、书法、篆刻无所不精，时务学堂应是在他亲自操持下办起来的。他虽年长，但与梁启超之关系，应属嘤鸣友声，才华相引，并无尊卑长幼之藩篱。此何以证之？就是下面菊花砚的佳话。

在叙述这段佳话前，还要引出一个主人公。此人姓唐，名才常，字黻丞，一为佛尘，1867年生，长梁六岁，和谭嗣同同为湖南浏阳人，因此梁指称二人有谭浏阳和唐浏阳之别。早在1895年，梁即与谭嗣同定交，梁在给老师康有为的信中称："谭复生才识明达，魄力绝伦，所见未有其比。"可见推重之深。梁曾问过谭，依君之才华抱负，可有知音密友？谭答曰：二十年间刎颈之交，黻丞一人而已。原来谭、唐二人不但是同乡，且同为浏阳学者欧阳中鹄之弟子。此话梁牢记心中，久欲结识。正巧来长沙任教，谭为介绍，三人遂同为挚友。能为梁、谭二人引为同道知交，唐才常自非庸常之辈。他是贡生出身，在岳麓书院和两湖书院都读过书，曾主办过《湘报》和《湘学报》，鼓吹变法维新，当时在时务学堂任助教。还有一个来自湖南凤凰县的熊希龄，和梁年相仿，只长梁三岁，其后熊与梁在政治活动中交往很深，此略而不言。至此，湖南时务学堂萃集的一时才俊除梁、谭、唐、熊外，尚有同去任教习的韩树园、叶湘南、欧矩甲等人，陈宝箴以巡抚之尊总揽新政，按察使黄遵宪以地方官身份时相过从，而学政江标与诸君惺惺相惜，同气相求，和他们已经打成一片了。我见过一张时务学堂教习们合影的照片，八个人皆长衫飘逸，俊朗超群，饱蕴书卷风云之气，堪称中国知识界启蒙之前驱。

梁为总教习，虽年纪最轻，才华见识颇负众望。唐才常出身诗书世家，家境殷实，对梁敬慕有加。一日，赠梁一方菊花砚，梁甚喜之。时谭嗣同在侧，亲为作铭曰："空华了无真实相，用造莂偈起众信，任公之砚佛尘赠，两公石交我作证。"晚清的许多文人，从传统旧学中找不到思想突围和民族自强的思想资源,有很多人热心佛学(如章太炎曾主张用佛学救中国),谭嗣同亦热心佛学,曾自号"华相众生"。铭的前两句,谭用佛家语,指出世相"了无真实",必须用新的思想(用造蒟偈)重新建立信仰,表明了以启蒙为己任的心志。"蒟偈"是佛教的一种文体,在此泛指来自西方的一切先进思想学术和制度。有砚有铭,谁来镌刻,使砚铭一体,珠联璧合?此时,湖南学政江标将奉旨卸任回京,来时务学堂与众人作别。原来,西太后此时归政光绪,光绪有变法之志,正罗致新政人才,江标调任回京,或有重用。此当国家有望之时,维新士子,人人振奋,皆欲一展抱负,为国效力。江标意气纵横,舣舟待发,见梁所示唐砚谭铭,曰:"此铭镌刻,岂可委石工,能此唯我耳,我当留一日了此因缘。"为了这菊花砚刻铭,朝廷命官江标宁可晚一日发舟,与梁启超等众士子之情,于此可见。梁述此事,其情其景,历历如新,故人神态,恍如目前,文字亦佳妙传神,其述江标曰:

  遽归舟,脱冠服,向夕,褐裘抱一猫至,且奏刀且侃侃谈当世事,又泛滥艺文,间以诙谐。夜分,余等送之舟中,蓺烛观所为日记,忽忽将曙,建霞转相送于江岸,潆潆黄月,与太白残焰相偎煦,则吾侪别时矣。

这哪里是一个官员,分明是一个亲切随意,道法自然的才子!想湘江岸边,荻花秋月,才相埒,情相通,天欲曙,人将别，此情此景，安得不长留魂梦！

至此，菊花砚遂成完璧。

三

江标返京后，湖南学政由徐仁铸接任。徐是朝中改革派大臣侍读学士徐致靖之子，时务学堂坚持了启蒙维新的路子，继续宣扬自由民权的思想。刚入戊戌年，梁启超患了一场大病，几乎死去。不久，即携菊花砚返沪治病。回上海，他坐的是招商局立村号轮船，虽病体未愈，仍意气昂扬，据同舟人狄楚青记载，一日饭后对同人曰："吾国人不能舍身救国者，非以家累，即以身累，我辈从此相约，非破家不能救国，非杀身不能成仁，目的以救国为第一义，同此意者皆为同志。吾辈不论成败是非，尽力做将去，万一失败，同志杀尽，只留自己一身，此志仍不可灰败，仍须尽力进行。然此时方为吾辈最艰苦之时，今日不能不先为筹划及之，人人当预备有此一日，万一到此时，不仍以为苦方是。"以身家许国，志气宏壮，然维新之势未张，改革之道未行，前路崎岖险恶，梁氏已怀隐忧也。

梁回沪后，戊戌三月，奉老师康有为之命，由康有为弟弟康广仁护送陪伴入京。入京后，即参与了康有为发起的保国会和请废科举的公车上书活动，这年农历四月二十三日，光绪皇帝颁发《定国是诏》，变法维新运动正式启动。在这场表面轰轰烈烈的变法运动中，梁启超亦喜亦忧，喜者为光绪皇帝变法之意甚坚，国事有望一新；忧者为以慈禧太后为首的顽固派势力强大，变法充满变数，隐伏凶险和杀机，所以梁在与友人书中有不日将出京南下之语。由于徐致靖的保荐，梁启超于这年的五月十五日被光绪皇帝召见。按旧例，皇帝是从来不见四品以下官员的，梁氏虽有举人功名，但尚无实授官职，以一介布衣，蒙皇上召见，也是破例之举。这次召见，授梁六品衔，钦命梁办理译书局事务。这是皇上要从思想上广开海禁，引进西方思想、文化、学术的大举措。皇上厉行变法，推进很快，继五月五日和五月十二日下旨废除八股取士的科举制度后，七月十九日，动雷霆之怒，罢阻挠变革的礼部六堂官之职，七月二十日，就拔擢杨锐、刘光第、林旭、谭嗣同四京卿为军机章京，赏四品衔，参预新政。这时，张扬激进的变法之轮已经滚到了悬崖边上。

首先被难的是为菊花砚作铭的谭嗣同。八月六日，梁氏正在谭嗣同寓所，对坐榻上，策划变法时局，惊闻抄捕康有为之报，接着就听到慈禧太后重新垂帘听政的谕旨。二人知事不可为，谭从容劝梁氏入日本使馆避难，自己竟日不出门，以待捕者。当日，捕者未至，谭第二天入日使馆与梁氏作别，以自己所作诗文手稿和家书一箧托于梁，对梁慨然道："不有行者，无以托将来，不有死者，无以酬圣主。今南海（康有为）之生死未可卜，程婴、杵臼、月照、西乡，吾与足下分任之。"谭嗣同以春秋时晋国为救赵氏孤儿首先赴死的公孙杵臼和日本幕府末期为维新变法而投海自尽的月照自比，将变法未尽之责托于梁氏，已抱定必死的决心。谭、梁二人相抱而别，此八月初七日事也。后两日,有日本志士数人劝谭嗣同东去日本,谭不从,曰:"各国变法,无不从流血而成,今中国未闻有因变法而流血者,此国之所以不昌也。有之,请自嗣同始!"初十日,谭被逮捕,八月十三日被斩于北京菜市口,留下了"我自横刀向天笑,去留肝胆两昆仑"的悲壮诗句。

接着,为菊花砚刻铭的江标也在变法失败后英年早逝。江标入京后,受命四品京堂、总署章京上行走(和谭嗣同官职相同,也是被光绪皇帝倚重的变法骨干)。尚未就职,新政失败,随即被革职永不叙用,并交地方官严加管束。次年忧病交加,卒于家乡,年仅40岁。

在这次血腥的政变中,菊花砚原主人唐才常暂时幸免,他被友人谭嗣同招引入京,本欲在变法新政中一展抱负,船到汉口,政变已作,唐遂返回湘中,前往上海。其后,周游香港、新加坡、日本各处,1899年2月返回湖南,3月到上海,主持《亚东时报》。这时的唐才常已成为反清革命最重要的活动家。唐在日本期间,和旧友梁启超以及孙中山多有交往。当时,时务学堂的学生蔡锷等11人也跑到了日本,和梁在一起,唐才常数相来往,在一起摩拳擦掌,共图革命。1900年7月,唐在上海张园召开"中国国会",唐自任总干事。提倡自主和民权,不认清政府,但又提出拥护光绪复辟的口号。参与此会的章太炎认为既排满,又勤王,自相矛盾,遂于会上割辫与之绝。唐才常的矛盾其来有自,因为他从前的友人谭、梁等人都是拥立光绪皇帝的维新派,此时的唐实是借勤王以图革命。流落海外的梁启超并没有放弃维新的主张,毋宁说他是更加激烈了。他一方面办报宣传新思想,攻击后党顽固派,一方面和康有为等筹组政治团体,以图大举。还在华侨中筹款,欲重金购求聂政、荆轲一类志士行刺朝廷重臣,李鸿章及其幕僚刘学询、张之洞都在他们的行刺名单上。他和唐才常书信往还,共同商议起事密谋。1900年,唐组织的反清"自立军",因海外汇款未到,匆促起事,谋泄被捕,于七月二十八日夜被杀于武昌大朝街滋阳湖畔,刑前有诗云:"七尺微躯酬故友,一腔热血溅荒丘。"为了民族新生,故友或殉难或亡命,唐才常视腐朽的清政府为寇仇,以血明志,从容就死。在这次起义中,不止死唐才常一人,好多从前时务学堂的学生也一同被难。

至此,与菊花砚相关的赠砚者、题铭者、刻铭者皆死于国事,梁启超亡命天涯,菊花砚遗落尘海,再无从得见。唐才常被难后,梁启超悲痛异常。清政府正悬赏十万两白银要他的头颅。这年七月,梁从檀香山返国,有《东归感怀》一首,抒发苍凉愤郁之情——

> 极目中原暮色深,蹉跎负尽百年心。
> 那将涕泪三千斛,换得头颅十万金。
> 鹃拜故林魂寂寞,鹤归华表气萧森。
> 恩仇稠叠盈怀抱,抚髀空为梁父吟。

多年之后,梁启超悲悼菊花砚,有语云:"戊戌去国之际,所藏书籍及著述旧稿悉散失，顾无甚可留恋，数年来所出入于梦魂者，惟一菊花砚……今赠者铭者刻者皆已没矣，而此砚复飞沉尘海，消息杳然，恐今生未必有合并时也，念之凄咽。"百年中国，知识分子于国事之心意纠结，生死相许之悲情能不令人凄咽哉！

春半如秋意转迷
——梁启超民初归国的心路历程

一

清末戊戌年八月,以西太后为首的顽固党发动政变,逮杀维新党人,变法失败。梁启超得日本人营救,搭乘日本大岛舰赴日避难,此乃梁氏去国流亡之始。行时有《去国行》一篇,悲愤沉郁,以诗言志,中有语云:"君恩友仇两未报,死于贼手毋乃非英雄,割慈忍泪出国门,掉头不顾吾其东。"学习日本明治维新,建立现代国家制度,一直是他抱持的政治理想。他已经体验到了变法的艰难和制度变革的残酷性,中国的现实和日本的经验告诉他,重大的社会变革是要付出血的代价的:"尔来明治新政耀大地,驾欧凌美气葱茏。旁人闻歌岂闻哭,此乃百千志士头颅血泪回苍穹。"理想的太阳在他的头顶照耀,青春的热血在他的周身奔涌,为了理想,他已把生死置之度外:"男儿三十无奇功,誓把区区七尺还天公。不幸则为僧月照,幸则为南洲翁。不然高山蒲生象山松荫之间占一席,守此松筠涉严冬，坐待春回终当有东风。"政变始作，谭、梁诀别之时，谭嗣同有语："月照、西乡，吾与足下分任之。"谭愿作月照杀身成仁，勉励梁像西乡那样，实现变法的理想。"南洲翁"即是日本维新三杰之一的西乡隆盛。

此时梁启超26岁，幸与不幸，成功成仁，两种结果，他希望自己30岁时会见分晓。但是到了30岁时究竟怎样了呢？对人生前景的预测总是落空，30岁那年，他并没有建立什么"奇功"，仍然羁留日本，归国无望。他主要的事情是主笔《新民丛报》，宣传维新变法的主张，偶尔也为《新小说报》撰文。他为自己没有从事叱咤风云的实际政治活动而懊恼："尔来蛰居东国，忽有岁余矣，所志所事，百不一就，惟日日为文字之奴隶，空言喋喋，无补时艰，平旦自思，只有惭悚。"他不以文字之功为然，刻刻不忘从事政治活动，引友人诗句云："'舌下无英雄，笔底无奇士'，呜呼，笔舌生涯已催我中年矣，此生所以报国民之恩者，未知何如？每一念及，未尝不惊心动魄，抑塞而谁语也！"30岁的梁启超由报"君恩"到报"国民之恩"，说明他思想的进步外，仍然是一副郁郁不得志的样子。视文章为"雕虫小技，壮夫不为"，向往在政治上大展宏图。从事实际的政治操作，使中国变法图强，是梁启超大半生的心结。这种意识其来有自，儒家知识分子向来以天下自命，"齐家、治国、平天下"，"立德、立功、立言"，实际的事功要比"空言喋喋"更辉煌也更真实。就连李白也有"为君谈笑静胡沙"的志向，在李白那里，或许只是诗人狂傲的大话，但在梁启超这里，却是刻刻萦怀、须臾不能忘记的头等大事。

梁启超去国流亡十几年，除游历夏威夷、澳洲、美洲等地外，中间有两次密潜回国，为安全起见，来往不过数日，其余岁月皆蛰居日本。在日期间，他除了办报写文章，著书立说，鼓吹君主立宪的政治主张和"驱除鞑虏，恢复中华"的革命党论战外，也时时关注国内的政局，从事一些他认为更重要的政治活动。择其要者而言之，有如下几项：

第一，和他的老师康有为在海外组织"中国维新会"，以旅美华侨为主，筹捐款项，扩大组织。在美洲、南洋等地成立保皇立宪的分会，并于1904年正月在香港召开保皇大会，海外的保皇党因此形成一定的声势。但是，这些海外组织对中国中枢政局并无影响，晚清帝国加速滑向深渊，直到帝国的实际主宰者西太后和被囚禁的光绪皇帝同年死去，不久发生辛亥革命，弄到无"皇"可保为止，康、梁所秉持的政治理想最终破灭。

第二，为了筹措政治活动经费，和康有为等搞一些实业经营。如梁启超参与主持的广智书局，康有为在墨西哥投资的铁路和电车运营业，皆因书生轻信，用人不当，奸猾舞弊，堕人彀中，弄到亏损倒闭，全盘皆输。由康有为和广西巡抚张鸣岐等赞助成立的振华公司，由宪政会人士参与主办开发桂省实业，刚一开张，就发生骗财杀人惨案。张鸣岐幕僚刘士骥被杀身死，张迁怒于康、梁，弄得众口嚣嚣，狼狈不堪。至辛亥革命前夕，立宪党所开办的海内外实业几乎全部垮台。1910年，康有为致信梁启超,念此几痛不欲生:"大局同尽,大局俱裂,我岂徒身败名裂,牵累万端,为此大痛几死,今唯有日病待亡。总之,权利二字一涉,则争盗并出,或阴或阳,其来万方,入其中者,必狡狯辣毒,与之相敌然后可。"读此言令人可悲复可悯。康、梁皆为书生,强入此道,安得不败!

第三,在国内开展秘密活动,以图动摇乃至推翻西太后的统治,影响晚清政局,改变清政府政治走向。其活动包括参与密谋支持唐才常等的所谓"勤王"起义,收买荆柯、聂政一类死士,对西太后和朝廷大员搞暗杀,对当朝权贵可利用者行贿,等等。"个中要义,一贿,二丸,徒恃口无用也。"(1908年马相伯致梁书)丸者,暗杀之弹丸也。尽管花了很多钱,也网罗了一些所谓"喋血义士",但大多被骗钱了事,暗杀行动一次也没有进行过。多年经营暗杀西太后的梁铁君被人告发,于1906年被清政府捕杀。革命党中的汪精卫暗杀摄政王还埋过一次炸弹,立宪党连枪也没放过一次,徒花冤钱而已。行贿当朝权贵,在政权中枢寻找代理人的事情也没有成功。

梁启超在海外的政治活动已如上述,不仅没有什么成效,几乎可说枉费心机,一败涂地。1907年,梁发起成立的政闻社被清政府查禁,他们一直进行的推动清政府开放党禁的活动,因顽固派的阻挠也毫无结果。他在诗中抒发苍凉的心境说:"一出修门已十秋,黄花见惯也应羞。无穷心事频看镜,如此江山独倚楼。"其萧瑟和寂寥有独立秋风之感。但梁的事功之心从未消泯，反倒愈挫愈奋。他的政治抱负于1909年给其弟梁仲策的信中表露无遗："兄年来于政治问题研究愈多，益信中国前途非我归而执政，莫能振救，然使更迟五年，则虽举国听我，亦无能为矣；何也，中国将亡于半桶水之立宪党也。"此时的梁对同党某些人已深感失望，对多年努力不懈却一无所成有所反思，但对自己却信心满满。多年研究，他自信已握有救国之良方，认为只有自己归国执政，方能救中国于危亡，听来真似古儒生"治大国如烹小鲜"的狂妄。中国的事情真的这么容易吗？只待一个大贤人措置江山似棋局，拨乱起衰如反掌？梁启超是这样想的，他甚至以医国圣手自诩，拿起架子来："兹非有聘莘顾隆之诚，决高卧不漫起也。"他等着人家恭请他归国收拾残破的江山，拯救混乱的时局。

梁启超没有失望，他终于等来了这一天。中国发生了辛亥革命，逼迫他出亡异国，一直没有赦免他的清王朝垮台了。他终于熬过了漫长的严冬，他认为自己政治上的春天到来了，他将像英雄凯旋般被迎回祖国，以施展他政治上的抱负。

梁启超能够如愿吗？

二

辛亥年，武昌起事后，国内政局动乱。南方数省宣布脱离清廷而独立，但群龙无首，以同盟会为首的革命党虽然将独立各省整合，选举孙中山为临时大总统，但乱兵暴民，遍于国中，舆论纷纭，谣诼四起，临时政府财政困窘，政令不行；北方的清廷虽起用袁世凯出面组阁，但袁对清王朝已怀二心，故首鼠两端，握兵待机，窃夺权力的野心正在发酵。国内基本处于无政府状态，各方政治势力纵横捭阖，纷纷登场，开始角逐权力。大有"秦失其鹿，天下共逐之"之势。

此时以康、梁为首的立宪党人也急于实现自己多年的政治理想，1911年农历九月初八日梁启超给徐勤的信中有语云："今兹武汉之乱，为祸为福，盖未可知，吾党实欲乘此而建奇功焉。"接着，就将自己两年来所策划的"锦囊妙计"倾箧倒箧，和盘托出。两年来，梁等在海外，用各种关系和手段结交权贵，"朝贵中与吾党共事者惟涛、洵两人而已，而洵实无用，可用者唯有一涛"。原来，他是想助载涛用禁卫军搞宫廷政变，驱逐顽固党中的庆亲王奕劻和载泽等人，使载涛为总理，然后开国会，实行立宪。为此，他决心不顾凶险，密潜回国，串联清军第六镇统制吴禄贞起兵以助载涛。他甚至天真地以为，利用资政院投票，他可以取袁世凯而代之："本初①观望不进，今欲取巧。今欲取而代之，诚甚易，资政院皆吾党，一投票足矣。惟吾颇慎重不欲居此席。"大有运天下如股掌之气概。当然，事情成败，既关人事，又关天事，所以不可逆料。因此，梁在信中，有托孤之言。徐勤与梁是万木草堂的同学，同为康有为弟子，徐对康、梁事业忠心耿耿，甚至破家以助，梁慨言道："弟日内必行矣，弟气固甚壮，然天下事安可逆睹，若其

---

① 袁绍字本初，此代指袁世凯。

无成，而以身殉之，亦意中事。若万一有他变，则全家二十余口，尽以托诸吾兄。吾老亲有仲策可料理，吾弱息则惟吾兄抚之。"真是风动易水，慷慨悲壮也！梁启超此时所依仗的，主要是清廷的资政院，认为其中大半皆是立宪党人，靠资政院投票，掌政柄，行立宪，易如反掌。梁启超9月16日乘日本天草丸秘密返国，行前又有给徐勤书，提出立宪党应对时局的八字方针："和袁、慰革，逼满、服汉。"行前胆气颇豪，欲拟杜甫作《北征》诗，虽未成，可见其心境也。到大连后，梁给女儿的信中对自己的政治前程仍有非常乐观的估计："入都后若冢骨尚有人心，当与共戡大难，否则取而代之，取否惟我所欲耳。"此"冢骨"者，借指袁世凯。梁等指称袁有多种称谓，若"土""土头""本初""公路（袁术字）""项城"等，此云"冢骨"，冢中枯骨，轻贱之甚也！讵料梁一登岸，就闻知国内局势混乱，北京处于无政府状态，治安一团糟，人人自危，所谓资政院，议员已遁逃大半，无法开会（即便能开会，中国当时难道能靠投票治理吗？梁之设想，完全是一厢情愿的书生之见）。更令人失望的是，想借助军队方面的原陆军第六镇统制（后署理山西巡抚）吴禄贞被袁世凯收买的部下杀害，他想运动军队，结果却招来一些马贼头子和来路不明的人，想拥他而独立。他回国的消息被报纸宣传后，南方某些报纸竟造作谣言，说他欲联络宗社党人，意欲引入沙俄军队扑灭革命党，大约就在这种情况下，梁等寄予厚望的具有强烈反清革命思想的蓝天蔚、张绍曾①已不为其所用，蓝天蔚等将不利于梁。梁此时不仅所有谋划皆成泡影，且有性命之虞，不得不仓皇逃归日本。

辛亥革命甫一发生，梁启超此次归国之行，怀有秘密的政治使命，时间颇短促，是梁氏政治生涯的一段小插曲，还不能算"英雄般的凯旋"。此后，袁世凯奉命组阁，梁被任命为袁阁中的法律副大臣，但梁辞而不就，回函于袁，建议召开全国人民代表大会，解决国体问题，不能进剿南方革命党，以免国家分裂。嗣后，清廷与袁本人多次促梁归国就职，但国内时局纷扰，瞬息万变，梁此时尚不欲为袁所用，他还要观察、权衡国内政治势力的消长强弱，以定行止。因此，他仍滞留日本，密切注视国内时局的发展，等待归国的时机。

这时，国内进入了南北和谈时期，国体问题成为焦点。梁启超发表《新中国建设问题》，重申立宪主张，认为中国应仿照英国实行"虚君共和"。今天看来，这种渐进革新的主张或许震荡最小，对国家向现代立宪体制转变的过程中减少人民的痛苦，实现国家政治体制的平稳过渡来说，是一条最为稳健的路径。但是，激进的革命党坚决不采纳，而袁世凯方面，因别有所图，虚于委蛇，所以，立宪派的主张终是不能实行。尽管如此，在中国未来命运的决战中，在南北和谈处于胶着状态的

---

① 二人皆日本士官学校毕业，与吴同称"士官三杰"，蓝后被孙中山任命为关外大都督，北伐军总司令。

短暂时间内,梁启超等立宪派仍然为自己的政治主张做着最后的努力。如麦孺博在粤、罗瘿公在京、盛先觉在沪、张汉章和谭奎昌在鲁……都不断地向远在日本的梁报告国内时局和立宪派运动情况。梁所收到的信息,有的似是而非,有的比较客观。如罗瘿公信中云:"北方一般舆论有不满意袁者,甚盼康、梁内阁,谓继袁非康不可。"中国政治一直靠实力说话,舆论不能左右中国政情,况此种"舆论"可信度大可存疑,此言之谬,自不待辩。又如蓝公武报告说,袁财政困窘,无力为战,孙中山从国外并未携款归,南方社会秩序混乱,"南方之败,立而可待"。又云:"项城兵力虽厚,然欲借此以平十四省,则不仅势所不可,力所不能,且亦心所不敢。"此语对局势的判断还算准确。康(此时亦在日本)、梁凭借这些国内党羽的汇报和日本的报纸遥策国事,以定进退。然而动乱中的中国形势瞬息万变,时势变化,多不如其策。

梁启超于9月16日归国的计划失败之后,当年11、12月间尚有两次打算往沪和入京的计划,最后都没有成为事实。随着形势的发展,他的"虚君共和"的主张已成明日黄花,南北舆论都倾向于革命党的"民主共和",一些立宪党的中坚人物也已转向。梁原来的策划,以为完满,但终归是"可怜无补费精神"。南北两方——革命党和袁世凯——忙着谈判,立宪党再无置喙之余地,已被边缘化,有土崩瓦解之势。梁启超被晾在了一边,对于他的归国问题,同党人士众说不一,归国后干什么,也莫衷一是。但大体说来,不外两种意见:立即归国说和暂缓归国说。

主张梁立即归国者,以立宪党骨干徐勤最为激烈,他主张放弃保皇主张:"满人气运已绝,若复抗舆论,存皇族,必为全国之公敌矣。"徐虽憨直幼稚,但他这一点认识,算明白了中国政治的本质:"今日唯有兵力乃可有势力,有势力乃可有发言权。"因此主张立宪党在粤省割据一隅,招兵买马,以进中原。认识到"枪杆子里面出政权"这种中国政治的铁律,参与军事角逐,实际上已放弃了立宪党人一贯秉持的政党政治的理想,但揆诸康、梁等人,无疑痴人说梦,即使心有所欲也势所不能也。到了1912年,徐勤等海外立宪党人士见梁仍留日本,更是心急如焚,4月2日致康有为信中有言:"吾党之弊,全在理想太多,实事全无,不免有文人习气,岂能立于竞争之世耶?"此言可谓一语中的,康批注此信曰:"览书吾愧欲死。"回思多年来种种惨痛失败,康氏之心境可知。脱胎于士人阶层的中国知识分子秉持立宪的理想,力图用和平的方式在中国行政党政治,其信仰之诚,奋斗之苦,令人钦敬,但到此已四面铁壁,无处突围。

主张梁暂缓归国者,主要是在国内密切关注形势的党内同志。一是认为局势混乱,为梁安全考虑。上海的革命党报纸遍登判梁死刑的消息,同盟会攻击丑化梁启超不遗余力——同盟会中的刘揆一认为应接近梁,共图国事,被诋为"汉奸";有言"虚君共和"者,竟被杀死;立宪党人徐佛苏主持的《国民公报》被同盟会人攻毁,徐本人也被殴伤。况南北谈判,局面尚不明朗，即便归国，也无事可做。另有人认为依梁之身份影响，无人敦请欢迎，岂可轻易归来？如吴冠英致梁书，认为梁此时出山，已无名义号召天下，所倡"虚君共和"不行，若倡"民主共和"，乃附"革党"之骥，亦难为天下所重，要梁暂留日本，静观时变，伺机而动。又孙洪伊认为梁归国须归之有名："浩然自归，兴味索然，何如有一二政党举以为魁，欢迎之而后归。"又云："归国之期愈迟重，则社会欢迎愈至，自行归国，终不如国人迎之以归，能否在社会上占一势力，其关键全在此也。"

对梁启超归国后所为，也有各种说法，大致有三种：一是劝梁归国主持舆论，莫入政界，如汤睿（字觉顿）告诫梁归国后"断不可入政界，入党派"，不赞成康的入政府为阁员的主张，应办《国风》，办法政大学，"以闲云野鹤之身，归国主持舆论"。罗瘿公认为所谓几个党联合推戴梁不过是如粤谚树幡竿以招鬼，万不可信，劝梁拿定主意，不入政界，不入政党，以清流之身待机以动。但梁岂是闲云野鹤？这种主意当然不会被梁所采纳。另有人主张梁应入孙、袁两党之外的第三党，即与黎元洪结盟，同为党魁，在政党竞争中角逐权力，徐佛苏、徐勤等人均持此议。最切近的主张，是要梁与袁世凯结盟，如张君劢等人。冯骥年、梁炳光等人敦促梁迅速出山，参与袁世凯政权，云："若有机不出，则人将疑足下仍有故清系恋，他日若有宗社党余孽煽惑，且污足下以恶名，虽有百喙将何从而辩之？"他们将梁视为可以攀援的大树，急煎煎促梁马上附袁：

"必须早与本初携手，方能达其目的。"并云："吾辈已过中年，宁堪再误？"要在政治宴席上分一杯羹，情急之态毕现。

梁启超对这些信息当然是照单全收，他倾听所有人的意见，但却分析形势，权衡利弊，对厕身国内政局，有着自己的盘算。1911年冬天，他就有了联袁的趋势。1912年，袁世凯取代孙中山当大总统，梁立即表示祝贺，袁复电示谢，情辞恳挚，也有笼络这位大名士之意。梁大喜过望，于同日致书袁世凯，畅论财政、政党问题，劝袁行"开明专制"，并申自荐之意："今百度革新，大贤在上，若他日得为芹曝之献，自效涓埃于万一，何幸如之。"袁世凯自当会意，他此刻需要梁启超这样的名士来扮靓他的武人政治，所以极力拉拢。示意他的心腹幕僚梁士诒要梁启超为之撰施政草案，指示说："项城拟参合法、美、葡而合于我国三年内所适宜者之秉划宗旨，速撰寄。"此时的梁启超欲结袁而急于登上政治舞台，所以，不惜做袁的编外大秘书，立即撰写寄上。当年梁在海外，曾有谋刺袁世凯之筹划，蔑称其为"土头""冢骨"，如今时移世易，好恶翻转，起码在表面上已在巴结袁。与此同时，革命党方面的疏通也在进行，同盟会方面，汪精卫早有结识梁启超之意向，曾托人带书，以示倾慕，并赠金二千。南北和谈，孙中山在南京临时大总统位子上时，北方已提名梁入内阁，但被孙涂去，如今，南京留守政府已撤消，同盟会方面对于梁启超也有了和解的愿望。

到了1912年6、7月间，随着时局的变化，国内忌梁者日渐减少,而同情欢迎者日渐增多,梁启超的学生、时任云南都督的蔡锷和副总统黎元洪先后通电欢迎,并请政府起用,国内各团体也表示了欢迎的意向。同盟会中一向激进的张继(字溥泉)和刘揆一电请梁归国,梁的朋友和党徒也在国内积极运动,鼓动徐世昌、张国淦等有影响的人物为其奔走说项,又串联蒙古王公呈请袁大总统迎梁归国。此时,归国的火候已经到了,国内伫望归鸿,望穿双眼,此时不归,更待何时?

不过,在梁启超荣归故国之前,还要插叙两件事。一是,对于梁启超归国事袁,反对最力的是周善培。据他回忆,他曾与自己的老师赵熙(字尧生)先生特意跑到日本,力劝梁不可事袁,说得唇干舌焦。梁似有难言之隐,回道:"我不是不听你的话,却不能不听南海先生的话,你有什么意思,应当先去同南海先生说清楚。"周、赵二人只好坐了30分钟火车去找康有为,结果与康辩论了几个小时,康坚持梁一定要去。所以,对于这次梁启超归国事袁,周善培认为是被康所误。周、赵之谏阻,可能是爱人以德,但对于中国政治有急切事功之心的梁启超在众望所归的假象中,焉得不纵身急流浊浪,一试身手?所以,归国事袁,应该说梁是主动的。二是,十余年间,康、梁二人由于政治观念、学术见解以及其他琐事,已时见嫌隙,至民国初年,由于康作为立宪党领袖,所有海外经营归于失败,加上他的性格缺欠,在党徒中威信大损,而梁启超的威信却远远超迈于康之上。梁启超虽然事师惟谨,但康心有憾焉。此时,国内对康攻讦甚烈,康已成为梁的政治负累。于是,梁劝康退隐。康有为表面上似已同意，但内心衔恨，自不待言。这就是康、梁分道扬镳的开始。康作为推举梁归国事衷的幕后推手，似有所图。后来的事实也证明了这一点。

1912年9月末，流亡海外15年的梁启超踌躇满志，在日本神户登上了归国的轮船。这一年，他正好40岁。

三

梁启超此次归国，可谓风光无限，用他自己的话说"可谓极人生之至快"。当然他又加一句："亦可谓极人生之至苦。"后一句是撇清的话，所谓"苦"，乃应酬不暇之苦，万方辐辏，众星捧月，若无人理睬，何快之有？所以，此"至苦"乃"至快"之基础。

梁于是年10月到天津，在津住了12天，后入京，在京也住12天，复返天津。这不到一个月的时间内，梁启超大有如今世界超级明星受各路"粉丝"拥戴之快，真是载欣载奔，如痴如狂，让他过足了人生的瘾。11日给长女梁令娴的信中述及到津三日的情形说："三日来无一日断宾客（唐绍仪及前直督张锡銮皆已来谒，赵秉钧、段祺瑞皆派代表来），门簿所登已逾二百人矣。各省欢迎电报，亦络绎不绝，此次声光之壮，真始愿不及也。张謇、黄兴皆候三日……又地方官纷纷宴请，应酬苦极。寓中则分三处，客厅无时不满。"来趋奉拜谒的可不是寻常的追星族，都是当时中国叱咤风云的人物，梁启超自是豪情满怀："吾虽终日劳劳，精神愈健，亦因诸事顺遂，故神气旺耶。"国人欢迎之盛,不仅有虚的,还有实的,13日信中说:国民党已派两人专门来劝驾,邀梁入国民党。"道不同,不相与谋",梁当然不会入国民党,但他又不想得罪他们,所以颇感难处。又有北京大学反对新校长,闻梁归来,要政府派梁任北京大学校长,各科各派代表四人来津见梁敦请。梁此时在政治上有更高的抱负,两事均已力辞。还有一件大实惠:袁世凯决定给梁月饷三千大洋,"受之与否,亦尚未定,旅费家费皆极繁,恐不能不受也"。17日赴京前,又告家人说:"京中行馆,一切由总统府供张,即前此用以馆黄(兴)氏者也。此次项城致敬尽礼,各界欢腾,万流辏集,前途气象至佳也。"但也有一点小小不如意:"惟应酬苦极,夜不得睡,今日虚火涌上,牙痛大作。"比起受尊崇和追捧的大场面、大欢乐、大得意,这点小毛病自然不在话下。毕竟本质是文人,心头又掠过一点自恋自怜的小情绪:"遥思(日本)须摩、箕面间,菊花正肥,枫叶将赤,携酒跌宕,为乐何极,无端预人家国事,尘容俗状,良自怜也。"此言虽属撇清,但也算真实。第二天(18日)又作一书,除告知牙痛已愈外,又告都中、上海各报,皆以梁归国为舆论中心,进步、民主两党将开欢迎会,国民党也将开欢迎会,重点告知的是袁世凯之态度:"因吾偶与人言,曾文正、李文忠入京皆住贤良寺,彼饬人铺设贤良寺,顷已备矣。此公之联络人,真无所不用其极也。"袁氏接待梁启超入京的规格,已高于革命党党魁黄兴,只因梁偶尔一言,下榻之地安排在前清勋臣和一等大员曾国藩、李鸿章所居之贤良寺

（后因避嫌没住）。

梁启超入京后受欢迎的程度，可谓烈火烹油、锦上着花，比之在津更热闹十倍，其情形和心境皆在家书中道及。24日信中说："都人士之欢迎，几于举国若狂，每日所赴集会，平均三处，来访之客，平均每日百人。"国务总理赵秉钧以及各总长，还有前清功名显赫如今也举足轻重的大员如徐世昌、陆征祥、孙宝琦之流谈话以20分钟为限，等而下之者只给五分钟，其余连见也难。在共和党、民主党和报界欢迎会上演说三次，声势之壮、影响之大未可量也！尚有很多民间团体排日欢迎。他认为自己此次归国入京，真如雷霆巨响，为国内温和派吐尽一年来之宿气。激进的革命党有点灰溜溜了，今后以他为代表的温和派将在中国政坛呼风唤雨。入京四天，袁大总统就与他密谈一次，宴请一次，而梁"仍虚与委蛇而已"。至29日，又有家书一封，再述京中受欢迎情形，除告总统府开欢迎会国务院全体作陪外，尚有十省都督来电欢迎，又讲各团体邀请以及演说事，听其演说无不欢欣鼓舞。报喜也不忘报忧：上海已数次密电，言"某党"已派多人前来暗杀他。他已严加防备，自信敌人是不能害了他的。所以还有闲情逛琉璃厂，为女儿买文具等物。在京十余日，"日日自晨九时至晚十二时，未尝停口，铁石人亦受不住，故非逃遁不可矣"。

梁启超于11月1日复返天津，当日家书中对入京后所受荣宠和欢迎情形做了一次总结：引日本报纸言"所谓人气集于一身者，诚不诬也，盖上自总统府，国务院诸人，趋跄唯恐不及,下即全社会,举国若狂。此十二日间,吾一身实为北京之中心,各人皆环绕吾旁,如众星之拱北辰"。他最引以为豪的是,此次归国入京,长了立宪党人的志气,灭了国民党的威风。他说:"此次欢迎,视孙、黄来京时过之十倍,各界欢迎皆出于心悦诚服……孙、黄来时,每演说皆被人嘲笑,吾则每演说令人感动,其欢迎会之多,亦远非孙、黄所及。"然后再次述及被欢迎及演说的盛况,"在京十二日,而赴会十九次之多",湖广会馆答谢茶会"政界在焉,报界在焉,各党在焉,军人在焉,警界在焉,商界各行代表在焉,蒙古王公在焉,乃至和尚也到十余人,杂沓不可名状,可谓自有北京以来,未有之奇观也"。最后告家人说,已经接受了袁世凯三千月饷。一则若不受,怕袁猜忌;二则支出浩繁,他也确实需要钱。至此,他已达到了结袁并归国从政之目的。

梁启超归国,正当延续2000余年的君主专制制度彻底崩溃之时,一般国人不知共和为何物,对国家前途乃至个人命运懵懂彷徨,多年传播西方制度及思想观念的启蒙活动也就是他并不看重的"笔墨生涯",使他名满天下,国人对现代国家制度和思想观念的常识大多有赖于他的著作及文章,他归国之大受欢迎,正是国人对他启蒙之功的回报,加上各派政治势力皆欲借助他的影响,所以才有所谓"举国若狂"之大观。正是:"故国名园久别离,今朝楚树发南枝"(柳宗元《过衡山见新花开却寄弟》)。然而他春风得意的日子是如此的短暂,热闹过去,烦恼即来,转瞬间黄叶飘飞,阴霾满天,可谓"宦情羁思共凄凄，春半如秋意转迷"（柳宗元《柳州二月榕叶落尽偶题》）。处在新旧交替，光明与黑暗搏战中的中国的政治乱象令他苦闷不堪，书生意气般的报国志向撞在黑暗而坚硬的铁壁上令他疼痛而惊愕，他的自大和狂妄很快就灰飞烟灭。

回津只月余，梁启超心境大坏，虽然得喜讯，夫人又给他生了一个儿子（四子梁思达），但情绪之恶劣，与月前判若两人："吾昨夕因得须摩书，顷躁异常，又见国事不可收拾，种种可愤可恨之事，日接于耳目……大抵居此五浊恶世，唯有雍乐之家庭庶少得退步耳。吾实厌此社会，吾常念居东之乐也。"（12月20日致长女书）言语间，对归国从政已有悔意，但已无从抽身退步，只好打点精神，硬着头皮向前了。

民国开局第一年，梁启超就在这种壮怀激烈、意兴阑珊、春风得意、愤慨忧烦的大起大落心境中过去了。

四

1913年，梁启超41岁了。这年2月，他加入了共和党，5月，统一、共和、民主三党合并，统称进步党，梁启超被举为党魁之一①。从前党禁未开，他的政党活动都是非法的地下状态，如今，他的公开的政党生涯开始了。这种人事安排的结果，和去年他得到的承诺有一些区别。那时合并的大约只有民

---

① 理事长为黎元洪，梁为九名理事中第一名，进了常委会，相当于党内二把手。

主、共和两党，内定黎为总理，梁为协理，张謇、伍廷芳等"皆退居于事"，就是说，他是名副其实的第二号人物。而今，理事一下子增加了九名，他虽然名列第一，但不过是九分之一而已。那时，他豪情万丈，认为自己归国，振臂一挥，则温和派吐尽宿气，他将带领两党，一马当先，在政党政治中大展宏图，"两党党员皆有'哀鸣思战斗，回立向苍苍'之意，选举胜利可期，然自兹以往，当无日不与大敌相见于马上，吾则必须身先士卒也"。只不过两三月，万丈豪情化为寒冰，所谓进步党，虽有政界大佬为之撑腰或厕身其间，但其实质不过是权贵枭雄窃权攘利的胯下之马，更有钻营和不逞之徒日夜争竞撕咬不休，弄得一片乌烟瘴气，合并前久拖不决，合并后同床异梦，梁启超先前所抱的政治理想一遇到这种丑恶的现实立刻就败下阵来。他被夹在欲退不能、欲进不得的窘境中，本年2月24日与长女令娴书中云："政局危险不可言状，此时投身其中，自谋实拙，惟终不能袖手，奈何！"3月5日又有一书云："国内种种棼乱腐败情状，笔安能罄……吾在此日与妖魔周旋。"这年3月20日，宋教仁被刺杀于上海火车站，国民党将梁启超列为袁世凯后的第二号嫌疑人，声言必报复。处于军警严密保护下的梁启超情绪低落到极点，25日在家书中说："在中国政界活动，实难得兴致继续，盖客观的事实与主观的理想，全不相应，凡所运动全如击空也。"救国拯民的热忱和理想在棼乱腐败的现实面前显得多么苍白无力！

这时，梁启超已有抽身退步之念："吾性质与现社会实不相容，愈入之愈觉其苦""党事极棘手，合并已中止，吾亦将褰裳而去之耳"。但无论利用他的人还是拥戴他的人怎么能允许他退呢？所以只好硬着头皮，在极其痛苦烦恼中应付局面。4月14日，黎元洪在北京万生园宴请参众两院议员，他在演说中重申自己的政治理想，认为共和党目前的任务应该是与腐败和乱暴两大势力作战，但对战胜这两大势力，他自己也没有信心："腐败派与乱暴派其性质虽若绝不相容，然彼为个人私利计，未尝不可以交换利益，狼狈为奸，则国事愈不可问。"从各国历史看，革命之后，暴民政治最易发生，而暴民政治一旦发生，国家元气大伤，不可恢复，以中国列强环伺的现实，瓜分之祸殆不可免。所以，尽管当时大家对政府有种种不满意，还是认为有政府比没政府强，只能在维持中慢慢改造它。这也是他一以贯之的对中国渐进式革新的温和派主张。可是面对中国严酷的政治现实，他首先对自己就失去了信心。国事、党事之无望，使他的心境极其恶劣。4月8日，国会开会，他从前认为稳操胜券的共和党败给了国民党，18日在家书中沉痛地说："吾党败矣！吾心力俱瘁（敌人以暴力金钱胜我耳），无如此社会何，吾甚悔吾归也。"这是他第一次对归国从政明确表示悔意。他极力想从这肮脏的泥淖中拔出脚来："吾今拟与政治绝缘，欲专从事于社会教育，除用心办报外，更在津设立私立大学……"其实，这正是上天所赋予梁氏的最根本的使命，惜其不重其身，有出位之想，弄到想退也不能了，他只好在其中痛苦地挣扎下去。

不久，二次革命爆发，袁世凯任命熊希龄组阁，又悍然下令取消国民党籍国会议员，接着，又下令解散国民党和国会。梁启超既为进步党之理事，又入熊内阁为司法总长，全国舆论指其为破坏共和制度的罪魁祸首，口诛笔伐，无所不至，一年前荣归之声色、骄人之威望全都化为乌有。其不能堪者，就连本党议员也戟指声讨，其中以进步党议员刘伟君致梁的一封信最具代表性。此信开头即对梁氏为熊内阁草拟的施政大纲中所谓"救亡"一说极尽冷嘲热讽，云："窃谓救亡之术无他，铲除致亡之根株而已。致亡之根株不在外患，不在贫弱，在三数党魁争权而攘利，图私而害公而已。古今中外，破家亡国，一丘之貉，罔不由此。当其树帜称号，无不曰救亡救亡，察其举措行事，无一非致亡速亡，故救亡之说，不惟其名惟其实。先生以党魁入佐国务，以救亡为大政方针，不审为名为实乎？为名则全国生命财产岂堪再试，为实则自公等入阁，何为以破坏国会为初哉首基之政策耶？共和国不可无国会，夫人而知之矣。共和国之无国会，自中华民国始，中华民国之无国会，自十一月四号始。四号之事孰实为之？命令出自总统，副署出自总理，形式所在，责有攸归，宜若与司法总长进步党理事之任公先生风马牛不相及，然而道路之人，爱国之士，不问形式而苛求底蕴，不信谣诼而好察迩言，穷源探本，人有恒情，图穷而匕首自见，事久而黑幕益张，虽有知者无如之何，众口铄金，窃为高明危之。"这一段话，不仅将梁指斥为解散国会的罪魁祸首，且抨击他为争权攘利的伪君子。梁启超对袁世凯解散国会究竟负有何等责任？是参与决策，抑或怂恿之、默许之？毋庸讳言，梁氏与同盟会政见不同，视由同盟会脱胎而来的国民党为敌党、暴民政治之源、"民主鬼"，但梁并非独裁主义者，他入政府是想渐进地改造政府，达到宪政的目的，所以对于袁世凯对国会的态度他是持反对意见的。他致书袁世凯，要求必须维持国会三分之二以上的多数，除确有阴谋暴乱的实据者外，不可滥捕议员。他对于袁恃武力而倒行逆施的行为不以为然："或以为兵威既振，则国会政党不复足为轻重，窃谓误天下必此言也。"同时，他利用进步党的力量竭力团结其他党派的议员，以保证国会能正常运作，当然，既为幕僚，向总统进言，亦容有不当："古之成大业者，挟天子以令诸侯，今欲戡乱图治，惟当挟国会以号召天下，名正言顺，然后所向莫与敌也。"虽如此，其维护国会的苦心昭然可见。但无论如何，政党政治远非他所预想，一方面不容异见，悍然依恃武力破坏共和，一方面心怀怨恨，煽惑拆台不遗余力。共和国甫一诞生，国会即分崩离析，其前途凶险自不待言。

党事如此，国事更不堪问。梁氏为袁世凯的司法总长，似乎位高权重，其实什么事也做不成。他曾帮助袁世凯擘画消除各省武人政治以统一政令，欲废省置州，又欲整顿财政，可惜焦苦劳神，一无所成。更糟糕的是，同党、同门、同乡，皆欲攀缘请托，要他在政府中安排位置。民国肇始，"两月来在西河沿一带旅馆运动官缺者七万余人，其人或在前清久任实缺，或在大学优等毕业，政府何法对付，唯有谢绝耳"。被拒绝者自是怨恨不已:"人人皆抱非分之想(中国今日大患在此),以相要求,要求不遂,立即反唇。"对这些跑官要官的人,梁启超穷于应付,烦恼不已,他岂是结党营私,靠裙带编织关系网的官痞禄蠹?所以就职之初,就发出《告乡中父老书》声言:"谢绝请托,破除情面。"但这个告示只能挡住关系不深的人,却挡不住他的老师、同学和同志,尤其与他久经患难的"党人",认为既然你做了大官,引荐和拔擢党人乃天经地义,否则你做官为的啥?国内和海外党人为此与梁结怨和反目的很多。康有为也曾多次要梁安排门下弟子,甚至要梁授某人某官某职,愿望不达,亦心有憾焉,梁启超只好写长信解释。踏入官场,才知官场并不好待,嫉妒以谋倾覆者,日夜环集,稍一不慎,则身败名裂;"愈居高位握重权,则愈授人以可攻之隙"。这当官从政的滋味并不好受,梁启超在致康有为的信中,坦陈议政和从政绝非一码事,正是看着容易做起难,站着说话不腰疼。旁观者自可说三道四,做起来真是千难万难,"畴昔旁观批评,谓天下事一二语可了,今乃真不敢轻于责人也"。

梁启超在司法总长任上仅五月余,因熊希龄内阁垮台而辞职,官不可谓不大,责不可谓不重,励精图治之心也不能说没有,但枉费心力,终无所成。辞职时发表一篇谈话,借古人"君子思不出其位"之言反省自己的选择。但袁世凯还不想放过他,又授他一个"币制局"总裁的闲职,为自己的统治撑门面。梁氏接受了这个职位并力图有所作为。这是他明知不可而为之,还是"眼看时事力难胜,贪恋君恩退未能"(苏轼《初到杭州寄子由二绝》)呢？这就不好说了。1914年3月10日梁就币制局总裁职，其后又受任袁氏"参政院"的参政员。友朋故旧已看出国事日非，袁世凯帝制自为的野心也日渐显露，麇聚其周围的人大多是无耻之徒，劝梁赶紧抽身退步，莫轻毁一世英名。与梁同门受教的刘复礼言辞最为剀切，云："阁员不过为人之机械，闻人不过为人之奇货，任何事，负何责，望风希旨，旅进旅退，伴食素餐，唯唯否否，偶荷青眼，或令拟一文，草一檄，斯秘书记室之职耳，何足贵！何足贵！"又云："任公岂犹有衣食之念耶？读书破万卷，足迹遍全球，捧手受业于名贤之门，交游侪辈非齐、鲁奇节之人，即燕、赵悲歌之士，出处去就之义，固宜素讲，而迷谬濡滞如此，北溟之鹏系于尺寸之丝，窃为足下痛之。"梁启超自本年10月后，知事无可为，去意已决，已为自己做了在北京西山赁屋著述的打算，认为自己不是从政的料，"惟自审菲才，舍文章外，实未由报国"。这种自我体认是在轰轰烈烈地折腾之后才渐渐明白的。梁氏屡辞，袁世凯要当皇帝，用不着这个讲立宪，谈共和的名士装点门面了，于是，允其辞职。对其请辞书上"以不才之才为无用之用"的话笑而回应道："卓如非不才，总裁实无用。"梁启超拔出脚来，但已一身泥污。如果没有后来运动门生蔡锷树帜倒袁和助段祺瑞马厂誓师讨张勋复辟，梁启超投袁从政的这一身泥污可能终生都难以洗净。

梁启超运动倒袁之后，继任的大总统黎元洪也曾多次敦请他出山，聘请他当总统府的秘书长，梁虽婉谢，但出处进退事仍然困扰于心。1916年8月，梁对报馆记者有一篇谈话，云："鄙人之政治生涯已二十年，骤然完全脱离，原属不可能之事，但立宪国之政治事业，原不限于政府当局，在野之政治家亦万不可少，对于政府之施政或为相当之应援补助，或为相当之监督匡救，此在野政治家之责任也。鄙人常持人才经济之说，谓凡人欲自效于国或社会，最宜用其所长。鄙人自问若在言论界补助政府匡救政府，似尚有一日之长，较之出任政局或尤有益也。又国中大多数人民政治智识之薄弱，实无庸为讳，非亟从社会教育上痛下工夫，则宪政基础终无由确立，此着虽似迂远，然孟子所谓'七年之病，求三年之艾，苟为不蓄，终身不得'。鄙人数年来受政界空气之刺激愈深，感此着必要亦愈切。"此时他已经决定不入政局，做一个公共知识分子，在舆论上匡救和监督政府，重新担起启蒙思想家的责任。可惜后来还是经不住一些人的敦劝和拥戴，出任了段祺瑞政府的财政总长。和以前一样，任期很短，铩羽而归。

梁启超一生不能忘情于政治，但他不仅在实际的政治操作上一无所成，且受其牵累，所谓"名满天下，谤也随之"。他的朋友周善培曾对他说过一番很有见地的话，意即孔、孟也讲政治，苏（秦）、张（仪）也讲政治，但孔、孟算得上政治家，而苏、张只能算政客。孔、孟讲政治，没有自己，只谈一些政治伦理，诸侯照他的话做，国家得到治理，百姓安居乐业，那是他的幸运；不照他的话做，国破家亡，那是他活该倒霉，这两样都无关孔、孟的事。而苏、张与此相反，讲政治为的是自己,无论结果如何,把官弄到手了,都为自己得利。所以,孔、孟讲了一生政治,虽没有得过意,一生是愉快的,结果是安全的。苏、张虽然得过几天意,却一生在恐怖中,到底得不到好结果。他认为梁启超有极热烈的政治思想,极纵横的政治理论,却没有一点政治的办法,尤其没有政治家的魄力,所以,只该学孔孟那样讲政治,而不该像苏张那样去干政治。此话对梁氏而言可谓切中肯綮。梁启超一度看不起著述文章,而正是著述文章成就了梁启超在中国近现代史上的地位。梁启超热衷于实际的政治操作,然而率尔操觚的结果却与设想大相径庭。梁启超是一个知识分子,知识分子大多是理想主义者。理想之于现实,常常圆凿方枘,对不上茬,无论是传统的专制政治,还是王纲解纽后混乱的强人政治,都不适合于梁启超,一旦涉足,内心的苦闷和忧烦即无尽头。况且一入官场,想洁身自好而不得,理想主义者都是有道德洁癖的人,这种人自己不激流勇退,也会被淘汰出局,否则将在痛苦忧烦中弄得创痕累累,黯然收场。梁启超曾有的煎熬和苦闷正是所有与现实政治纠缠不清的理想主义者共有的。"君子思不出其位",学孔、孟,还是做苏、张,如哈姆雷特诘问自己的那样:"这是一个问题。"

大道多荆榛
——梁启超的宪政思想及其实践

梁启超为在中国实现宪政奋斗了大半生,最后以失败告终。通常把他的宪政思想及其实践定性为"资产阶级改良主义",认为他的思想不合中国国情,失败是必然的。

梁启超在中国的宪政实践分为三个阶段:戊戌变法时期的君主立宪,辛亥革命之后的虚君共和和后来依靠袁、段等人的民主共和。在这三个历史阶段中,梁氏都是大声疾呼,积极奔走,包括为人诟病的入阁和参与修宪等实际政治活动,为他的宪政理想倾其全力,但是每一次都是失败的。这些失败叠加起来,就是梁氏一生政治活动的结果。

戊戌变法的历史国人耳熟能详,由于以西太后为首的顽固派及朝中权贵为了维护专制特权和既得利益发动政变而归于失败。对这次事件的历史是非,后人的评价没有歧异,认为康、梁等人的变法要求顺应了历史的潮流,他们是向西方寻求真理和富强之路的先进分子,给了他们应有的历史地位。梁启超逃亡国外之后,对清王朝的腐败和顽固深感失望,一度产生过革命的思想,比较同情和接近与清王朝势不两立的以民族革命相号召的"民党",因此和他的老师康有为产生了分歧。在这期间,他支持唐才常在湖北发动的秘密的反清活动,这些活动尽管有暴力反抗的实质,打出的旗号却是"勤王",即拥护光绪皇帝(因此使主张民族革命最烈的章太炎愤而与之绝),这反映了梁启超思想的矛盾性。后来,在康有为的激烈批评下,梁启超通过研究西方诸国政治变革的历史教训和经验,重新回到了改良主义的道路上来。他认为,西方各先进国家政治现代化的过程中,并没有以民族主义相号召,煽动和激起民族仇恨无助于立宪政治的实现。

他是被清王朝迫害追杀而流亡异国的所谓"异见分子",从个人的恩仇来说,他比任何人都仇恨这些统治者,对朝廷的黑暗、腐败和顽固有着切肤之痛和深切的了解。既然朝廷"久施虐政,屡失信于民",他为何还要主张君主立宪呢?在这一点上,恰恰体现了梁启超的政治理性。他把上层建筑的国家政权分为国体和政体两部分,认为国体只是一种形式,而政体才是实质,中国需要改良的是政体,即实现立宪政治。这取决于两点:"今日中国欲变专制为立宪,其一当视主权者拥护宪政之诚意何如,其二当视国民运用宪政之能力何如,谓此二者缘国体之变更而遂生异动,吾百思不得其解也。"此话是梁氏在袁世凯称帝野心已彰,与袁分道扬镳时说的一段话,我认为实在是精辟之极。打倒了皇帝,统治者换了名号,换了一拨人,如果没有拥护和实行宪政的诚意,当然还要回到专制的老路上去。如果有像英国那样开明的君主,主动出让权力给议会和由此产生的政府，那么即使国体上维护君主的名号和位置又有何不可？推翻君主，改变国体，只是更换了统治者，如果他不拥护宪政，他仍然是不叫皇帝的皇帝（自认为专制既久，威权日重，连皇帝的名号也要要，必求实至而名归，如袁世凯），甚至比君主时代更加专制和黑暗。梁启超在阐述君主立宪的主张时，说过一段很深刻的话："吾当时岂有所爱于君主政体，而必犯众怒，以为之拥护者？吾以为国体与政体本绝不相蒙，能行宪政，则无论为君主为共和，皆可也。不能行宪政，则无论为君主为共和，皆不可也。两者既无所择，则毋宁因仍现在之基础，而徐图建设理想政体于其上，此吾十年来持论之一贯精神也。夫（国体），天下重器也，置重器而屡迁之，其伤实多，吾滋惧焉。故一面常欲促进理想之政体，一面常欲尊重现在的国体，此无他故焉，盖以政体之变迁，其现象常为进化的，而国体之变更，其现象常为革命的，谓革命可以求国利民福，吾未之前闻。是故吾自始未尝反对共和，吾自始未尝反对君主，虽然吾无论何时皆反对革命，谓国家之大不幸莫过于革命也。"政体，也就是国家的制度建设，实在应该在和平的、渐进的状态下进行，在梁启超等人看来，如果光绪皇帝不死，当是最理想的立宪之君主。宪政既行，自上而下，再洞启民智，实行公民教育，由臣民而国民，由国民而公民（梁氏后来有办公民教育学校的动议），那么，中国即可成为政治上现代化的先进国家，于国于民，皆为大幸。

这种主张，由于清王朝专制、腐败和顽固而引发革命，终于化为泡影。当袁世凯专制嘴脸暴露时，梁启超十分痛切地说道:"以革命求共和,其究也必反于帝制,以革命求立宪,其究也必反于专制。吾当时论此焦唇敝舌,而国人莫余听,乃流传浸淫,以成今日之局。"我们的民族并非不能倾听智者的声音,但是需要一个平和的理性的让人民能够从容选择的环境。当革命大潮汹涌澎湃之际,更多的是激荡回旋、泥沙俱下、大哄大闹、暴烈血腥的狂欢,任何理性的声音都将被遮蔽和湮灭,代替人民选择的是站在潮头的领袖人物,直到这狂潮把他推到专制的权位上,人民失去了自由,整个民族缚上了更多的绳索。痛定思痛,更多的苦难、更残暴的恶行使人民睁开眼睛的时候,历史已在歧路上颠踬了太久太久。

辛亥革命在武昌革命党仓促起事后迅速蔓延大半个中国,清帝被迫和平逊位(和法国大革命不同,没有皇帝、皇后和皇族显贵上断头台),起码在形式上结束了延续三千余年的帝王政治。现在来看,正因为它没有流更多的血,没有更残酷的暴力,它应该算一次中华民族的"光荣革命",因为它和历代的改朝换代都不一样,它不是王朝的鼎革,而是新制度的诞生,它的遗产应该值得我们认真地研究和继承。把清王朝自身衰朽没落和袁世凯的政治投机置而勿论,从共和制度能够迅速取代在治统上已相当成熟的帝王政治来说,梁启超的宪政思想及其实践功不可没。20世纪初十多年来梁启超等人不遗余力地介绍西方的宪政民主思想,使中国世代在帝王统治下懵懂的臣民们睁开了惺忪的睡眼,知道在世界上还有一种制度,没有皇帝,老百姓可以通过选举组成政府,通过权力制衡约束官吏,人民还可以通过言论、出版、结社的自由发出声音,这已使他们由惊愕、欣喜而产生憧憬,这已经形成了共和制度的民意基础。而且,梁启超虽然身在异国,从来没有放弃宪政政治的实践活动。远的不说,在辛亥革命前,他和国内许多具有宪政思想的知识分子们组成的准政党组织政闻社,为革命前后宪政的运行准备了大批的人才。清政府迫于形势为行宪而成立的各省咨议局大部分骨干和精英分子都是政闻社的人,而他们实际的领袖就是梁启超。政闻社除了编辑报刊宣传宪政思想外,还开展了敦促清政府开放党禁的活动。政闻社被禁后,很多社员都进了各省咨议局并成为其中的骨干。咨议局最大的举动就是清末敦促速开国会的联合请愿活动。它不是明末清流东林党的朝野反对派"士气"展示,它完全是一次基于宪政立场上的现代政治举动。这次和平表达政治诉求的举动,彰显了议员们和专制政治决裂的决心,同时表现了宪法政治中必须抱持的清明的理性。愤怒而不超越界限,绝不诉诸破坏性的暴力。梁启超在这次行动中的影响不可低估,其中的骨干和领袖人物从梁启超那里得到了很多及时的指导和舆论上的呼应。后来,清王朝的顽固和愚蠢使民意代表彻底失望,请愿的咨议局议员离京前已经站到了王朝的对立面。所以,武昌的枪声一响,在保路运动的风潮中已和清王朝正面较量的四川、湖北等省率先独立,接着,长江中下游以及内地数省咨议局先后宣布独立,数千年王朝政治走到了尽头,共和的基础才算奠定。对此,辛亥前后身在风潮中的立宪党人徐佛苏有很明确的认识,他在总结辛亥革命的前因后果时说:"辛亥革命之一举成功,无甚流血之惨祸者,实大半由于各省议员根据议政机关,始能号召大义,抵抗清廷。"追根究源,何以如此?"昔年国会请愿之能监促清廷,设立各省咨议局,畀人民以议政之权力者,实'大半由于梁先生能以精神及著作领导余等之奋斗'也。此可知民国之成立,梁先生实有间接之大力。"说到底,清王朝被推翻、共和制度的确立就其远因和基础来说,与梁启超多年来对宪政思想的宣传和实践密切相关。

梁启超宪政思想的核心,在于以和平和渐进的方式实现制度革命。在原有的国体之上培养和建立新的政体。亦可形象地比喻为"旧瓶装新酒"。这样,可以使国家免遭动乱,人民少受荼毒。辛亥革命之后,他有虚君共和的主张,并为此做过一些努力。一方面由于革命党不接受他的主张,另一方面袁世凯已和清王朝离心离德,并怀有自己的政治野心,所以,这个主张很快归于失败。为此,他对清王朝的顽固和颠顸、饮鸩速死、自甘取亡,真是痛心疾首:"吾十余年来,日夜竭其力所能逮,以与恶政治奋斗,而皇室实为恶政治所从出。于是皇室乃大憾我,所以戮辱窘逐之者,无所不用其极。虽然,吾之奋斗,犹专向政府,而不肯以皇室为射鹄;国中一部分人士或以吾为有所畏,有所媚,讪笑之,辱骂之,而吾不改初度。"他对清朝统治者的仇恨并不比革命党稍逊分毫,但朝廷犹如附骨之疽,骤去之而身却不保,不如借其以为宪政的过渡。一旦宪政实行,权力归于国会,那么,专制统治者就被关进了笼子,失去了作恶的可能。这个理想最后归于失败，完全在于朝廷不肯交出专制的权力，没有立宪的诚意，最后激发革命。

梁启超公开的政党活动是回国后参加了共和党并任该党理事。但他很快就对袁世凯黑暗统治下的政党活动表示了失望，他在一次演讲中谈到该党的宗旨时，痛切地指出，共和党的敌人是腐败政治和乱暴政治，与这两大敌人作战，共和党力所不逮。以袁世凯为首的临时政府既经国民承认而成立，虽然对这个政府无一能满意者，但有政府胜于无政府，我们只能尽政党之责，对政府"严重监督"，待正式政府成立，徐图改造不良之政治。另一方面，革命之后，暴民政治最易发生，如此，则国家之元气必大伤，而不可恢复。乱暴派好像和腐败派绝不相容，其实他们的位置完全可以互换，乱暴而腐败，腐败而乱暴，两派狼狈为奸，人民更受痛苦，国事愈不可问。这些言论，申述的还是他的改良主义主张，意即在宪政政治的框架内行使政党监督之责，防止国家陷入无政府的乱局。政治的改造应该走积极稳健的道路，但并非无原则，一旦有野心家企图破坏共和制度，梁启超就会不顾身家性命，与之作殊死的搏斗。他历经险阻，策动倒袁和参与反张勋复辟已载于史册，就他当时的影响和实际作用来说，对于再造共和，梁启超居功厥伟。

数千年帝王专制制度完结的民国初期，旧制度的腐尸在散发臭气，共和制度运行相当艰难。梁启超参与高层政治运作，深感腐败和乱暴政治对宪政的威胁，他感到贯彻自己的宪政主张举步维艰。而且，最腐败、最丑恶、最无耻的秽行在政治人物身上表现得淋漓尽致,没落专制的腐尸招引来的大多是蛆虫和苍蝇。梁启超感到窒息和无比痛苦,他说自己的本性与现社会实不相容,愈入之愈觉其苦,他痛斥当时的社会为"五浊恶世",决心激流勇退,从现实政治中脱身。但是梁启超已经不是旧时代的士了,他是满怀理想并一生充满积极进取精神的中国现代知识分子的杰出代表,他的退不是消极意义的独善其身,做一个与现实社会绝缘的隐士。梁启超改造中国的政治热情至死未曾消泯,他退出现实政治,是要从事社会教育,为在中国造就一个公民社会做出他的贡献。他引述古人"君子思不出其位"的话,是要回到知识分子本位的立场上来。退出现实政治之后,何以报国?1915年,他在《大中华》杂志发刊词中阐述了自己的主张:"我国民前此之失望,政治上之失望也,政治不过国民事业之一部分,谓政治一时失望,而国民遂无复他种事业,此大惑也。且政治者,社会之产物也,社会凡百现象皆凝滞窳败,而独欲求政治之充实而有光辉,此又大惑也。"改良政治,首先要改良社会:"而以举国聪明才智之士,悉萃集于政治,故社会事业一方面虚无人焉。"如果没有公民社会,没有顺应时代,有民主和宪政意识的政治人才,"则政治虽历十年百年终无根本改良之望"。社会好比土壤,政治是其上的根株,"凡百国民事业悉颓废摧坏而无复根株之可资长养,故政治一有阙失,而社会更无力支拄"。所以,对丑恶政治失望之后,不必颓废丧气,完全可以去从事社会事业,搞教育和文化建设。退出实际的政治操作后,梁启超承办中国公学,组织共学社，成立讲学社，整顿《改造》杂志，发起国民动议制宪运动，在天津创办文化学院，主持宪政储才馆，在北京创办松坡图书馆以及南北各地的讲学活动等都是为了在中国形成一个健全而多元的公民社会，为宪政在中国实现准备必要的条件。这是一个有影响、有担当的知识分子的本分和责任，也是他所能做到的。

宪政政治的核心是民主协商和对权力的制约。而中国几千年来的帝王专制传统的主要特色是一旦权力在手，就要把手中的权力变成不受制约的绝对权力，从袁世凯到后来的蒋介石无不如此。

梁启超虽是一个乐观的人，但对中国的祸乱苦难一日比一日深重，还是殷忧在心，不能自解。1927年，他的老师康有为病逝，他送上一幅挽联，其词曰："祝宗祈死，老眼久枯，翻幸生也有涯，幸免睹全国陆沉鱼烂之惨；西狩获麟，微言遽绝，正恐天下将丧，不仅动吾党山颓木坏之悲。"在他的晚年，对自己一生所抱持的宪政理想和国家的前途，已怀有非常黯然和悲观的心态了。

乱世和末世的自我救赎

大约历史到了某个阶段,人们的精神状态有某种相似处。清朝宣统二年(1910年),梁启超的同学麦儒博因为找不到人生的方向,心情就很郁闷。按说他是我们祖爷爷一辈的人物了,又是饱读诗书的老夫子,应该世事豁达,从容淡定,对自己的人生有个明确的规划和目标才是。可是不然。他虽然很闲,却什么事也做不下去,他对国家的前途感到悲观,认为大乱将至,自己的命运操在别人的手里,一切自我努力都是徒劳的,因此有些厌世和悲观。于是他向同门好友梁启超倾诉了内心的苦闷。梁启超给他回了一封长信,在信中,梁启超不仅表述了自己积极乐观的人生哲学,而且以救国救民的使命相砥砺。今天重读此信,对于人生路上苦闷彷徨的朋友疗治心疾未始不是一剂良药。

自戊戌国难始,梁启超亡命异国,颠沛流离,至此已十余年,对社会的黑暗有刻骨铭心的感受。他说:"窃以为吾辈生此混浊之世,而势又不得不日与为缘,而天时人事之相厄者,又无所不用其极,今日正吾辈生死一发之时也。"在这样黑暗的世道,所谓生死,并非仅指自然生命的盈虚存亡,主要指的是精神生命。他认为人一旦精神堕落,不可复振,虽生犹死。而战胜精神死亡的药方,一曰"自乐",二为"自信",由此达"自得"之境。这种精神上的超拔之道在于祛除世俗上成败得失的心魔,而不为其所累。他说:"吾辈十年来,循物太甚,驰逐不可必得之业,而歆羡忧戚,遂日与之相乘,习之既久,视为固然,虽自问初志本在用世,而役役于得失,已渐夷为流俗人而不自察矣。"所谓"循物太甚",过于看重世俗的功业和物质上的得失,日夜为之"歆羡忧戚",精神不能超然独立,其实已经成为"流俗人",产生苦恼、消极、颓废的情绪是必然的。人只有进入"自得"之境,这些情绪才会一扫而空,怎样才算"自得"?梁启超引用孟子的话说:"孟子释自得之义曰'居之安而资之深'。吾辈之于学未有一专能安而深者,是既未尝自得之效也。"对于平生所选择的学问、事业持守不移(居之安)并精研深讨(资之深),从而达到一种精神愉悦无所不适的忘我之境,这就是"自得"。返观我们自身,左顾右盼,患得患失,为物欲所累,被世相所蔽,浮躁烦恼,心灵不能宁帖安然,当然就进入不了自得之境。

梁启超从古代哲学的角度谈"治心"之法,云:"古今言治心之法者,不出两派,一曰应无所住,二曰主一无适。"所谓"应无所住",大约是老庄和佛家的人生哲学,即心游万仞而无所用心,如庄子所言"芒然彷徨乎尘垢之外,逍遥乎无事之业"(《达生》)、"乘夫莽眇之鸟,以出六极之外,而游无何有之乡，以处圹埌之野"（《应帝王》）。这是一种超越各种外在因素的诱惑和影响，突破自身形骸的拘囿，把是非、生死等量齐观的人生观，和佛家所云的破除"执着"的教义有相通之处。梁启超认为这当然是人生的"极轨"，但像我们这些人是不容易做到的。我们生当这个尘俗的世界，在其中"陷溺"太深，"欲求无住，则如猢狲失树"。所以，我们还是应该力求"主—无适"。所谓"无适"，可以理解为"无往而不适"。就是说无论身处何种环境，都能安然自得。梁启超说："惟无适之义，则似平实而最切于用。欲求无适，必先有所主，而所主者必须为足乎己而无待于外者，否则非主也，而役从也。"就是说，在你的心灵深处必须辟出一个花园，那里茂草葳蕤、鲜花盛开、果实累累，你在不断的努力中使之丰满、圆融、郁郁葱葱，从而使你自身得到快乐和满足。这个花园，就是你的人生之"主"，也就是你人生的价值和意义所在。这个花园，不受外界风雨阴晴的影响，更无须借助外力来耕耘，它是你"自己的园地"。有这个园地，谓之人生有"主"，无这个园地，当然就是无"主"，无"主"者如无根的飘蓬，人生也就失去了依傍和目标。梁启超又说："所主者有大德，有小德，为有用，为无用且勿论，苟诚足乎己，无待于外，则必能有以自乐，有以自信，无人而不自得。"无须用大德、小德、有用、无用来衡量你这个园地的价值，只要它使你自乐、自信、自得，就是好的园地。我们可以举一个例子：一个人热爱书法，孜孜矻矻，不断研习求索，比起有人研究救国救民的大道理来，自属

"小德",这个人也没有靠书法成名,甚至也没有靠书法挣来钱,在常人看来,当属"无用"。然而却使此人怡然自乐,活得自信而充实,无论身处何地,皆能自得,这当然就是"主一无适"的人生了。梁启超也举了两个人的例子:一个叫古微的人喜欢填词,一个叫伯严的人喜欢作诗,这两个人活得非常洒脱,"有凤翔千仞之概,嚼然不淬之志",究其所以然,"古微举天下之美,不以易词,伯严举天下之美,不以易诗,古微、伯严无所往而不得诗词,故常有以自乐,诗词可以致伯严、古微于不朽,故常有以自信,而其卓然自拔于流俗者,则亦在此矣"。或许有人会说,这个道理当小学生时老师就讲过了,有什么高明处?梁启超驳斥道:"世之以应酬名誉为诗词者,其视诗词也,决非有伯严、古微所视者同物,至易见也。彼方以所学为科举之行卷,为商贾之货贿,岂得曰学。"一句话,一个人所"主"者,必得有一种精神的超越。

梁启超认为一个人悲观、颓丧、惶惶不可终日的原因在于心中无"主",也就是没有自己的精神追求,心灵深处没有"自己的园地"。因而既闲极无聊,又浮躁惶惑,不想做事,不知做什么事,也做不成事,他指出这种精神状态的病根,告诫他的朋友说:"今吾弟受病之原有二,一曰太闲,二曰将来之命运悬于人手,有所待而不自决。闲故憧扰,有所待故蹉跎不振。治本之法,当绝所待,治标之法,当使勿闲。"我们见过多少一天无所事事,却又大叫活得累的人,这是些不能把握自己命运的人。梁启超为他的朋友拟了16字的座右铭,曰:"必有事焉，知止乃定，莫非命也，乐天不忧。"有自己的精神天空，有自己的人生追求，每天有做不完的事，乐天知命而又奋斗不息，如范仲淹在《岳阳楼记》中所说的那样，"不以物喜，不以己悲"，这不仅是一种人生修炼，更是一种通达的人生境界。

梁启超写这封信时38岁，正当意气宏壮的盛年，与友人以救国救民的伟大志向相激励，认为危厦将倾，重开新局的使命舍我其谁："夫今天下之人材，已可见矣，吾辈数人不任此，谁复任者？自古丧乱之世，恒有一二瑰伟绝特之人，为千古百王之道所托命，非惟吾国有然，即如意大利、德意志所以蹶而复振，举赖是也，此独非吾辈之责耶？今当前古未有之运，信能会通古今中外，而成前古未有之学术，则其所造于天下者，亦岂可量，乌可以不见用而嗒然自丧哉。"这样的志向对于常人，或许陈义过高，难以企及。后来梁启超在政治的旋涡里搏击浮沉，是非经过而成败昭然，回归到知识分子的本位立场时，再以一个普通人的心态来谈人生就平实得多了。梁启超的一生是通达乐观，进取充实的一生，他自称他信仰的是"趣味主义"，即人活得要有意思。怎样活才有意思？1922年，正是梁启超知天命之年，他发表了《学问之趣味》的讲演，讲的是怎样活才有意思的话题。我觉得他讲的不止是学问，讲的是人生的真谛——

  我是个主张趣味主义的人，倘若用化学化分"梁启超"这件东西,把里头所含一种原素名叫"趣味"的抽出来,只怕所剩下仅有个零了。我以为,凡人必常常生活于趣味之中,生活才有价值。若哭丧着脸捱过几十年,那么,生命便成沙漠,要来何用?中国人见面最喜欢用的一句话:"近来做何消遣?"这句话我听着便讨厌。话里的意思,好像活得不耐烦了,几十年日子没有法子过,勉强找些事情来消它遣它。一个人若生活于这种状态之下,我劝他不如早日投海。我觉得天下万事万物都有趣味,我只嫌二十四点钟不能扩充到四十八点,不够我享用。我一年到头不肯歇息。问我忙什么?忙的是我的趣味。我以为这便是人生最合理的生活,我常常想运动别人也学我这样生活。

那么究竟什么是趣味呢?普通人怎样才能抓住"趣味"过有意思的人生呢?他说——

凡属趣味,我一概都承认它是好的。但怎么才算"趣味",不能不下一个注脚。我说:"凡一件事做下去不会生出和趣味相反的结果的,这件事便可以为趣味的主体。"赌钱趣味吗,输了怎么样?吃酒趣味吗,病了怎么样?做官趣味吗,没有官做的时候怎么样?……诸如此类,虽然在短时间内像有趣味,结果会闹到俗语说的"没趣一齐来",所以我们不能承认它是趣味。凡趣味的性质,总要以趣味始，以趣味终。所以能为趣味之主体者，莫如下列的几项：一劳作；二游戏；三艺术；四学问。诸君听我这段话，切勿误会以为我用道德观念来选择趣味。我不问德不德，只问趣不趣。我并不是因为赌钱不道德才排斥赌钱，因为赌钱的本质会闹到没趣，闹到没趣便破坏了我的趣味主义，所以排斥赌钱。我并不因为学问是道德才提倡学问，因为学问的本质能够以趣味始，以趣味终，最合于我的趣味主义条件，所以提倡学问。

不是所有人都是学问的人生，但你可以是劳作的人生、游戏的人生（不是游戏人生，譬如收藏、旅游、做票友，亦可谓之游戏，它足可使一个人活得兴味盎然）、艺术的人生，所以，普通人要想活出意思来，尽可以找到你的趣味。

梁启超一生，他的朋友徐佛苏总结为四个时期："第一个时期亦可称为变法维新之时期，第二个时期亦可称为立宪、革命双方并进之时期，第三个时期亦可称为兴兵起义，恢复共和之时期，第四个时期亦可称为讲学育才，领导青年救国之时期。"这是从梁启超对社会影响方面而言。我认为，就他的个人生命体验来说，无妨说成是两种人生：为在中国实现宪政而奋斗的政治人生（包括徐氏所言的前三个时期），到1919年从欧洲游历归来，他进入了第二种人生，即回归到知识分子本位立场的学问人生。无论是"主一无适"的政治人生还是看重个人生命体验强调趣味的学问人生都贯穿了一种自强不息、乐观进取的精神。

下面是他对自己人生的一种总结——

> 假如有人问我：你信仰的什么主义？我便答道：我信仰的是趣味主义。有人问我：你的人生观拿什么做根柢？我便答道：拿趣味做根柢。我生平对于自己所做的事，总是做得津津有味，而且兴会淋漓，什么悲观咧厌世咧这种字面，我所用的字典里头可以说完全没有。我所做的事常常失败——严格得可以说没有一件不失败——然而我总是一面失败一面做，因为我不但在成功里头感觉趣味，就在失败里头也感觉趣味。我每天除了睡觉外，没有一分钟一秒钟不是积极的活动，然而我绝不觉得疲倦，而且很少生病。因为我每天的活动有趣得很，精神上的快乐，补得过物质上的消耗而有余。（《趣味教育与教育趣味》）

从"主一无适"的人生到趣味人生，梁启超的人生哲学贯穿了一种积极进取的乐观精神，对于某些身处迷惘苦闷中的现代人是一剂有益的良药。

汤寿潜：读书人的国运担当

1887年，光绪十三年，汤寿潜32岁，开始撰写《危言》一书。

晚清朝廷经历了太平天国的战乱，喘息未定，疮痍未平，而惊涛拍岸，外侮叠加，耸然而起的资本主义列强频频撞击古老帝国的大门，大清国内外交困，应对无术，已然病体支离。此时的汤寿潜正当盛年，霍然而起，有医国之志。

他在《危言》开篇第一句即宣称："吾欲为策士……乃以医国。"这是他给自己的人生定位。"策士"者，绝非以诗文装点太平，以文牍效力上司的御用文人，乃是运筹于庙堂，谋划于帷幄，针对具体问题，提出应对之策，开出疗救药方，且能身体力行的实干家。他对自己的人生，提出了两点期许：一是做一个地方官，守土安民，"小试吾道"，"掊击豪强"，抑恶扬善，以求风清气正，造福一方，而"不愿饱食仓粟，旋进旋退，以作大官"；二是代表国家"出使绝域"，宣扬朝廷的"宽大之政"，弘扬"孔孟之教"，用华夏文明统领世界，"万耳万目，骎骎观听，四海文轨，从此大同"。我们读其述志之言也不必过于当真，当时的汤寿潜还没有进入朝廷的官场，顶多只能算"野有遗贤"之"贤"。所要表达的是满眼时弊，眼见得朝廷和社会百孔千疮而力图挽救的心情。《危言》就是他身为"策士"给风雨飘摇的大清国开出的一份医国药方。

大清国是病了，而且病入膏肓，无须诊脉，万种病象，历历在目，莫说关注时事的读书人，即使普通百姓，也知道大清国要完。朝廷乃传统读书人命脉所系，彼时，知识人还没有形成独立的社会身份，他们的前程是做官，如果没有了朝廷，官就做不成。况且读书人比一般人视野更开阔，看问题更全面，家国同构，命运相关，所以大声疾呼力图救治的大有人在，汤寿潜只是其中的一个。但大清国究竟有什么病呢？不必探其病源，先看其症状。汤寿潜《危言》一书，计四卷，给大清国列了40条病象，皆为应革之弊，举凡迁鼎（都）、尊相、考试、书院、部臣、停捐、鬻爵、冗员、兵制，乃至农业水利无不囊括在内，此皆为治国理政之实务，必须有具体的政策、措施和办法方可奏效，所以已上升到决策和具体操作层面。

如在《亲藩》一节中，汤寿潜提出未来帝国统治者也即皇位继承人的培养问题。帝王的德行和能力决定帝国的兴衰，清王朝不立太子，"故金枝玉叶与近支王公之裔，同在上书房读书"。他们之中必有一人将成为未来帝国的实际统治者，可是教他们的老师都是八股取士的翰林，他们"足不出国门之外，业不过经史之常，于中外之情伪，稼穑之艰难，官吏之贪廉，将卒之强窳，国计民生之赢绌，天文地理之繁奥，未之及焉"。

这样不懂中外大势，不接触实际的老师怎么能教出合格的帝王和未来的统治者呢？汤寿潜给出的建议是：以后上书房所课经史，但明大义，不必寻章摘句，浸淫于故纸堆中，而要多讲时务和科学，因为天下已经变了，必须睁开眼睛看世界。到了一定年龄，就要他们入同文馆、方言馆学习外语，既长，就要派他们出国，或到各省，接触实际和民间，了解社会，只有这样，将来才能"领袖各衙门"，执掌帝国的权力。汤寿潜敏锐地认识到，帝王和官僚集团已无法按照传统的统治术来治理国家了，统治者首先应该了解变化了的世界，与时俱进，才能维系老旧的帝国不致落伍和崩盘。

又如在《考试》一节，汤寿潜抨击八股取士"徒使庸妄之辈充塞天下"。他主张改变考试的科目，"今请并经义、子、史、古学为一场，时务为一场，洋务为一场"。把实务和洋务作为取士的科目，未来的官员不仅是"贤人"而且必须是"能人"，打开国门，顺势应变。"自海禁既弛，虽尧舜为之君，管葛为之臣，势不能闭关谢客，如再讳疾忌医，事变不穷而人才已穷，不特游刃有余者无其人，恐求一敷衍能了者亦不可得，大局何堪设想？"中国从传统僵化、千年不变的腐朽教育向现代化教育转型过程中，汤寿潜的疾呼可谓振聋发聩。他在《学院》一节谈及教育现状，语气沉痛："五十年来，创不谓不巨也，痛不谓不深也，而尚聚讼于汉宋，桎梏于八股，湛溺于声律，规抚于楷法……抑中国之大，人才之众，而所教非所求，所求非所用，所用非所习欤？"他明确主张，学校应聘请谙习西学者为老师,"致知格物,实事求是",为国家培养"出使之才,翻译之才,制造之才,法律之才,武备之才"。

再如他论及改造帝国庞大的官僚集团,在《冗员》一节表述说:"整顿吏治,必先遣散冗员。"国家财政养的官员太多,"十羊九牧,官多民少",不仅百姓负担太重,而且会滋生腐败,毁坏国家的统治机器。他引述贵州政府官僚集团超出编制恶性膨胀的例子,说:"以边瘠之省,而蓄群虎狼于其中,吾民有几许脂膏,常供若辈之吮吸也?"边远落后的省份如此,内地富裕的地区则更甚。这其实是专制帝国的老病,有文化和制度方面的原因,救治之难,超乎想象。中国传统社会是个官本位的社会,文化精英的出路唯在做官。汤寿潜在《限仕》一节论及中国人的文化心理时说:"嗟乎!自选举之典废,而牙牙学语便以仕进歆动之,其未仕也,如饥蝇慕膻;其既壮也,如驽马恋栈。"人人都想做官,做了官就一直要做到死,因有荣华富贵在焉。"夫头童齿豁而尤营营于仕宦,此非天下之至庸极愚,可悯而不足惜者乎!"之所以如此,那是因为官本位的毒深入骨髓。国民之心理与制度相关,专制帝国官贵民贱的制度不改,社会导向和民众的文化心理便无从改变,官和吏会越来越多、越来越滥、越来越贪,所谓"遣散冗员"只能是一句空话。此又非大清国一朝之顽疾也。

书生议政,旁观者清。《危言》40条,条条皆为国家应革之弊。这是在西风东渐、国事岌危的时刻,一个心忧国事的读书人对国家治理层面的深刻反省。有些病病根甚深,已触及文化和制度层面,是基因带来的千年沉疴,无药可医。这一点,他已经隐约感到了。一个传统的读书人,只有进入到专制帝国的国家机器中去,从内部去改良它,对国事才有所补益。汤寿潜渴望当官,与最高统治者共担国运。

汤寿潜1856年出生于浙江省绍兴府山阴县天乐乡(今杭州市萧山区进化镇)大汤坞村汤氏祖宅,是从中国农业社会耕读传家的传统中走出来的士子。从小攻读四书五经,聪颖上进,少年时就自负地说:"青紫可芥拾,求田问舍,非吾事也。"已确定了当官的志向。到了30岁,他已经是四个孩子的父亲,仍然滞留田舍,看不出有经国治世、大展宏图的可能。于是,对唯一上升的阶梯——科举制度产生了愤懑和怀疑,说:"大悟五百年时文之毒,天下遂成虚病……欲矫虚病,求人足自食,非急行事业不可。"汤寿潜深感此时满腹经学无补于生计,如果不寻找出路,他将成为后来鲁迅笔下的孔乙己。于是,在他31岁那年,入山东巡抚张曜幕,做了地方官员的门客。其间,他协助张曜从事地方政务,治理黄河,对清王朝的政治有了比较深入的观察和体验。汤寿潜有管晏之志,不甘心做一个地方官的私人幕僚,但科举上升的路如此艰难而漫长,汤寿潜必须找到进入帝国官僚体制的捷径,他要对国事发言,使统治者知道他的治世之才,让人们认识到他虽是一介布衣,但绝非沉溺于八股帖括的庸人。汤寿潜不仅研读和摘抄《通典》《通志》和《通考》等传统的中国典籍,从那里寻找读书人的立身之本,并且留心西方思想和文化,从制度、风习、技术等层面寻找差距，加上在幕僚任上参与实践和观察，他深感自己对国事已有了心得和发言权。1887年他回到了家乡撰写《危言》时，正当壮岁，不缺少激情和进取心，对自己的前程也满怀期许。历时四年的时间，到35岁那年，他完成了《危言》四卷的写作。这期间，他参加过一次科举考试，得中第六名举人，但这不能使他进入帝国官僚体系，他仍然是帝国政治的局外人。1890年，他参加了一次会试，名落孙山。1891年，汤寿潜37岁，已是五个孩子的父亲，再次赴壬辰科会试，这次的主考官是翁同龢，他幸运地得中第十名贡生，殿试二甲，赐进士出身，朝考二等，授翰林院庶吉士。同榜得中的还有蔡元培、张元济、叶德辉、唐文治等中国近代史上的思想文化名流。汤寿潜的试卷得到了主考官翁同龢的好评。此时，青云有路，丹墀可攀吗？非也。"刘郎已恨蓬山远，更隔蓬山一万重。"汤寿潜只被授予国史馆协修（或许相当于一个助理编辑），根本没有参政的资格。他在国史馆待了两年多，作为体制内的文人，在故纸堆中讨生活。

1894年，中日甲午战争爆发，大清朝引以为国之干城的北洋海军覆灭，朝野震动。如久病之人被揍了一闷棍，挣扎醒来，四顾茫然，手足拘挛，心跳气喘，至此方思救治之术。汤寿潜于翌年三月，被外放到安徽青阳去做知县。临行前翁同龢召见并与之长谈，翁在日记中写道："汤生寿潜所著《危言》二卷，论时事极有识。今日招之来长谈，明日行矣，此人必为好官。"这年4月17日（三月廿三日），战败的清王朝与日本签订屈辱的《马关条约》，当天，翁同龢将《危言》进呈光绪帝，其后，朝中大臣孙家鼐也向皇帝力荐此书。翁同龢身为光绪帝的老师，翁、孙同居中枢之重，对汤寿潜及其著作如此称许，似乎汤的仕宦之路会很顺畅，他对大清国开出的医国药方也将得其用哉！

九重宫阙，云路迢遥，汤寿潜的《危言》虽然上达天听，他仍然要以微末之身到青阳去上任。他在《危言》开篇，即述志说"吾欲乞斗大山城，为之牧宰，小试吾道"云云，如今真给他个"斗大山城"，按说他会令行禁止，纾解民瘼，践其言而行其道，把青阳县搞成大清国的模范县才是。可他到任不足三个月，就撂挑子不干了。我没有看到他在青阳知县任上的任何资料，似乎他也没留下这次出仕为官的只言片语。但我们可以推测的是，官场绝非他想象的那样简单，容许有抱负的官员放开手脚，兴利除弊。各种关系、各种潜规则、各种牵绊和陷阱，将使初入者无所适从。腐朽帝国的官场是恶人和小人的角逐地，有理想抱负的读书人无所容其身，这或许是汤寿潜抽身而退的原因。

这年7月，他辞官回乡，成为民间的读书人，所谓"医国"之志，终成泡影。同年，他被聘为金华丽正书院山长，已出离体制，靠学问谋生立世。此时，国势日蹙，西方的思想和文化冲击着华夏文化的堤岸，汤寿潜对西方制度和文化的认识日渐加深，认识到这个老大腐朽的帝国只有学习西方，加速改革，才有生路。他不仅在丽正书院讲求时务之学，如西方的政体和法律、国际公法、契约关系（约章）、地理（地舆）、制造业、科学普及知识（格物）、数学等学问，而且结交当时力图变法图强的知识名人，与张謇、汪康年等加入了康有为创立的强学会，成为最早一代启蒙知识分子的一员。

这期间，在康、梁以及朝中维新派的推动下，光绪皇帝也积极振作，力图学习西方，改革弊政。由于汤寿潜《危言》的刊行以及朝中大臣的举荐，光绪皇帝也知道了这位有远见的"策士"。皇帝正在网络维新人才，1898年，汤寿潜43岁，光绪两次下旨地方官，要他入都，由有关部门带领引见。此时，维新派的帝党和顽固派的后党已成水火，庙堂充满诡谲和凶险的气氛，汤寿潜以母病为辞，拖延进京。9月，慈禧太后发动戊戌政变，光绪被囚禁，康、梁外逃，谭嗣同等六君子血溅菜市口，轰轰烈烈而急图躁进的维新运动彻底失败。

汤寿潜没有进京朝见皇帝，向皇帝陈述学习西方的变法主张，也没有被皇帝任用，成为帝党一员，这使他逃过了一劫，但他的"医国"主张也成为了纸面文章，对时政毫无补益。数年间，他游走于苏、浙、沪一带，出入于官署，讲学于书院，结交人物，热心教育，痴迷于学问文章，因此声名日隆，成为江南著名的士绅。像汤寿潜这样曾有过科考功名的人，即便游离体制之外，也能凭借自己的身份广结官员和士人，其社会基础不容小觑。他对地方政治有发言权，也有可能被召回体制，授以实职。1900年，义和团之乱，八国联军入侵京津，两宫外逃，就是汤寿潜等人出面说动几省地方大员，结"东南互保"

之盟，使东南半壁江山免于战乱。张謇为汤寿潜作《家传》有语云："国之不亡者，仅君往说两江总督刘坤一、两湖总督张之洞，定东南互保之约，所全者大，其谋实发于君。"① 汤寿潜以在野之身，在地方政治上有如此作为，殊为可贵。这也是他自诩为国之"策士"，最得意辉煌的一"策"吧！

从甲午之败到庚子之乱仅仅五六年，大清国连遭重创，实在挺不住了，因此朝野上下皆思改弦更张之道，立宪变法的呼声日渐高涨。民间的士人成为推动立宪的重要力量。1901年，46岁的汤寿潜撰成《宪法古义》一书。这部著作标志着汤寿潜对西方宪政制度的认识已十分成熟，它应该成为大清国君主立宪制度的设计蓝图和普及读本，使汤寿潜跻身于清末启蒙思想家的行列而毫无愧色。《宪法古义》三卷，分别论述了元首的权利、议院的权利、行政和立法之关系，法院的权利，国民的权利等内容。他在叙（序）中引管子之言曰："君臣上下，贵贱皆从法，此之谓大治。"反观中国，"无数百年不斩之统，无数十年不乱之省"，王朝更迭，动乱不休，皆根源于没有一部为统治者和国民共同遵循的根本大法。中国自古讲礼，礼者，别尊卑也；西方讲利，利者，公而平也，没有平等，当然也就没有宪政。中国的士大夫谙于旧习，颟顸僵化，不知专制之外还有民主政体，所以一谈立宪，闻之变色。戊戌变法，无一字

---

① 为此事奔走者，似非汤一人，李鸿章、张之洞、刘坤一等封疆大吏折冲樽俎的政治智慧似更为重要。

言立宪，可无知者偏以立宪归之，以重其罪，立宪一词，成为当局之大忌。"庚子乱后，救亡无术，立宪之说，渐腾于朝野。"君主立宪运动是国内外形势倒逼的结果，由于统治者的顽固拖延而功亏一篑，随着大清国的覆灭而寿终正寝，然而它留下的思想资源却不可湮灭。

汤寿潜论及元首之权利时强调国家统治者的权力来于人民授权，并非神授，也非天经地义。"若立宪民主，则为人民所委任，皆在法律之下。"又云："三法鼎峙，有利无弊。"在《议院之权利》中强调议院对国家财政的监督："预算非议院许可，不得征一兵，不得用一钱。"在《法院》一节，强调法院的独立审判权："独立不羁，权归法院"，"明法为一国所遵守，虽天子亦不能以私违之"。在《国民之权利》首先强调言论和出版自由："言论不外二种，一著述，一论议。孔子之作《春秋》，语多微词。两汉经生，各尊所闻，未尝奉一家之言以为主，此说经之自由也。司马迁作史，力陈武帝之非。班固著书，不讳元后之恶，此作史之自由也。周末九流并兴，各持一说，此著书之自由也。若论议之自由，征之古代，厥证尤多。"汤氏强调中国有出版和言论自由之传统，和当代立宪之说并不矛盾。之后，他对人民的集会自由、迁徙自由、信仰（尊信）自由、产业自由、居住权、人身劝、通信权、起诉权、鸣愿权（上书言事权）、服官权（不分职业，民皆可为官）、参政权和缴税、服兵役等各项自由及权利义务均分条论列。

汤寿潜的《宪法古义》当然有它的历史局限，"古义"者，即云宪法之精神和各项条款中国往昔皆有之,所立之宪,乃我华夏"沉渊之珠",并非来自西方的洪水猛兽。这对于消除为政者和顽固派对立宪的疑虑或许有用,但它的立论根据则大可怀疑。无论远古的《尚书》中有多少"宪"字,此"宪"非彼"宪"也。无论中国的商鞅、申韩等法家如何强调"法",此"法"非彼"法"也。"历代都行秦政治",三千年的专制帝国只有帝王"口含天宪",哪里有统治者和百姓共遵之法!清末立宪派之"宪"尽管竭力维护君主的权威和权力,但它本质上仍然是西方人权、平等和自由基础上的东西,汤寿潜端来的是中国的古瓷大碗,里边装的却是西药,然而让手里紧紧抓住专制权杖的危重病人喝下这碗药谈何容易呢!他知道自己病得要不行了,但他就是不肯喝,他的眼里满是疑虑和恐惧,围在病榻前的人们泗涕交流甚至以头抢地力劝敦促,病人也声称准备喝——预备立宪,但终于还是以各种理由推诿,把药碗凑近唇边又推开。

统治者推诿的理由不过以下几条:一是借口人民教育程度低,不配搞宪政。汤寿潜驳斥说:"惟其低也,汲汲需开国会,以便人民实地练习,得以增长其智力。"也就是让人民在民主政治中学习管理国家,借口人民教育程度低,拖延几十年,让人民在专制制度下捱日子,难道人民教育程度就会提高吗?二是怕人民权力太大,从前的专制权力无法行使。这正是统治者恐惧立宪的最大心病。汤寿潜说,如今国家弄到如溃瓜、败叶的地步,难道不是人民没有权力的结果吗?"未闻人民有权力之国，而列强敢于凌辱者。"三是立宪的具体操作层面，说是中国户籍法尚未制定，统计局未能遍设，人口与财产之实数未能切实调查，选举将无从着手。汤寿潜以日本为例："查日本明治三十九年之户口，东京府与警视总监所调查差六十余万，而日本国会已开十九年矣。"以此为理由拖延开国会，搞立宪是完全站不住脚的。（详见汤寿潜《代拟浙人国会请愿书》）汤寿潜针对大清国的危局和现状，沉痛地说："似宪政而非宪政，似集权而非集权，峻法无救人心之涣散，兵力适为敌国之驱除，益为中国危之。"

1908年，光绪和慈禧两宫宾天后，三岁的宣统即位，摄政王载沣执政，大清国在权贵的操弄下，更加危殆。这年11月，汤寿潜上《为国势危迫敬陈存亡大计标本治法折》，举凡内政、外交、教育、财政等弊政皆有论列，但这无异对一个危重病人大谈体育健身之道，权贵们心不以为然，云何起而行之？同年，汤寿潜再上《为宪政维新沥陈管见事》，对清廷重用权贵以练海军、官吏肆意钳制舆论和朝廷的秘密外交严加斥责："舆论之不可以空言尊重，而以钳制之实状风示天下也。"对于官吏滥权，封杀舆论，他说："为国家发扬舆论，办报者何负于国家？纵不能尽从舆论以儆官邪，奈何反纵官邪以压舆论！匹夫无罪，传达舆论乃其大罪！且他罪虽重而可以贷，传达舆论之罪虽轻而拘挛无赦，办法出于五刑之外。"

立宪运动之始，汤寿潜就是积极的参与者，不仅写书宣传立宪，而且上书言事，敦促朝廷尽早立宪，他对朝廷预备立宪满怀期待，认为唯有立宪才能挽救大清国之颓势，救其于未亡。但他自觉偏处东南，不在中枢，身微言轻，无力影响国势之走向，因此，曾致书朝中大臣章一山（翰林院编修、京师大学堂译学馆监督）、瞿鸿禨（军机大臣、外务部尚书），期待他们负起立宪改良之责。他在致瞿鸿禨信中写道："以五千年相沿相袭之政体，不待人民之请求，一跃而有立宪之希望，虽曰预备，亦极环球各国未有之美矣。"他寄望于这些近臣，希望他们推动立宪，成为中国现代政治的"伟人"。但这一切很快归于失望，"内政未完，外侮交至，其岌岌不可终日之势，亦既为臣民所共见闻，非必待流涕痛哭之言而后知之也，然病此深矣，救之之药，终无以起沉疴而复其健康者"（《为兴亡大计决在旦夕国势忧危亟应挽救沥陈管见伏祈圣明财择折》）。如汤氏其人，既中科举，终为体制中人，身在乡野，而又随时可入庙堂。他辞去安徽青阳知县九年后，曾被任命为两淮盐运使，1909 年 8 月，又被任命为云南按察使，同年 11 月，转任江西提学使，以上任命，汤氏皆没到任。

尽管如此，汤氏自觉和朝廷休戚相关，大声疾呼，沥血陈词，冀挽狂澜于既倒，扶大厦于将倾，但终"可怜无补费精神"。戊戌变法时，光绪两次召其入京朝见，虽因延宕而未成行，但君主眷顾之殷，于此可见。1909 年，汤寿潜 54 岁，竭数年之心力劳顿，他所主持修建的沪杭铁路全线通车，"工程质量之优，造价之廉，为全国商办铁路之冠"。按说，这是他一生事业最辉煌的时刻,然而此时他的心境也最为寥落黯然。这年11月20日,他奉命进京请辞云南按察使,陛见摄政王载沣,千言万语壅塞心头,但却无话可说了,堤岸溃决,大厦将倾,说什么都是多余的了。摄政王要他"尽欲所言",他伏地顿首,也只能说出一句:"愿朝廷勿再用袁世凯。"此言一出,摄政王也只能默然以对。大清国此时大限已近,所谓身不能使臂,臂不能使指,只有出气,没有进气了。那碗救命的药已经凉透,病人牙关紧咬,手足痉挛,想喝也喝不进了。不到两年,武昌那边一阵乱枪,大清国两腿一蹬,呜呼哀哉!任君纵有回春手,须知病国未可医。汤寿潜医国之志终成泡影,只能坐待其覆亡。

　　汤寿潜一生勋绩当以在浙江铁路公司总理任上主持修筑沪杭铁路为最,他用民间资本干成了这件大事①,走的是实业救国的路子。他是一个实干家,著作文章皆关涉时事,不作空谈,不尚玄远,皆"策士"之言也。他是清末民初走在时代前列的人,自云:"寿潜时文出身,足不及东西洋,所见时事皮毛,不过得之转译,出于激刺。"这就是他的可贵之处,一个传统的读书人,有感于国事艰危,在有限的视界内,眼光向外,寻求救国救民的道理,向统治者进言,向国人发声,其启蒙之功,意义深远。

　　民国肇始,汤寿潜任过三个月浙江军政府都督,又被任为

---

① 袁世凯当总统后,铁路被收归国有。

临时政府交通总长（未到任），后来归家就养，不问时事。民国六年（1917年）病逝于家乡老宅，享年61岁。临殁前遗言子孙，死后用家常衣服入葬，不称故官，不惊动当政者，不受赙赠，也不接受官方对他的"追饰之礼"。

汤寿潜终以一个自然人回归土地。

第三章

章太炎二三事

由鲁迅而及章太炎和严复

学者黄克武先生所编《中国近代思想家文库·严复卷》卷首有黄作导言一篇,名为"开启民智会通中西——严复与清末民初的历史变局",文中有言:

> 《天演论》出版之后,立刻轰动,成为人们喜爱阅读甚至背诵的一个经典。例如鲁迅(1881—1936)和好友许寿裳(1883—1948)就常一边吃花生米一边比赛背诵《天演论》,鲁迅还给严复起了个绰号叫"不佞"。

鲁迅给严复起绰号"不佞",这令我很不解。我读鲁迅的文章,曾见鲁迅以此自称,似乎是自谦之意。何以将此送人做绰号?

又读梁启超《亡友夏穗卿先生》,对"不佞"有明确的解释:

> 我们有一天闲谈,谈到这"佞"字,古人自谦便称"不佞",《论语》又说"仁而不佞",又说:"非敢为佞也,

疾固也。"不佞有什么可惜又有什么可谦呢？因记起某部书的训诂"佞，才也"。知道不佞即不才，仁而不佞即仁而无才，非敢为佞即不敢自命有才。

既然"不佞"乃自谦之称，送人作绰号，似乎于理不通。于是，寻此说之源头，读许寿裳《亡友鲁迅印象记》，有记如下：

> 严氏译《天演论》，自称达旨。……他又译穆勒的《名学》，亚丹斯密的《原富》，斯宾塞的《群学肄言》，甄克思的《社会通诠》，较为进步。总之，他首开风气，有筚路蓝缕之功。鲁迅时常称道他的"一名之立，旬月踟蹰，我罪我知，是存明哲"，给他一个轻松的绰号，叫做"不佞"。——鲁迅对人，多喜欢给予绰号，总是很有趣的。

看来，鲁迅确实给严复起过"不佞"的绰号。但这个绰号实在谈不上有趣，以个人自谦之称送人做绰号，大约含有幽默和谐谑之意，朋友间私下闲谈，或可有之，但言人"不才"，似非敬语。

许文其后又云：

> 后来，我们读到章太炎先生的《社会通诠商兑》有云："就实论文，严氏固略知小学，而于周秦两汉唐宋先

儒之文史,能得其句读矣。然相其文质,于声音节奏之间,犹未离于帖括。申天之态,回复之词,载飞载鸣,情状可见,盖俯仰于桐城之道左,而未趋其庭庑者也……"

从此鲁迅对于严氏,不再称"不佞",而改称"载飞载鸣"了。

"商兑"犹今之"商榷",章太炎以上之言乃是对严复译文文笔的批评。章太炎对当世之文人学士多以白眼视之,严复自然也不在话下。他直言严复中国古文化的功底太差,"略知小学",对"周秦两汉唐宋先儒之文史"不过能断句,勉强阅读而已。相其文章之质,其声音节奏,没离应试八股的老套子。他的文章还在桐城古文的道边徘徊,连庭院都没进去,更谈不上登堂入室了。所谓"载飞载鸣,情状可见",鸟一边飞一边不停地叫,犹言"哗众取宠,穷相毕现"也。章太炎是鲁迅和许寿裳的老师,大约对老师的话十分推许,鲁迅从此不再称严复为"不佞",而改称"载飞载鸣"了。

章太炎先生之语,对严复毋乃太苛乎?

严复长章太炎15岁,因其早年受西方现代教育,又有留学英国的经历,尽管上的是船政学堂,学的是舰艇驾驶,但在晚清末年,被称为"西学第一人",因翻译赫胥黎的《天演论》而蜚声海内。后来他又翻译多部西方思想家的著作,把西方现代思想引进古老而封闭的中国。章太炎对严复的态度始终是矛盾的,除了前引对严复的文笔予以轻蔑地苛评和嘲讽外,其在

1911年发表于南洋《光华日报》的一篇文章,对严复更是不指名地诟骂——

> 少游学于欧洲,见其车马宫室衣裳之好,甚于汉土,遂至鄙夷宗邦,等视戎夏。粗通小学,能译欧西先哲之书……其理虽至浅薄,务为华妙之辞以欺人,近且倡言功利,哗世取宠,徒说者信之,号为博通中外之大儒。

此语口气,颇近当代"爱国愤青"。所谓"鄙夷宗邦,等视戎夏",犹言"数典忘祖的卖国贼",章太炎有极强烈的民族主义情结,其偏执等同种族主义,自小接受所谓的"夷夏之辨",不过是"非我族类,其心必异"的观念。在当年"驱除鞑虏,恢复中华"的排满革命中有过积极的意义,但如果因此而坚拒各民族间思想文化的沟通,反对中国融入现代世界,固闭自大,对名之为"夷"的西方国家连"等视"也不许,我等后生小子则不知其可也!

十多年前,即1900年,章太炎对严复充满崇拜之情,他在当年三月十五日有一封写给夏曾佑的信,有语云:

> 鄙人乞食海上,时作清谈,苦无大匠为施绳削,又陵适至,乃出拙著二种①示之,必当有所纠正,亦庶几嵇康

---

① 指《訄书》及《儒术真论》。

之遇孙登也。近日树一宗旨，以为交友之道，宜远交近攻……又陵既至，宜信斯语不诬。

章太炎彼时尚视严复为"大匠"，是可以远交的朋友，能够对他的大著有所"绳削"和雅正，把自己比作晋时的嵇康，而严复则是亦师亦友的孙登。这对于睥睨天下、目无余子的章太炎来说，实在少有。三日后，即三月十八日，严复复信，对章太炎大加赞赏，云：

前承赐读《訄书》及《儒术真论》，尚未卒业，昨复得古诗五章，陈义奥美……此诣独非一辈时贤所及，即求之古人，晋、宋以下，可多得耶？

以下则云：这次到上海来，见了很多学人文士，"则舍先生吾谁与归乎？有是老仆之首俯至地也"。表达了对章太炎的推重，许之为可与古代先贤比肩，甚至有类于五体投地的重言。这里或有文人间的应酬和客气，但也不能说没有一点真诚。

章太炎其后的一些思想言论，颇受严复引进的优胜劣汰的进化论的影响，这些思想资源在传统的中国思想武库里很难觅到。后来罕见严、章二氏的交往和学问切磋的资料，我们所读到的则是章太炎对严复的攻击和讥讽了。客观地说，这些攻击和讥讽并不能使我们信服。

而无论鲁迅背后称严复什么,他对严复还是很推重和赞许的。1918年,鲁迅发表于《新青年》上的《随感录·二十五》引严复的议论后云:"一面又佩服严又陵究竟是'做'过赫胥黎《天演论》的,的确与众不同;是一个十九世纪末年中国感觉锐敏的人。"

至于严复的译笔如何?鲁迅和许寿裳(当年或不止此二人)皆能成诵,许引二人背诵《天演论》首段云:

> 赫胥黎独处一室之中,在英伦之南,背山而面野,槛外诸境,历历如在几下。乃悬想二千年前,当罗马大将恺撒未到时,此间有何景致?计唯有天造草昧,人功未施,其籍征人境者,不过几处荒坟,散见坡陀起伏间;而灌木丛林,蒙茸山麓,未经删治如今日者则无疑也。

严复或许不是直译或硬译,但如此文章,怕是今日在网络上顾盼自雄的掘金写手也少有人能作得出来吧!

我看章太炎

鲁迅对于先师章太炎先生退居书斋做一个学者不以为然。以为是造了一座墙，把他和时代隔开了。鲁迅在东京听章太炎讲课，因为他是一个有学问的革命家，"所以直到现在，先生的音容笑貌，还在目前，而所讲的《说文解字》却一句也不记得了"。

章太炎的一生，分为革命家和学问家两部分，前半生革命，轰轰烈烈；后半生研读讲学，相对来说，是寂寞冷清多了。其实这何尝是章太炎的本意，依他狂放张扬的性格，他当然希望在政坛上纵横捭阖，但是革命之后，他这种书生基本是没用了。他的本钱，不过是文章，文章之于政治，不过是两种用途：一是御用，二是批判。章太炎是具有反叛精神的文人，他批判清政府，可谓目标明确、文笔凌厉。但清朝既倒，他的敌人不存在了，他的民族主义的思想武器也用不上了。新朝既立，卿相已备，好位置都被有枪有钱和钻营投机者抢去了，一个以"革命元老"自居的文人，自视极高，当年战友非复往日面目，想干谒权门，跻身新贵，不亦难乎！章太炎举目四顾，一派凄清冷漠，革命之结果，和他当初所想的也完全不一样，所以他在给学生许寿裳的信中才有"羁滞幽都，我生靡乐"之叹。"棋已终局"，他的戏已经落幕，没有人再为他鼓掌欢呼，他也只好黯然退场了。所以，"退居为宁静的学者"似乎是章太炎唯一的出路。

或曰：他为何不继续战斗，如鲁迅期待的那样，做一个"战斗的作家"呢？他不是不想做，但他做不了。他当时给中国开的药方大致有两条，体现在他初到东京给留日学生的演讲中，即"第一是用宗教发起信心，增进国民的道德，第二是用国粹激活种性，增进爱国的热肠"。他所提倡的宗教是佛教，说："孔教、基督教既然必不可用，究竟用何教呢？我们中国本称为佛教国，佛教的理论，使上智人不能不信，佛教的戒律，使下愚人不能不信，通彻上下，这是最可用的。"他甚至到佛教中的华严、法相二宗里去寻找平等的思想。至于谈到国粹，不过是"爱惜我们汉种的历史"。其中开列三项："一是语言文字，二是典章制度，三是人物事迹。"大家想一想，如果照他的想法改造中国，我们现在会成为什么样子呢？大街上人人口诵佛号，恢复汉唐的典章制度，三纲五常，祭天祭孔，吾皇万岁，阿弥陀佛！中国岂不早已亡灭！说到中国的人物，他提出两个学习的榜样："一是晋末受禅的刘裕，一是南宋伐金的岳飞。"理由是他们"都是用南方兵士打胜胡人，可使我们壮气"。当时他正在从事"驱除鞑虏，恢复中华"的革命，用这两个榜样给欲推翻腐朽清王朝的革命者"壮气"，似也无可厚非。可他提出这两个榜样,也实在令我们气馁。刘裕是皇帝,让小民去学习他,岂非标杆太高乎?至于岳飞,固是英雄,可他被昏庸的皇帝用十二道金牌从前线召回,被权奸勒死在风波亭上,这事让我们怎么想呢?

我常常很奇怪,我国革命的先行者和维新志士们得到日本人的帮助不少,一旦国内局势险恶,待不下了,都跑到日本去避难,并在那里开展革命活动。彼时之日本,早已完成了资本主义改革的明治维新,比我们更早地走上了富国强兵之路。1889年日本颁布了《大日本帝国宪法》,1890年日本的国会(帝国议会)也开始运作,日本近代著名的启蒙运动思想家福泽谕吉的"脱亚入欧"的思想已深入人心。1894年的甲午海战中,中国已经被日本打败,日本人对中国人并不尊重,甚至嘲笑、奚落和揶揄,这从鲁迅先生在文章中写到的给留学生放映日俄战争中被杀头的中国人的幻灯片可见一斑。那么,托庇于日本的中国革命家如章太炎,为什么没有从日本的崛起中学到一点与时代共进的新思想呢?福泽谕吉曾写道:"如果想使日本文明进步,就必须以欧洲文明为目标。"他主张日本"所奉行的主义,惟在脱亚二字,我日本之国土虽居于亚细亚之东部,然其国民精神却已脱离亚细亚之固陋,而转向西洋文明"。他还呼吁:"我国不可狐疑,与其坐等邻邦之进,退而与之共同复兴东亚,不如脱离其行伍,而与西洋各文明国家共进退。"这种要甩掉我们,向西方寻找富强之道的言论与主张,对我们的革命家就没有一点刺激和激励作用吗?

章太炎的演说和文章，除了排满革命之外，没有任何新思想。他除了要宏扬佛法，保存国粹，眼光从来没有投向西方。不，他眼里的西方不是欧美等制度上的先进国家，而是印度这个处于英国殖民统治下的穷国。他畅论历史，认为是印度的佛教救了中国。他说："昔我汉皇刘世之衰，儒术堕废，民德日薄，赖佛教入而持世，民复挚淳，以启有唐之盛。迄宋世，佛教转微，人心亦日苟偷，为外族并兼，勿能脱。如印度所以顾复我诸夏者，其德岂有量邪？"他还说中国和印度是臭味相投的兄弟，并引述德国某学者的话，称欧罗巴之伦理是屠者和野人的思想（想必是指"物竞天择，适者生存"的理论吧），并期待"他日吾二国扶将而起，在使百姓得职，无以蹂躏他国相杀毁伤为能事，使帝国主义群盗，厚自惭悔，亦宽假其属地赤黑诸族，一切以等夷相视，是吾二国先觉之责也"。当时，中国正处于内忧外患之中，不向西方学习先进的思想和制度，却妄想中印两国联合起来，用佛教感化帝国主义，并解决他们的种族歧视问题，这不是痴人说梦又是什么呢？在这些言论中，我们竟连洋务派"中学为体，西学为用"的声音都听不到，遑论能听到福泽谕吉那样的振聋发聩之论。章太炎这样的革命家在腐败的清王朝垮台之后，他的社会使命就已经完成。纵然新生的民国有多少先天不足，在实验西方的制度革新和开发民智的思想启蒙上，他已无所用其技。最可悯的是，在民国建立五年之后，在政治上已经失意的他还对靠印度佛教救国启民的想法抱持不放，认为他研究的老、庄玄学，中国无人能懂，他的知音在印度，因此托学生许寿裳向当局说项，助他出访印度。这样一个怪人，已不被当道所理解，所以访印愿望终成泡影。

由于历史的局限，我们当然不能苛责先贤。但反思历史，像章太炎这样的革命家，他的历史作用实在有限。我认为，无论是他的学问还是思想，都还耽留在旧的时代里。鲁迅的评价是深刻而中肯的，章太炎"既离民众，渐入颓唐"，即便"身衣学术的华衮，粹然成为儒宗"，也终将是寂寞的。是啊，当今的青年，知道章太炎其名的已经很少了，至于他的大著《訄书》（鲁迅先生说虽然不断读，却是看不懂），试问今日认得这书名的又有几人？

太炎先生的婚事

章太炎是近代著名的革命家和硕儒大师，在晚清至民国年间，其文章勋业、日常举动皆为世所瞩目。他的婚事更是一度喧腾众口，成为报章和人们乐于议论的趣事。那时，京戏名角、当红歌星之流虽也占尽风光，但比起章太炎这样的文士来，毕竟还有文野之别，雅俗之分，所以章太炎的舆论风头不在若辈之下。

据章太炎自述，他在25岁曾"纳妾王氏"。时在光绪十八年，称妾而不称妻，是因为他并不认为王氏是他的正室，有对王氏轻贱之意。一般来说，既在多妻制的旧时代，男人也是先娶妻而后纳妾，章太炎何以特立独行，正室虚位以待？他的好友章士钊说："章太炎因幼有羊癫之疾，家人不为娶妻，遂私婢而得子三人。"他在《与吴君遂书》中自云："无妃匹之累，而犹有弱女三数。"由于他"幼有羊癫之疾"，不仅影响了他科举考试，也影响了他正常的婚姻。王氏身份是婢女，又非"明媒正娶"，所以他始终认为王氏不是他的正式妻子。这对于和他一起生活并为其生育三个女儿的王氏女来说，真是情何以堪！

光绪二十九年（1903年），章太炎36岁，在自订年谱中记："妾王氏殁。"这四个字使我想到了美国历史学家史景迁的《王氏之死》一书，此王氏虽非彼王氏，但作为几近同时代的女人，在男权的巨大阴影下，其日常往事及隐微心迹怕是无人所知了。

又过了十年（1913年），章太炎46岁，这时已进入民国，袁世凯当了大总统，他见了章太炎，说：革命已经成功，当年参加革命而识时务的人大多已居显要，住洋房，子女玉帛，如愿以偿，就是你老兄还孑然一身。先生是辛亥革命的功臣和元老，虽然未必有革命就是为了升官发财的想法，但依其功劳和声望，怎么也得在胜利的果实中分一杯羹，岂能再光棍一个，游荡江湖？但好位置都被人抢光，袁世凯就因人设位，给章太炎封了个东北筹边使。东三省当时基本还是一片荒蛮，消息闭塞，百姓散处草野，基层几乎没有政权，自是无边可筹。章太炎学问大，名气大，资格老，脾气犟，说话无顾忌，袁世凯怕他捣蛋乱说话，眼不见心不烦，所以把他打发到关外去了。

清帝退位，革命成功，章太炎闲下来了。当年革命时轰轰烈烈，有"胡虏未灭，何以为家"的豪情壮志。一旦"岁月静好"，独身的日子就难以忍受了。不久，章太炎就在报上登了一则"征婚启事"，其文云——

　　敝人近感鳏况岑寂，欲获一白头伴侣，助我家室，然必具有以下三者，方为合选。（一）须文理通顺，能作短篇文字者。(二)系出名家闺秀，举止大方者。(三)有服从性质，不染习气者。

章太炎行事，向来我行我素，是不会顾忌别人怎么看的。当时男女婚嫁之事，尚讲父母之命，媒妁之言，这则征婚启事对于封闭的中国即便不是第一，也属罕见。所以，立刻引动围观，成为舆论热点之一。报上有一则"应婚启事"回应章太炎。古人曰"奇文共欣赏"，此"应婚启事"实属奇文——

> 太炎先生伟鉴，阅先生求婚广告，人多难之，妾独不揣，敢效毛遂之自荐。先生其纳我乎？妾本大家闺秀，先君为前清嘉庆朝文华殿大学士。妾幼处深闺，习知古训，《内则》之篇，《列女》之传，皆能背诵如流。间或提笔为文，辄洋洋千万言，熔经铸史，博奥渊衍，时下名士读之，皆惊而却走。妾私愿，得当世大文豪而事之，虽死无憾，然以择婿苛，至今犹未字也。乡人之忌妾者，从而造作蜚语，谓妾貌奇丑。妾尝引镜自照，觉色虽黄而有光，面虽麻而疏朗，皮虽皱而纹不长，唇虽阙而露口香，体虽矮而如美人之产东洋，足虽跛而犹能勉强以登床，龋齿一笑，百态千腔，虽古之无盐①，不能比其美。即以先生之丰仪，并坐而比照之，恐亦未易分优劣也。先生文名满天

---

① 古时所云丑女。

下,妾久作侍奉箕帚之想,今何幸得好机会,从容自荐于先生。古人云:修到今生才子妇,不嫌消瘦似梅花。妾苟得侍君子,敢不服劳尽瘁,举凡烧饭、缝衣、扫地、拂桌、铺床、叠被、洗痰盂、倒夜壶诸事,皆为妾应尽之职务,其他劳役,亦无不奉命惟谨,先生于是,勿忧乾纲之不振也。至时下习气,妾实未尝沾染丝毫,迩来时髦女子,动辄为骇人听闻之事,妾实非之。彼以为男女宜平权,妾以为夫犹天也,彼方要求参政,妾以为外言不入于阃。妾行年八十余,誓不再染习气,嫁先生后,当谨守深闺,除事夫服役外,以看经念佛为功课。先生夙精佛学,且必有以教我也。纸短情长,欲言不尽,附呈小影一帧,惟爱我者珍而玩之。妾张别古裣衽上言。

这则以八十老妪张别古之名发出的"应婚启事"固然是恶搞章太炎,通篇读来,令人忍俊不禁,几欲喷饭。但实在也含对章太炎讥讽之意。章太炎征婚条件,第一是要求今之所谓文艺女青年或曰文学爱好者,第二还要名门闺秀,第三要谨守夫为妻纲,服从夫命,不能是沾染时髦风气,要求妇女解放的女权主义者。章太炎生于新旧交替的时代,以国学自命而又旧习未除,在后之青年看来,当然有顽固可笑甚至迂腐的一面。但章太炎毕竟学问满腹,名满天下,又是革命元勋、东北筹边使,那是真正的封疆大吏,名副其实的"高干",正当盛年,何愁无紫燕来归。

这一年，章太炎自订年谱云："汤夫人来归。"汤夫人者，淑女兼才女汤国梨也。此女系浙江乌镇人，曾在上海务本女校读书。能上这样学校接受系统教育，绝非寻常人家。汤女有同学张默君，其父是老同盟会员张伯纯，和章太炎相熟。闻听章太炎有意择偶，就从中作伐，其女张默君牵线搭桥，于是章太炎的婚事水到渠成。汤女小章太炎15岁，论嫁之日，年已三十，十足的大龄女。何以芳龄渐迟，方想嫁人？而且嫁的是曾有家室，膝下有三个女儿的老男人？皆因择婿太苛，错过姻缘。据汤女自述云，其母舅曾为其介绍过一留法归国的唐姓青年，其家乃广东富户，因有亲眷议论，说如无舅舅做媒，此生怎能找到这样既有财产，又有文才的好对象。汤女一怒之下回说：我难道图希人家财产不成？就是嫁人，也不嫁这姓唐的！后来，又有上海《神州日报》主编章鉴用梅红笺端楷写来求婚书一纸，高傲的汤氏女看了两三行，即纳入原封，嘱即退还。韶华易逝，汤女两次姻缘皆泡汤，年已三十。俗云：挑水回头，过井（景）了。再不嫁人，岂非老于闺中？恰此时，奔逐于民国政坛的章太炎在武昌和黎元洪商议二次革命，风云际会之时，不忘绮丽之思，亲笔致信汤女求婚。闺密张默君问道，是否应见面谈谈，再做定夺？汤女果决回道：我自己没有反对，就是同意，没有见面的必要。终生大事，或拒或迎，断然一语，斩钉截铁，真巾帼丈夫气也！

章太炎的婚礼在上海著名的私家园林哈同花园举行，男女来宾近两千人，多为社会名流，极一时之盛况。孙中山、黄兴、陈其美等皆前往致贺,蔡元培先生为证婚人。其证婚词乃章太炎自撰,引喻古人,陈举旧典,四六骈俪,词采丰茂,蔡元培先生在来宾前铿锵一读,益增喜兴庄严,但想来大多数人听不懂。当晚,章太炎与汤国梨伉俪在一品香酒店宴客。喜筵之上,汤女闺密张默君等女士提议,新郎新娘即席赋诗以助兴。章太炎吟诗云:"吾生虽稊米,亦知天地宽。振衣涉高冈,招君云之端。"吟毕,席间众人拍手喝彩。稊者,稗草也,稊米,犹言草籽糙米,极言微贱,乃自谦之意。此语需注解,但谁也不会在意。喜筵不是课堂,谁会穷根究底,去咬文嚼字?但"振衣涉高冈,招君云之端","端"是雅俗共赏的好词也!轮到新娘赋诗,汤小姐敬谢不敏,只好抄录旧作一首,云:"生来淡泊习蓬门,书剑携将隐小村。留有形骸随遇适,更无怀抱向人喧。消磨壮志余肝胆,谢绝尘缘慰梦魂。回首旧游烦恼地,可怜几辈尚生存。"表达了隐微的心绪和随遇而安的人生态度。新娘之诗同样引得举座一致称赞。其余喜筵节目不过是用一些谐而不谑的小把戏捉弄一对新人,宾客开心一笑也就过去了。最后,因为新郎乃当世才子,被要求再吟诗一首以谢媒人。章太炎即席口占云:"龙蛇兴大陆,云雨致江河。极目龟山峻,于今有斧柯。"诗虽文雅,斯近文人之淫也。

汤夫人自"归"太炎先生,陪伴了先生的后半生。时人或谓二人琴瑟和鸣,伉俪情深,但鱼在水中,冷暖自知。从年轻知识女性的择偶标准看来,章太炎有几点并不令人满意:一是其貌不扬,俗云为丑;二是年龄太大,老;三是家无余财,穷。

实在说,章太炎并非翩翩少年,算不得青春少女的意中人。但章太炎名满天下,除了革命,腹中唯有学问,对于钱财从不在意,晚岁几无货币概念。让仆人买一包烟,拿五元,要造一座房,也拿五元,在他的意识中,一张钞票就可以做一件事。袁世凯曾给他四万元,让他负责给沪上各民办报纸以补贴,钱之多少,由他支付,略作点缀,余钱可自用。此举当然含有收买之意。但章太炎并不在意钱财,用钱收买,完全无效,他觉得钱在手中甚为累赘,于是,有人来求,即随手奉送。婚礼时收七千元贺仪,某人建议应存入银行,章太炎将七千元一包钱交该人之手,由他代存。该人回来,只拿回三千五百元存单,声称钱只有此数。章太炎除了瞠目结舌外,也就不了了之。章太炎还有一痴,不认得路,出门即找不到家。在东京办《民报》,出门竟入日人民宅。一次去孙中山先生家议事,由人陪送回家。他先出门,上得一辆人力车,飘然而去。陪送者出来,彼已不见踪影。家人久候不归,众人着急,四处寻觅,终无消息。原来章太炎告诉车夫要送他回家,人问家在何处,他却说不出所以然,只说在马路弄堂里。害得车夫拉着他到处兜圈子,终是到不了目的地。后众人在大世界前游艺场前马路上守候,良久,才见章太炎坐在车上,顾盼自若,迎面而来。章太炎出门寻家问路,曰:"我的家在哪里?"人皆视为疯痴。章太炎家四壁皆书,有时夜半,忽想起某一文某一章,即起身登梯觅书,一次仆役早起打扫房间,见其赤身裸体,持书呆立,若迷若痴,不知昏晓。仆役大惊:"老爷怎么不穿衣服啊?"这才惊觉更衣。章太炎于日常生活全不在意,吃饭时只吃放在眼前的菜,余则虽山珍海味而不顾,似舌不辨味,求饱而已。章太炎除嗜吸纸烟外,还有一癖,即不讲个人卫生,几乎从不洗澡。早年在上海因苏报案坐租界监狱,三年刑满出狱,竟然养得又白又胖,原因是除监中劳役轻松外,还强迫犯人定时沐浴。如此先生,虽海内闻名之大儒,你与他朝夕相处,做他的夫人试试?所以汤夫人的感受只有她自己知道。

汤夫人与章太炎育有二子,谈及夫妇日常,她说了一件事。一次汤夫人作诗一首,教儿诵读,其诗曰:"春水鸭头绿,夕阳牛背红。无风炊烟直,摇止小桥东。"章太炎听后,问何人作,汤夫人答,是我作了教孩子的。章太炎竟说:这首诗不知从哪里抄来的。语含对夫人的轻视和不屑。汤夫人很生气,原指望婚后向夫君请教学习,自此后,再不向他问一个字。章太炎爱作诗,但夫人偏不作诗而去填词,填了词也不求他"雅正"了。

汤夫人后来追忆夫君,说,太炎先生除老、丑、穷外,婚后渐以夫权凌人,先生原来逝世之妾王氏,虽然与其生育了三个女儿,"稍不遂意,即遭其凌辱"。一句话,透露此中一点消息,王氏毫无亮色的卑微人生我们自可想见了。

章太炎固是时代之伟人,曾以绍续中华文化为己任,自云一旦不幸死去,华夏文化亦亡。但举凡世上之男性伟人,虽仰之弥高,女性一旦嫁给他,鲜有能成为好丈夫者。因其彼心之所在,苍穹寥廓,何限一人一家之小事哉!

章太炎被殴事件

1896年，时当甲午战败后不久，章太炎来到上海，任《时务报》撰述，也就是主要撰稿人。彼时章太炎因学问精深，文名遍海内，和康、梁等先知先觉的时代巨子一起，寻找开启民智、变法图强的救国救民之路。第二年，即光绪二十三年三月十三日（1897年4月14日），章太炎却被康有为的弟子们群殴，遭到一顿痛打后，狼狈不堪，避走杭州。这次章太炎被殴事件，是康、章二人在学术观念上的分歧，时人多有记载，章太炎亦有表述。现据历史学家茅海建先生所辑史料，分列如下：

孙宝瑄光绪二十三年三月十四日日记：

> 章枚叔过谈，枚叔以酒醉失言，诋康长素教匪，为康党所闻，来与枚叔斗辩，至挥拳。

郑孝胥光绪二十三年四月初二日日记：

> 傍晚，谭复生来，谈《时务报》馆中黄公度欲逐汪穰

卿。汪所引章枚叔者与粤党麦孟华等不合，章颇诋康有为，康门人共驱章，狼狈而遁。

以上两条时人日记，一出自章太炎口述，二出自谭嗣同之口，大致情形已了然：章太炎与康有为在学术观念上的分歧如冰炭难容，所以，章有诋康之言，至云康党为教匪（以孔子设教而改制）。此时，因康在粤有万木草堂之设，门人颇多，皆宗奉有为，闻章之言，遂上门理论，至挥拳相向，章太炎遂遭群殴。

对于此事原委，章太炎在光绪二十三年三月十九日，即被打后第六日，有一封给他的老师谭献的信述及此事。时谭献受张之洞之邀，正主讲于武昌经心书院。其信云：

> 麟自与梁、麦诸子相遇，论及学派，辄如冰炭。……康党诸大贤，以长素为教皇，又目为南海圣人，谓不及十年，当有符命；其人目光炯炯如岩下电。……尝谓邓析、少正卯、卢杞、吕惠卿辈，咄此康瓠，皆未能为之奴隶。若钟伯敬、李卓吾，狂悖恣肆，造言不经，乃真似之。私议及此，属垣漏言，康党衔次骨矣。会谭复笙来自江南，以卓如文比贾生，以麟文比相如，未称麦君，麦忮忌甚。三月十三日，康党麕至，攘臂大哄。梁作霖复欲往殴仲华，昌言于众曰：昔在粤中，有某孝廉诋諆康氏，于广座殴之，今复殴彼二人者，足以自信

其学矣。噫嘻！长素有是数子，其果如仲尼得由，恶言不入于耳耶？①

章太炎自述缘起，有更多的内容。首先，他认为和康有为弟子们所宗奉的学术有不可调和的矛盾。梁，即梁启超，麦，即麦孟华，梁、麦二人是康有为有名的弟子。章太炎对康氏弟子对康有为的尊崇不以为然，语多讥讽。接着，他自述"诋康"之论，列举历史上一些高标自诩的人，认为如邓析、少正卯、卢杞、吕惠卿之辈，终为庙堂人物。邓析，春秋时郑国大夫，少正卯，春秋时鲁国大夫，二人皆因言论出格而被杀。邓析自订刑律，刻于竹，称"竹刑"，与郑国相子产治国理念不合，且助人诉讼，大逞辩才，"以非为是，以是为非"为乱国之桀雄也，后终被诛戮。少正卯则传说被孔子为鲁司寇代理相位时所杀，孔子列举其罪状为"心达而险，行辟而坚，言伪而辩，记丑而博，顺非而泽"。卢杞，唐代宰相，是党同伐异的奸邪小人。吕惠卿，在北宋也曾摄相位，原是王安石变法时的重要助手，后二人关系破裂，被司马光等人指斥为用心不正的谄媚小人。以上诸人，章太炎认为康有为一伙还远不及。"咄此康瓠"，出语甚厉也！"康瓠"，康有为蔓上的菜瓜也；"咄"，呵斥也。此四字足见章太炎目空海内，居高挥斥，视康党如无

---

① 孙、郑日记及及太炎与谭献书皆见茅海建《戊戌变法的另面："张之洞档案"阅读笔记》。

物焉。既不如彼,康有为所如者何?章太炎列出明代两个边缘化的读书人,一个是钟伯敬即钟惺,被称为竟陵派诗坛的代表人物,另一位即李贽李卓吾,二人皆"狂悖恣肆,造言不经"之人,康有为"乃真似之"。这些私下里的议论说明章太炎在学术上与康有为的分歧如冰炭之不可调和,同时也足见章太炎狂傲不羁的个性。但康有为并非三家村里的区区陋儒,他弟子众多,信服者众,此时虽未在政治上大施拳脚,但已名闻海内。所以,他的信徒和弟子们听到这种"诋毁之言",自然"衔之次骨"。

据章太炎自述,事情的白热化是因谭嗣同从江南来上海后说的一番话,谭将梁启超的文章比作贾谊,而将章太炎的文章比作司马相如,两人皆为汉代的文章大家,梁、章并列,堪为双星。这种比拟是否恰切且不论,但首先令别人心生嫉恨,"未称麦君,麦忮忌甚",麦的不满转移到章的身上。所以,这年旧历的三月十三日,"康党麕至,攘臂大哄"。显然,章太炎遭了康有为弟子的拳脚,大约麦孟华因嫉恨之甚,他的拳脚肯定落在了章太炎的身上,可惜章太炎叙述太简,不知梁启超是不是也曾对他拳脚相加。章太炎单单指出一人,即梁作霖,此梁乃梁启超弟子,康有为之于他,乃是师爷辈了。他年轻气盛,肯定为卫康、梁之道冲锋在前。梁启超作为他的老师,有弟子服其劳,当然不必对章动手,况且梁启超乃文名甚盛的海内闻人,未必赞成对读书人上演全武行这一套。但他的弟子梁作霖乃是鲁莽的青年,不但揍了章太炎,还要打在座的一名叫孙仲华的人，他对在场气势汹汹的康氏弟子说：当年我们在粤中，有一个孝廉公然诋毁康师，我们在大庭广众中把他揍了一顿，如今我们再揍他们二人，足以坚定我们对康师学问的信念啊！最后，章、孙二人或许都挨了一顿拳脚。

章太炎与康氏弟子积不相能，无法在上海容身，于是离沪避走杭州。章太炎最后感叹道："噫嘻，长素有是数子，其果如仲尼得由，恶言不入于耳耶？"康有为号长素，如此称谓，又把他比作仲尼，把对他出手的康之弟子比作孔子的弟子子路，虽略带讥诮，心中被辱的怒气大约也稍见平复了吧。

章太炎生于晚清，终生以光复中华、振兴学术为己任。他和孙中山等前驱者一起，成就了"驱除鞑虏，恢复中华"的伟业，推翻了清王朝，建立了中华民国。在学术上，章太炎对于中国的传统学问有极其精到的研究，可称为真正的国学大师。他与同时代的康有为如双峰耸立，各自气象万千，沟壑纵深，然又巍然挺秀，自成境界。在政治上，康主保皇维新，变法图强，在体制内求改革之道；章主种族革命，先推倒腐朽的异族政权，再光大华夏民族的固有文化，以求富强之术。在学术上，康主今文学说，宗公羊学而斥古文经为伪经，托孔子而改制；章主古文经，持《春秋左氏传》。政治和学术上的分野使彼此各持一端，不能相容。康、章虽同为当年的海内闻人，各自在不同的方向掘进，如不以历史的成败而论，应该说都是时代巨子。但康、章二人终生没有会面。章被康氏弟子群殴两年后，戊戌政变发生，顽固派反攻倒算，康、梁逃亡海外，章太炎也避祸台湾。此时，章太炎对呕呕于寻求救国之道而险遭大厄的康、梁师徒充满同情和敬佩，特于戊戌年十一月驰书于康，略表慰问之情。这应该算作康、章二人唯一一次充满着温暖的人文情怀的心意交流。康有为接到章太炎充满情真意切的慰问信后，非常感动，于是作书回复：

  枚叔先生仁兄执事：曩在强学会，辱承赐书，良深感仰，即以大雅之才，经术之懿告卓如。顷者政变，仆为戮人，而足下乃拳拳持正义，又辱书教之，何其识之绝出寻常，而亲爱之深耶？台湾瘴乡，岂大君子久居之所？切望捧手，得尽怀抱。驰骋欧美，乃仆夙愿，特有待耳。兼容并包，教诲切至，此事至昌明，仆岂不知，而抱此区区，盖别有措置也。神州陆沉，尧台幽囚，惟冀多得志士，相与扶之，横睇豪杰，非足下谁与？惟望激昂同志，救此沦胥！为道自爱，书不尽言。十一月十五日，有为再拜。

甲午战败后，国事阽危，内外艰困，有亡国灭种之虞，清王朝苟延残喘，已无力回天，体制内外的有识之士都在探求自救图强之策。清王朝的闭关锁国，造成了国人的蒙昧愚钝，上至朝廷大员，下至寻常百姓，对于世界大势懵然无知。无论康有为还是章太炎，都认为开启民智为第一要事。康有为在上海组织强学会，得到了体制内外知识人的响应，章太炎列名其中，并为之捐款。章太炎此时驰书康有为与之探讨学术分歧，康接书后曾与梁启超论及此事,赞许章为"大雅之才,经术之懿"。在这里有可能是客套话,但康对于此时能接到章的慰问,自然十分感动,他甚至隐意邀请章离开台湾,与其共同"驰骋欧美"。关于学术分歧,康有一段很重要的话:"兼容并包,教诲切至,此事至昌明,仆岂不知,而抱此区区,盖别有措置也。"其意似云,他在心里边是服膺章太炎的学术主张的,"此事甚昌明,仆岂不知",之所以还坚持今文学说和孔子改制的主张,"盖别有措置也"。如果不是出于俯就和客气,可见康有为是主张学术为政治服务的。他要在学术中找到变法的理由和根据,以推动他的政治主张,实现他的政治抱负。最后,康有为再次重申他的君主立宪的保皇理念,"神州陆沉,尧台幽囚",是说西太后发动政变后,囚光绪于瀛台,因此希望章太炎能参与到保皇的政治行动中来。

当然,对于很早就仇恨清政府,埋下革命种子的章太炎来说,他是绝不能参与到康的保皇政治中去的。尽管如此,章太炎在台湾"忽得工部报书,眉宇盱扬,阳气顿发,盖不啻百金良药也"。康有为在京参与会试后,因其变法主张,得到光绪帝召见,授工部主事,"工部"即康有为也。可见章太炎接到康书后的兴奋激昂之情。有人问何以如此,章太炎有如下答复:

> 子不见夫水心、晦庵之事乎?彼其陈说经义,判若冰炭,及人以伪学朋党攻晦庵时,水心在朝,乃痛言小人诬罔,以斥其谬。何者?论学虽殊,而行谊政术自合也。余

与工部，亦若是已矣。①

章太炎此处以宋代朱熹（号晦庵）和叶适（号水心居士）的关系来比拟自己和康的关系，朱、叶二人尽管在学术经义上"判若冰炭"，彼此不相容，但当朱熹遭到小人的诬罔时，叶仍然挺身而出，在朝堂上义正辞严地为朱辩护。章与康也如此，尽管章、康在学术上同样如冰炭难容，但当康在政治上遭到西太后等顽固派的迫害后，他仍然要声援康。此时的章还没有成为彻底的革命派，他仍然仇恨"后党"，同情"帝党"，和康的政治主张有相同之处。直到庚子事变后，章太炎觉得清政府不可救药，才转向了彻底的革命派。

康有为有言："一王之起，必有熊罴之士，不二心之臣，为之先后疏附御侮，而后大业成；一教主之起，亦何独不然？必有魁垒雄迈，龙象蹴踏之元夫巨子，为之发明布濩，而后大教盛。"尽管此后他举了基督教、佛教和孔儒的例子，但康之志，绝非仅是庙堂之卿或一帝之师，他是有做教主的志向的。他的身边也的确聚集了一些"魁垒雄迈，龙象蹴踏之元夫巨子"，如梁启超之辈，在遇到"诋康"的挑战时，为卫师卫道，甚至不惜攘臂挥拳。但"可怜无补费精神"，无论他的政治主张和学术抱负最终皆归于失败。

---

① 康函与太炎识语见于汪荣祖《康章合论》引述自《复旦学报》（社科版）1982年5月等处。

失去自由的章太炎

　　章太炎一生两次失去自由,第一次坐牢,第二次被袁世凯软禁,两次都轰轰烈烈,成为重大的新闻事件。多年之后,我们回顾历史,觉得失去自由的章太炎尚有言说的必要。

　　章太炎第一次"触犯刑律"是因 1903 年的上海"苏报案"。章太炎时年 36 岁,距离在上海张园登台演说,疾呼革命已过去几年了。据马叙伦先生记,彼时的章太炎演说,不从台后循阶拾级而上,而是由台前爬上去,打赤膊,着浅绿半截衫,裤带是由两条绑腿带子接在一起的,因为扎得不紧,裤子时时往下掉,时常要用一只手往上提裤子。他的演说十分简短,只有半句话,后边还是重复的——"必须革命,不可不革命,不可不革命。"言毕下台。此时的章太炎仅有推翻清朝的民族革命思想,籍籍无名。数年间,著书立说,拜师结友,与康、梁等时代巨子声气相通,又有出入张之洞幕府之经历,待戊戌政变,康、梁窜逃,章太炎也避地台湾,转渡日本,与孙中山畅言革命,义气相投,其记前一年日本之经历云:"逸仙导余入中和堂,奏军乐,延义从百余人会饮,酬酢极欢。自是始定交。"这分明是来投的好汉聚义梁山泊的气象。此时的章太炎已非往日提裤子登台的无名小子，乃是国学名士、革命先锋了。

这一年，回国后的章太炎在《苏报》发表轰动国内的《驳康有为论革命书》，驳立宪，倡革命，洋洋万言，意气纵横，其中公然斥光绪皇帝为"载湉小丑，未辨菽麦"。此文一出，朝野为之震动。中国适逢三千年未有之大变局，宜有三千年未有之反叛乎？三千年来，皇帝至高无上，其威如神，其言如律，受命于天，统治万民，莫说公然辱骂，即便影射腹诽，也是杀头灭门之罪。皇帝之名讳，臣民不仅不能说，民间有和皇帝名字同字同音者，必须避讳改为他名。因为皇帝用了，就是他的专属，你就没资格用了，否则就是大不敬。如汉代有名的辩士蒯彻，因汉武帝名为刘彻，他只好更名蒯通。章太炎于报端对当朝天子直呼其名，骂为小丑，依大清律，乃杀头灭门之罪也！更何况其著文煽动革命，推翻朝廷，清政府立刻下旨江苏巡抚拘拿以明正典刑。同案通缉者，尚有著《革命军》的邹容、《苏报》老板陈梦坡等人。可朝廷已非往日之朝廷，大厦将倾，人心涣散，官员怠惰渎职，承旨办案的官吏有意拖延，故意走漏风声，以便案犯逃逸。所以，陈梦坡等一干嫌犯皆从容逃去，唯有章太炎坚执不去，行动如常，且对惊慌欲逃者报以轻蔑的冷笑，捕快无奈，只好拘了他去交差。本在外面的邹容，视太炎以兄长，他的《革命军》风行一时，是请章太炎作的序，闻太炎被逮，他也主动投案，誓与太炎共生死。至此，案情重大的苏报案两名嫌犯到案。

若是大清朝如日中天的时候，章、邹两名案犯就逮，白纸黑字，铁证如山，辱骂今上，煽惑反叛，关进刑部大牢，大刑侍候，让你筋断骨裂，生不如死；然后，绑缚法场，万人空巷，争看杀头，刽子手手起刀落，咔嚓一下，事就了了！可如今不行了，洋鬼子进来了，要了一块地盘，称为租界，在这块地盘上，关涉法律事务，要按洋鬼子规矩办，称为治外法权。《苏报》办在上海租界，章、邹二人又是在租界就逮，所以，章、邹二人的生死大清王朝反倒决定不了了。从前，杀两个草民，对于王朝来说，等于捻死两个蚂蚁，如今却得请求洋鬼子了！当年涉及租界的殖民地事务由一个叫工部局的机关统一处理，英国是老大，所以，工部局的事儿基本由英国人说了算。大清朝先是要求将两名案犯引渡给朝廷，按朝廷法律治罪。遭到英国人的拒绝。根据治外法权，英国有保护租界内居民生命安全和庇护政治犯的法条，断然拒绝引渡的要求。大清朝恼火极了，明明"普天之下，莫非王土"，皇帝威权，无远弗届。当年乾隆爷的时候，英吉利派个叫马戛尔尼的使臣带着礼物来朝贡，不行三跪九叩礼，乾隆爷都不待见他。如今还是这个英吉利，竟然跑到自己家里称王称霸，连杀两个草民都得巴巴地抬脸跟他们说软话了！朝廷当然咽不下这口气，越恼火，越恨两名囚犯，恨不得立时剥了他们的皮，方解心头之恨！于是，不惜一切代价，务必要将二人引渡。大清朝提出愿以沪宁路权作交换，只求将章、邹二犯交于朝廷处置。可惜，洋鬼子太死心眼，贿赂和收买完全不起作用，他们不肯拿自己的价值观和法律做交易，硬是不肯交出章、邹二人！

大清朝又恼火又无奈，只好派一个名叫孙建臣的人为公诉人，连同上海县知县等地方官到租界法庭对章、邹二人提起诉讼。法庭为两位嫌疑人聘请了律师，律师于法庭上，公然讥讽孙建臣：以堂堂中国政府，乃讼私人于属下之低级法庭而受其裁判耶？孙不能答。这件案子真是大大地丢了朝廷的脸！朝廷心有不甘，又反复交涉各国公使，要求将章、邹引渡。英国公使仍以英国法律保护政治犯为辞，坚决驳回。英国这法律真使清王朝又恨又恼。当年，钦犯孙文在伦敦已被清廷驻英使馆派密探缉拿，将秘密运回国内处决，这孙文却将求救纸条包硬币抛出墙外，走漏消息，英国政府出面干涉，以保护政治犯和在英国土地逮人违法为由，迫使清王朝放人。孙文不仅逍遥法外，又使其"革命家"之名响震海内，给朝廷留下心腹之患。

英国的法律何其可恶！

可是，有什么办法！

此刻，该死的律师又出来捣乱，说什么案件迟迟不决，章、邹罪名既不成立，岂可延迟羁押？将无罪之人久羁囹圄，法律何在？人道何在？请将二人立即释放。

清王朝慌了：从前杀他千万臣民，诛灭九族，岂非皇帝一句话？何以公然骂皇帝的重犯竟然要无罪开释？案件不仅国人围观，且惊动了国际社会，如果章、邹二人无罪而出，岂不更加猖狂？朝廷颜面扫地，惹天下笑，大清国岂非国将不国乎？

可是可恶的洋鬼子硬是不交罪犯于朝廷，还要按他们的规矩办。呜呼，恨杀我也！罢！罢！罢！……即便从轻发落，也不能无罪开释啊！先判了他的罪，关在牢里再说！于是，反复交涉，"卒允采纳英使意见，从宽办结。至甲辰年（1904年）四月，遂由会审公廨判决炳麟监禁三年，邹容监禁二年，均罚作苦工，在狱期满，逐出租界"（冯自由《革命逸史》）。我至今没有看见西方租界法院的判决书，大约于文章中骂人"小丑"，无论被骂者是皇帝还是乞丐，皆有损人名誉之嫌，依律应该判罪吧！

邹容于出狱前一月，病死狱中。章太炎于狱中攻读佛经，还向香港报纸投稿，文章发表，读者争阅，名气益振。他在狱中做点轻微的缝纫活儿和给犯人的囚衣写号码，日工作八小时。临出狱时，他还没待够，说："现在就要出去了吗？在这里也可以读书呀！"章太炎不太讲个人卫生，尤其不愿洗澡，出狱时，在日本认识的同志和旧友来接他，见他养得又白又胖。监狱规定犯人必须按时沐浴，因此，他反倒容光焕发了。

出狱后的章太炎到了日本，受到了英雄凯旋般的欢迎。他在东京留学生欢迎会上演讲，继续鼓吹革命，并以别人称他为神经病为荣，说："大凡非常可怪的议论，不是神经病人，断不能想，就能想也不敢说。说了以后，遇着艰难困苦的时候，不是神经病人，断不能百折不回，孤行己意。所以古来有大学问成大事业的，必得有神经病才能做到。"表达了为推翻清王朝，不恤人言，"虽千万人，吾往矣"的决心。自此，章太炎进入革命的核心圈子，主笔《民报》，成为革命元勋。

章太炎第二次失去自由，在民国二年（1912年）秋。此时，清朝皇帝退位，革命成功，南北交争也已平定，袁世凯已任民国大总统。但政局动荡，旧朝遗老蠢蠢欲动，各路强人争权于要津。三月，主张限制总统权力的宋教仁被杀于上海。袁世凯难孚众望，各政党纷争无已，有串联国会欲罢免总统者，有谋起兵以讨袁者。章太炎与孙中山、黄兴诸人在日本时就胶在一起，每日里朝夕过从，乃贫贱首事的一伙。武昌起义时，同盟会诸君虽在海外，但声名昭著，虽然没冲锋陷阵，放枪打炮，但却有资格回来"割韭菜"。章太炎以一文人之身，不善且不屑在政界钻营，自然不能身居要津。别人都子女玉帛，如愿已足，唯他只有革命元勋的空头名号而已。不久，为笼络他，袁世凯因人设位，派他个东北筹边使。章太炎开头很高兴，煞有介事跑到长春设署开府，准备做东北的封疆大吏，以屏蔽北藩。很快他就发现，这只是个玩笑。他的僚属只有十人，每月经费三千元，况无边可筹，无事可做，他这才明白，这只是袁世凯把惹不起，杀不得，又不待见的人弄到远方"吊"起来而已。于是，他借口结婚跑回了上海。

章太炎蜜月里，日接袁世凯之政敌，无论旧友新知，凡不安分、不得志者均与之声息相通。他以明初谋臣刘基（字伯温）自许，要扶起一个君临天下的"主公"来。这个"主公"就是他认定的黎元洪。这年五月，他跑到武昌，游说黎取而代袁。黎本就犹疑胆怯，不堪大任，宋教仁死，黎疑惧，唯支吾

而已。此时,袁世凯再次发出示好的信号,要给章太炎授勋,欲以勋位羁縻之。章跑到北京,与袁见面,两人有一次意味深长的对话:

袁公问曰:"克强(黄兴)意何如?"

余曰:"遁初(宋教仁)之死,忧惧者不止克强一人。"

袁公曰:"报纸传克强欲举兵,称为遁初复仇,何诬谬如是。"

余曰:"南方报纸亦传公将称帝,道听途说,南北一也。"

袁公曰:"吾以清运既去,不得已处此坐,常惧不称,亦安敢行帝制。人之诬我,乃至于是。"

余曰:"以愚意度之,言公将称帝者,非毁公,乃重公耳。夫非能安内攘外者,妄而称帝,适以覆其宗族,前史所载则然矣。法之拿破仑,雄略冠世,克戡大敌,是以国人乐推。今中国积弱,俄日横于东北,诚能战胜一国,则大号自归,民间焉有异议,特患公无称帝之能耳。诚有其能,岂独吾辈所乐从,孙黄亦安能立异也。故曰言公将称帝者,非毁公,乃重公也。"

袁公默然,两目视余面,色悻悻。时辰钟过三分,乃曰:"明日来受勋耳。"遂出。

(《章太炎自订年谱》)

如果章太炎所记属实，这番对话，可谓意味深长。章太炎并不是一个完全的共和派，他反对满族人做皇帝，并不反对汉族人做皇帝，只因清朝倒后，国内没有一个政治强人能安内攘外，收服众心，被各个山头所一致推戴，为了避免中国陷于割据和动乱，所以不得已采用共和政体。其自订年谱中云："余尝谓中国共和，造端与法美有异。始志专欲驱除满洲，又念时无雄略之士，则未有能削平宇内者。如果犹不亟废帝制，则争攘不已，祸流生民，国土破碎，必为二三十处；故逆定共和政体以调剂之，使有功者更迭处位，非谓共和为政治极轨也。"在《革命道德说》中云："吾所谓革命者，非革命也，曰光复也。光复中国之种族也；光复中国之州郡也，光复中国之政权也。"又于《民国光复》一文中云："当时之改革政治，亦只欲纲纪不乱，人民乐生耳，若夫以共和改帝制，却非始有之主义，乃事势之宜然也。"此后共和政治艰难多舛，亦与先驱者只有民族革命没有政治革命的理念相关。依章太炎的政治主张，若袁世凯真有安内攘外之能，做皇帝亦无不可。可是这话似真实假，此时宇内纷争，山头林立，袁正为此头痛，章实为警告他，汝非拿破仑，若贸然称帝，将有宗族倾覆之祸。况且章并非袁的人，正和袁的政敌打得火热，袁世凯心里有数，听出他语含讥讽，并有试探之意。所以，悻悻然视章约三分钟，默无一言，章太炎起身告辞。三分钟内，袁世凯内心的怨恨自是翻江倒海！

接受袁世凯授勋的章太炎在北京滞留七天后回了上海，袁世凯知道,这种表面文章是不能使这位大名士就范并为己所用的。不久,南方发生了孙黄倒袁的"二次革命",袁世凯调兵遣将,以武力平定之。自是,袁世凯断定,枪杆子才是权力的保障,对于政敌,只能靠实力说话。虽然他名义上还是共和国的大总统,但对于那些不断拆台的对手们已不愿再委曲求全了。

这时候,章太炎又跑到北京来了。

章太炎此次入京,与民初的政党政治有关。辛亥革命后,章太炎提出"革命军兴,革命党消"的口号,所谓"革命党"者,实指以"驱除鞑虏,恢复中华"为目标的同盟会而言。"鞑虏"既已除,同盟会完成了历史使命,自无存在之必要。中国既为共和,再立的党派,应属议会中的政治党派,而非"革命党"了。章太炎初组统一党,后与民社党合组成进步党,与国民党在国会中成对峙之势,后该党受袁世凯操纵,章太炎自处边缘,不再过问。进步党中的民社派,以湖北人居多,对袁多所不满,因用共和党原名,自树一帜,遥戴黎元洪为党魁,明显与袁分庭抗礼。因其党员不多,党势过弱,遂邀章太炎入京共谋发展大计。章太炎本就疏袁亲黎,即应召而至。

袁世凯知道章是"南方派",政治异己,闻其参与了二次革命的筹划,虽一文人,无一兵一卒,但自恃资格老、名气大,串通于朝野,策划于密室,放言无忌,肆行攻击。此次入京,为的是给黎元洪组班底,拉人马,来者不善。袁世凯决定将章太炎幽禁于京。

章氏入京，刚刚入住前门内大化石桥共和党本部，袁世凯立命军警布列，出入严查，限制了章氏的人身自由。章大惊，致书袁世凯诘问，袁不应，章愤郁异常，无可奈何，终日默坐室中，百计不得脱。有人献策，不如直接面见袁世凯辞行，若袁不见，则抱被褥宿其门下。章依计而行，遂有轰动一时的"章疯子大闹总统府"事件，经南北小报多方渲染，成为民国初年的一出闹剧。袁世凯遭此羞辱，命将章移止宪兵教练处，再移郊外龙泉寺。去龙泉寺的路上，京城戒严副司令陆建章骑马前导，章氏于其后坐马车过市，车仗森严，备极恭敬。虽谓幽禁，实同大员出行。

在龙泉寺期间，章颇有激烈疯狂之举动，如日书"袁贼"二字，日以杖击，咒骂不休；或堆在一起焚烧，大呼："袁贼烧死矣！"掘坑埋于树下，颇类巫蛊之行，借以泄愤。又如陆建章派秘书长秦某送银币五百元，太炎持币掷秦面，张目叱曰："袁奴速去！"秦仓皇逃去。再如袁克文亲送锦缎被褥来，被章用烟头烧出累累小洞，掷出窗外，并叱骂道："归告汝父，勿发皇帝梦，吾生平不受人怜也！"袁克文狼狈而去。种种怪诞之行，多被小报大肆渲染。据章氏自记：袁克定曾派他的顾问德国人曼达前来致问，言如在京烦扰不便，可移处袁克定河南彰德府中去，章默不应，显然是拒绝了。袁子亲送被褥之说，显系子虚乌有。至于其他反常举动，虽或有之，不乏以讹传讹，夸大其词之处。

幽囚龙泉寺期间，一些人劝章氏将家属迁京同住，章亦同意。但此议遭到其妻汤国梨的拒绝，认为是袁氏加以迫害的阴谋。汤的拒绝不仅不为章氏家族所谅，就是太炎本人也对汤颇有怨怼，后来才慢慢地理解了。其实此乃汤之多虑或不愿来京的借口。袁虽囚章，本无害章之心，即欲害之，又何必将新婚不久的老婆也诱来害掉？其于政事何干又何益也？章在龙泉寺幽囚期间，曾为抗议而绝食，其间当局也曾派医生来照料，七八日后，在朋友劝说下复食，并到来此照料他的徐医生家小住，后由龙泉寺迁往东城钱粮胡同。钱粮胡同是一大院落，上房七间，厢房七间，皆由章氏一人及监管的军警和仆从使用。章在钱粮胡同期间，犹自狂躁愤懑，据云曾篆书"速死"大字，遍张其壁，酒醉则狂骂。适其两个女儿及大女婿龚宝诠来京省视，其大女儿对这里压抑可怕的环境忧惧不已，于一天深夜自缢而死。此女为妾王氏所生，十岁丧母，章太炎奔走革命，坐三年西牢，后又亡命日本，女儿被寄养在伯父家，章太炎对她少有父爱。来京后，见其父狂躁，不得违处，每日担惊受怕。据太炎自记，前一日，他曾嘱仆从买某药，女儿怕父求死服毒，辄止仆人勿往。后一日，则自缢而亡。又有吴蔼林《太炎先生言行轶录》，女因家庭琐事与其夫口角，诉于先生，先生曰："胡不死？"女果自经，先生大恸，或谓先生："君女之死，乃遵父命；既命之矣，何恸之深？"先生呜咽曰："讵料其真死耶？"则章女自杀，与章的语言暴力难脱干系。其女死时方18岁，甚可悼惜也！

章太炎在幽囚期间，不仅可以读书，与弟子论学，且可写作。在这里,他把自己的著作《訄书》增删后,更名为《检论》,又深入研究了《易经》。并且和弟子钱玄同商议,通过其在总统府当顾问的大哥钱恂,转托农商总长张謇说动袁世凯,为章太炎专设一文化研究机关,章原有设"考文苑"之主张,因其一时难成,遂更名为"弘文馆",拟订入馆者皆为章氏弟子,有师生讲学的性质。袁世凯表示:"只要章太炎不出京,弘文馆之设,自可照办。"并拨数千元做开办费,且每月拨经费若干。章太炎于其时给袁世凯一信,其中对袁极尽笑骂挖苦:"炳麟以深山大泽之夫,天性不能为人门客。游于孙公者旧交也,游于公者初定也。既而食客千人,珠履相耀。炳麟之愚,宁能与鸡鸣狗盗从事也。方今上无奸雄,下无大佞,都邑之内,攘攘者穿窬摸金皆是也。"把袁及其幕僚骂为鸡鸣狗盗、盗墓摸金之徒,表示不屑与之为伍。既而为他的"考文苑"要钱要编制。依法国之例,需40人,每年需经费24万云云。莫说一边骂人一边向人要钱实为罕见,即便袁世凯有心成全这位大名士,政府内政外交,财政支绌,袁亦无能为力也。

章太炎被幽囚期间,除不能出京外,其余活动并不受限。据时人刘禺生记,他去陆建章处办事,陆建章曾言袁世凯有保护章太炎的八条手令:"项城曾手示八条保护太炎先生:(一)饮食起居用款多少不计;(二)说经讲学文字,不禁传抄,关于时局文字,不得外传,设法销毁;(三)毁物骂人,听其自便,毁后再购,骂则听之;(四)出入人等,严禁挑拨之徒;(五)何人与彼最善,而不妨碍政府者,任其来往;

(六)早晚必派人巡视,恐出意外;(七)求见者必持许可证;(八)保护全权完全交汝。"这八条,对于被囚者可谓优待之极。后章太炎本人曾有论及袁世凯的话:"袁世凯亦自可人,当余戟手痛骂时。乃熟视若无睹。近人闻有垢言,辄恶之欲其死,孰敢面短之,况痛骂耶?"可见,袁世凯作为近代中国转型期叱咤风云的政治强人,虽来自旧阵营,其受辱不怒的人文修养非常人所可及,即使对待政敌,做事也是有底线的。

中华民国五年,即1916年,袁世凯帝制自为失败,羞愤而死,章太炎得以离京返沪。其后,章氏往西南,依违和游说于地方大小军阀间,因距京城遥远,对中枢政局并无影响。民国多舛,政局反复,章太炎在政界渐失影响,只好回江南去讲国学了。

第四章

转型期的文人素描

隐世于学

在中国历史上,以学隐于世者,代不乏人。这是一些不和统治者合作,不想或不能跻身庙堂,一心向学的人。他们或隐于乡野,或隐于都市,或为蒙童塾师,或为书院山长,甚至寄身庙宇道观,研读经典,切磋学问,经营着自己的精神园地。他们不求"学成文武艺,货与帝王家",读书作学问,或为度人,教一帮弟子;或为自乐,求得精神的饱满和圆通;或著述,留下精神遗产;或述而不作,与清风明月对话。在俗人的眼中,他们也许被认为是一些背时背运的人,没有荣华富贵,没有赫赫官威,活得孤寂、落魄,甚至古怪,然而他们的内心是纯净而充实的。"朝闻道,夕死可矣!"这样的话不是谁都能理解的。人别于其他动物者,不就是精神吗?少数人留下了著作和名字,更多的人默默无闻地死去了。历代隐世于学者,无名墓冢何其多!

中国两千多年文字记载的历史,主要是王政的历史,说到底,也就是君主专制的历史。在这样的社会制度下,很难产生批判型的知识分子,大家都要活着,因为说话而掉了脑袋,连累亲人，这么傻的人不多。当然也有例外，著名的如太史公司马迁，因为为降将李陵说话，得罪了汉武帝，被施以宫刑。但他不是对皇帝和皇帝所代表的制度不满，他实际上是为皇帝着想，怕皇帝为边事失利心情不好影响身体，结果反惹得皇帝不高兴，皇帝一发火，他的生殖器没了！所以他后来去写历史了，也算"隐世于学"。另外一个比较惨烈的是明代的方孝孺，他被朱棣的谋臣姚广孝称为"读书种子"，姚恳求明成祖朱棣留他一命。但他誓死忠于建文帝朱允炆，坚决不为朱棣写即位诏书，梗着脖子和朱棣叫板，结果不但被残忍杀死，还被诛十族，连带众多亲人被诛灭。他的悲剧在于对旧主子死忠到底，宁肯为失败者殉葬，也不服从新主子。这是一种忠诚和气节，历来被认为是知识人的大节，但实在来说，这只能算作狗的忠诚。朱棣说得好：这是我们朱家的家事，你就不要太死心眼儿了。的确，大明朝是朱家的，谁当皇帝，江山都姓朱，方孝孺犯不上跟朱棣较劲，搭上了自己和亲人的性命。方孝孺一案，史上记载方家宗族坐死者847人（一说873人），这800多人中，想必有很多妇孺老幼，那少年稚子、襁褓中的婴儿，何辜而受此屠戮？胡适认为方孝孺是为主张、为信仰、为他的思想而杀身成仁的，他甚至认为中国自14世纪以后政治思想落后于西方是因为方孝孺被杀的缘故。方的政治思想是什么呢？他被杀之后，著作被毁，有留其片纸只字者皆为重罪，"尔曹身与名俱灭"，即便他有思想也都湮灭无闻了。从他的死因或所处时代来看，方孝孺的政治思想（如果有的话），也不过是为帝王谋划治理天下、管束百姓那一套。中国自秦汉以来,所谓政治思想者,无论王道或霸道,帝王所用,无非商鞅申韩之术,而王道之说、儒家之教,因不切实用,只被官家用来装点门面,欺蒙百姓。这不能怪中国知识人无能,三千年来,政教如此,读书人身心俱锢茧中,他们跳不出如来佛的掌心。

这就有了一种假设,倘若方孝孺服从朱棣,为将即位的新皇帝撰写了诏书而留得性命,隐世于学,又将如何?胡适言:自方孝孺被杀,"以后明朝二百年,再没有政治思想家。我国政治思想在14世纪以前,决不逊于欧洲,但近五百年来何以不振,这是由于方孝孺被杀的惨剧所造成的"。我不认为方孝孺如果活下来,中国的政治思想会在他手里有全新的面貌。儒、法两道,表里相维,一直是历代君主巩固权位治理百姓的手段,两千多年前孔、荀、商、韩已经把底子打好了,没人在君主制下有超越的可能。直到近代,国门被西方列强冲决,现代的国家观念和政治思想才渐渐改变了中国人的认知。所以,即使方孝孺活下来,也绝不会超越他的时代。中国或许会多一个读过圣贤书的官僚和为传统文化添砖加瓦的泥水匠,我们绝不能有更高的期许。

由胡适先生的话我想到了另外一个人,那就是晚于方孝孺一个世纪的马基雅维利。他被称为近代政治思想的主要奠基人之一,当然是由于他那本蜚声中外、震烁古今的小册子《君主论》。这本书是专门写给君主的,其中最经典的名言是:"为了达到一个最高尚的目的,可以使用最卑鄙的手段。"他认为统治者必须具有狮子的凶残和狐狸的狡猾,用不着讲什么信义。他是意大利佛罗伦萨人,在共和国担任过官职,后来美第奇家族复辟,他失势赋闲,为了讨好新君主,他写了这本书。以下是他写作状态的自述:

> 傍晚时分,我回到家中的书桌旁,在门口我脱掉沾满灰土的农民的衣服,换上我贵族的宫廷服,我又回到古老的宫廷,遇见过去见过的人们,他们热情地欢迎我,为我提供单人的食物,我和他们交谈,询问他们每次行动的理由,他们宽厚地回答我。在这四个钟头内,我没有感到疲倦,忘掉所有的烦恼,贫穷没有使我沮丧,死亡也没能使我恐惧,我和所有这些大人物在一起。因为但丁曾经说过:从学习产生的知识将永存,而其他的事不会有结果。
>
> 我记下与他们的谈话,编写一本关于君主的小册子,我倾注了我的全部想法,同时也考虑到他们的臣民,讨论君主究竟是什么?都有什么类型的君主?怎样去理解?怎样保持君主的位置?为什么会丢掉王位?对于君主,尤其是新任的君主,如果我有任何新的思路能让你永远高兴,肯定不会让你不高兴,一定会受到欢迎。

他对宫廷生活的向往和急于讨好君主的心情跃然纸上,甚至想到君主的满意而沾沾自喜。马基雅维利没受过儒家思想的熏陶,不会装假和虚伪,他的真诚甚至带有可爱的天真。他的目的是毫不掩饰的,他的坦诚甚至使他进言的对象也会感到脸红。但他说出了一个真理,专制统治者用不着讲什么道德,他是用罪恶来维护自己的权位和统治的。同时他从反面告诉人们一个真理:政治和道德、伦理是两回事,不能把它们混为一谈。一个君主为了统治的需要,任何恶行和阴谋都是合理的。

早于马基雅维利一个世纪的方孝孺在中国传统的皇权政治中死于非命,倘若他不死,难道会有超越《君主论》的政治思想吗?

我不相信。

我这里要说的是另外一层意思,就是说,在君主专制时代,隐世于学的学者们究竟搞点儿什么才好呢?司马迁因为受了宫刑,在仕途上没什么前程了,所以去搞历史。司马迁并没感到光彩,认为不过是"近乎卜祝之间,固主上所戏弄,倡优畜之"的下贱营生。因为遭到宫刑的屈辱,发愤著述,继承老父的历史专业,"欲以究天人之际,通古今之变,成一家之言",才有了以后的《史记》。其实司马迁搞历史是很危险的,尤其是搞"当代史",写《今上本纪》。《今上本纪》主要写汉武帝耗费国帑求仙拜鬼的一些烂事,幸亏刘彻没工夫审查他的大作。一个皇帝,每天开心和闹心的事太多,哪有时间读他那劳什子!让皇帝去翻弄那一堆破竹简,怎么可能?否则,依汉武之暴虐,司马迁不仅会被割去生殖器,连脑袋也保不住。中国因秉笔直书掉了脑袋的史官并不少,多一个司马迁也没什么。司马迁和他的《史记》能逃脱君主的魔掌而流传于世,实在是中国文化的幸运。搞历史危险，研究点儿政治又如何？如上所述，除非你讨好君主，如马基雅维利那样，给君主进呈统治术，用它做敲门砖，指望跻身宫廷，做一个御用学者。否则，那是刀头舐血的营生，更加危险。盖因政治，尤其是君主的独裁政治，是很黑暗、很龌龊的，不是谁都有资格、有勇气谈的。

中国的文化人在逼仄的生存空间里为自己找到一线生路，想隐世于学，那就不碰敏感而危险的学问，找一个安全的文化空间来安身立命。做得最好的当然是清代的乾嘉学派。我们知道，清代是少数民族政权，对汉人防范甚严，文字狱也最为严酷。但学者和文人总是要生存，要靠精神活着，搞什么能不触碰统治者敏感的神经而避免给自己带来不测之祸呢？他们选择了对历史文献的考据和训诂，选择了为学术而学术的汉学。章太炎曾经说过："清代学术，方面甚广，然大概由天才而得者少，由学力而成者多。"这里主要指的是乾嘉学派。汉代经学中注重训诂考据之学。清代乾隆、嘉庆年间的学者崇尚其风，形成与"宋学"相对的"乾嘉学派"，也称"汉学"。清代汉学治学严谨，对文字训诂、古籍整理、辑佚辨伪、考据注释等，有较大的贡献。但存在泥古、烦琐及脱离实际等流弊。胡蕴玉说："乾嘉之世，文网日密，而奇才异士，无以自见，争言汉学，析辩异同，以注疏为文章，以考据为实学，琐碎割裂，莫知大体。"这段话已指出，在"文网日密"的时代，清代学者为避祸而隐世于学的情形。章太炎也注意到了这个问题，他曾有《学隐》一文，其言曰：

> 处无望之世，炫其术略，出则足以佐寇。反是，欲与寇竞，即网罗周密，虞候枷互，执羽籥除暴，终不可得。进退跋踬，能事无所写，非施之训诂，且安施邪？

"网罗周密，虞候枷互"指的是文化人动辄获罪的处境吧。籥者，古代一种像笛子的乐器，羽、籥二字，指的是文化和学问，学者手中只有这个，以之与强暴的权力对抗，岂可得乎！所以，文化人不去搞训诂、整理古籍、注疏考据这类营生，又能去干什么呢？

章太炎此言是针对魏源批评乾隆中叶的学者如惠栋、戴震、程瑶田、江声、段玉裁、王念孙、钱大昕、孙星衍等诸位乾嘉学派的学者们"争治汉学，锢天下智慧为无用"的话而言，对隐世于学的文化人充满了同情和理解。其实，对于乾嘉学派的批评和指斥一直没有停止过，认为他们的烦琐考证于世事无补，清代的历史学家章学诚就说过："学者但诵先圣遗言，而不达时王之制度，是以文为翚帨绨绣之玩，而学为斗奇射覆之资，不复计其实用也。"但在文网日密，以言治罪的时代，以文佐治，批评时政，"达时王之制度"岂可能哉！章太炎以时势论述学者隐世于学之艰难选择，同时给乾嘉学派以肯定和赞赏，认为他们远于欺诈、远于侥幸、远于偷惰、孜孜矻矻、考证研索、不臆断、不诈伪的学风是值得发扬的，隐世于学的乾嘉学人都是至诚向学的君子。"其所以然者，因为他们本欲自处于无用，盖自清初诸人均不愿入仕，故其说经，不但无通经

致用之说,即议论也不愿发。"(章太炎《清代学术之系统》)

近代以来,学术分途愈益细密,对于有用与否,不能做机械的理解,自然科学的某些基础学科、社会科学某些分支和论题,表面看来似乎无用,然而它是人类智慧和记忆的结晶,是值得学者认真研究的。况且学问之道,在于求智慧,而不完全在于致用,所谓"急用先学,立竿见影",那不是学问,只能是某种技艺和方术。

秦有苛法,藏读非官书者,处重罪。清人王夫之《读通鉴论》有语云:"孔鲋藏书,陈余危之,鲋曰:'吾为无用之学,知吾者为友。秦非吾友,吾何危哉?'呜呼,能为无用之学,以广其心而游于乱世,非圣人之徒而能若是乎?"无用之学绝非事功之学,能为"无用之学"者,"以广其心而游于乱世",乃是真正学者的本分,庶几可为圣人之徒也。

《学隐》一文批驳了"魏源深诋汉学无用"的言论,对不与统治者合作的清代学人的人生选择予以充分的肯定。章太炎痛斥那些曲学阿世之徒"妖以诬民,夸以媚房,大者为汉奸、剧盗,小者以食客容于私门"的无耻嘴脸,指出学者身上的"三善"即"远于欺诈、远于侥幸、远于偷惰"的品德一旦失去,则"学隐之风绝矣"!

如今,板凳要坐十年冷的学者还有吗?有。但以伪学欺世,以官学诬民,指望求名、求官、求富,偷惰不学,抄袭钻营的所谓学者也有不少。学隐之风的确是绝了。

文人的操守

中国是一个敬畏权力的民族，无论什么事，权力一说话，咱们小百姓立刻俯首帖耳，连个扁屁也不敢放的。所以找工作、办执照、打官司……诸如此类的事情非找"门子"不可，"门子"者，权力之谓也。一件事情，对于寻常百姓如同塌天大祸，但是，权力一句话，如同一个炸雷，漫天云雾一下子散去。不由人不五内俱热，感激涕零。1949年前的中国官场，有所谓"请托"之说，其实就是找有权的人从中说话。

这件事情发生在1927年，距今已有90多年。钱基博（钱锺书的父亲）任南京东南大学国文系主任，梅光迪任文学院长。国文系要重新改组，但各方面推荐教授、副教授的信已成堆。梅先生让钱先生起草国文系教师的聘任条件。这天，梅光迪领来一人见钱先生，介绍说："这是支伟成先生，蒋总司令介绍给张校长！"一句话我们就可知这支先生的来头了。由当时中国最高统帅介绍给校长，又由文学院长亲自带来，那么，此人即使是白痴，安敢不任用为教授也？这支先生果然取出蒋中正的亲笔信给钱先生看。不料钱先生说："总司令给校长的信，我不敢看！不过我觉得总司令可以委任一军长、师长，而没有资格聘用一小学教员，因为不在他职权以内；并且小学教员需要哪一种人和哪一种知识，做总司令的人，他不会了解。"支先生大窘，又取出段祺瑞、孙传芳的两封信。原来这支先生也非等闲之辈，他撰写的清代朴学大师传，寄给那两位"大人物"，段、孙二人来信称赞他。他想拿这两封信使钱先生惮服。不料钱先生却说："大著读过，极佩宏通；不过因着段祺瑞、孙传芳的话，价值却减低了！从前孔子作春秋，没有听到送给季孙、陈恒（鲁国的权贵）看，得到恭维。"支先生怫然而怒，追问道："国文系能否聘我为教授？"钱先生说："正在拟订聘用条例，如果先生符合条件，即使没有总司令的信也会聘用，如果不符合条件，有总司令的信也难以从命。"支先生遂大怒而去。后来，钱基博终因人事上的权力掣肘，留下一信，不当这国文系主任，提着皮箱走人了。

　　这件往事，让人慨叹久之。不巴结权贵，看重读书人的操守，像钱先生这样的人如今还有吗？文人写了一本书，屁颠屁颠地送给权贵，如果得到赏识，立刻拿来炫耀，这不是常见的吗？堂堂总司令，既可任命军长、师长，推荐人做个教授，算得了什么！从孔夫子那里开始，中国古时的文人历来看重操守，明末的阮大铖、钱谦益因为品行有亏，被人骂了几百年。可是如今，讲操守的文化人有几个？像钱基博这样的先辈大约被视为傻子了吧！

一匹特立独行的马

1940年,马寅初年近六旬,任中国经济学社社长、国民党立法院委员及该院财务委员会委员长、中国银行顾问,他所任实职则为重庆大学商学院院长。据说,国民政府尚在南京时,蒋介石还请他教过经济学。这样一个德高望重的知识分子,在政学两界皆有影响的人物,却也因言罹祸,盖因所言为当政者所深忌。

当时正是抗日战争最艰苦的年代,广大国土沦陷,人民流离失所,国民政府被迫迁都重庆。前方战士浴血奋战,而后方的一些国民党大员却利用手中的权力,政商勾结,大发国难财。一方面是金瓯残破,生灵涂炭,另一方面则是贪腐无餍,纸醉金迷。马寅初先生痛恨不顾国家民族利益疯狂聚敛财富的权贵巨宦,提出开征临时财产税的战时经济主张。他在香港《工商日报》著文,痛切陈言:"现在前方抗战,百十万之将士牺牲头颅热血,几千万之人民流离颠沛,无家可归,而后方之达官资本家,不但对政府无所贡献,且趁火打劫,大发横财,忍心害理,孰甚于此!征收半数之资产税,岂尚有所顾惜耶?

中国今日发国难财者,除商人外,尚有利用政治力量而发财者,此种行为本非官吏所应有,故欲实行资本税,必须先自发国难财之大官始。……此事固属财政部所应为者,唯恐力量不足,难以胜任,不能不期望于全国一致拥护之蒋委员长毅然施行,其裨益于抗战前途者正不下于前方战士之忠勇也!"不久,他又在香港《大公报》撰文,重申他的征收财产税的主张,其言曰:"中国的'大贪污',其误国之罪,远在奸商汉奸之上。吾人以千数百万同胞之死伤,数百万财产之损失,希冀获得胜利,以求民族之快快复兴,决不愿以如是巨大之牺牲来交换几个大财神,将吾人经济命脉,操在手中,此岂抗战之用意乎?……全国知识阶级应从速一致团结,要求政府对发国难财者从速开办临时财产税,将其所获得的不义之财全部提出,贡献于国家,以为其余发国难财者倡。"

外敌入侵,倒霉的是普通百姓,很多被奸杀掳掠,死于非命,更多的则是庐舍不保,财产荡尽。而有权有势的达官显宦不仅可以避开敌人的凶焰,跑到大西南的陪都依然作威作福,还乘战时经济秩序混乱之机,弄权贪贿,上下其手,大发横财。马寅初先生痛感政治之黑暗、民族之危亡、人民之苦难,提出对发国难财的权贵征收财产税的主张,以补战时经济之困窘。马先生的主张更多的在于道义方面,它实际上的窒碍难行大约自己也是清楚的。在第一篇文章中,他提出对权贵们的不义之财征收一半的财产税。在第二篇文章中,他又要求政府把发国难财权贵们的不义之财全部收缴,贡献于国家。"一半"

还是"全部",这都不是重要的,重要的是权贵们是一群丧尽天良的无耻之徒,他们对民族的危亡和人民的苦难并不放在心上,关心的只是如何掠夺得更多、积蓄得更多,以满足自己和家族骄奢淫逸的生活。所以,对权贵征税,无疑是与虎谋皮,马先生自己也并不抱有信心。按说征税之事应属国民政府的财政部的职权范围,但是征这种税,国民党政府的一个职能部门是断然难以实行的。于是他将了国民党最高党魁一军,提出由受到"全国一致拥护之蒋委员长毅然施行"。

蒋介石是否能够"毅然施行"呢?回答当然是否定的。这并不是说蒋介石和那些发国难财的贪官污吏是一丘之貉。客观地说,蒋介石是个政治人物,他要领导国家,抗击外敌,将国家带出危亡之境。他当然希望大小官吏都能廉洁奉公、忠于职守,使国家机器能够有效运转。但是,这在实际上难以做到也是显而易见的。首先,他的政府是个一党专制的独裁政府,不仅人民没有监督政府的民主权利,在政府内部也没有权力制衡的机制。官吏们似乎都在为党负责,为领袖负责,大小官吏在所执掌的部门中,都有说一不二的权力。绝对的权力造成绝对的腐败,一旦官吏们阳奉阴违,贪腐成势,劣币驱逐良币,清廉的官吏难以自存,腐败大面积蔓延,即使最高执政者想治理,传统的手段也难以奏效。专制政权是腐败的沃土,贪官如其上滋生的野草,有顽强的再生能力,所谓"前腐后继",是杀不尽的。其次,蒋介石也不想从根本上改变专制制度,实行民主政治。虽然在外敌猖獗、民族危亡的关头,民主政治成为知识界及朝野进步人士的共识，但蒋介石对此是应付和消极的。1939年9月9日，国民党的国民参政会第四次大会各界代表提出结束一党专制，实行民主法治的宪政议案，表面上得到了蒋介石的肯定，但作为最高的专制统治者，他是不愿意被"关进笼子里去"的，他的大小臣僚们自然更不愿意。当年所谓的宪政运动，命运多舛，到底无疾而终。实行宪政，要有两个条件：一是统治者开明通达，认清大势，为历史负责，自愿走进笼子里去；二是人民起来革命，鞭子悬在头顶，统治者被鞭子驱赶进笼子里去。第一种可能性很小，美国有华盛顿，但中国只见袁世凯。第二种极其危险，因为"黑手高悬霸主鞭"的执鞭者，极有可能成为"霸主"之后，把人民关进笼子，自己无法无天，实行更严酷的独裁。所以，驯服专制统治者是最难的。再次，中国两千多年的专制制度，从皇帝到地方大员，有一条心照不宣的潜规则："为政不得罪巨室。"这不仅因为豪门巨室是专制制度的基础，根本一旦动摇，自己也危乎殆哉。更重要的是，豪门权贵是得罪不起的。权贵的形成，多靠父祖政治的荫庇，代际相袭，靠特权积累起庞大的政治、经济实力，其掌门人或仍在高位，或虽退而余威仍在，有广泛的人脉和政治影响力。这样的门阀世家一旦坐大，盘根错节，凶焰弥天。在没有法治的社会，他们既是维系制度的狼犬，也是啃啮制度的毒虫，若有人触动它的领地，危及它的生存，它就会凶狂反噬，拼死抵抗。所以，除非下决心实行制度变革，否则，当政者是很难和豪门权贵切割的。让蒋介石抄起刀子去割权贵们的肉,"毅然施行"临时财产税,他是决然不肯的。

马寅初特立独行,视权贵如粪土,即使声威煊赫的当权大员他也并不放在眼里。1938年,中国经济学社在重庆召开年会,时任国民政府财政部长的孔祥熙以一般社员的身份参会,社长马寅初主持会议,致开幕辞后,即向孔祥熙发难道:"今天我们很幸运,我们的社员,现任财政部长孔祥熙于百忙之中,来此参加。孔先生是财政经济学家,又是掌握全国财政命脉的最高主管长官,现在先请孔部长对国家当前的财政经济情况和政策,给我们做一指导。"事出突然,孔祥熙毫无准备,又窘又恼,但又不好发作,只好站起来,用官话和套话敷衍一番。但马寅初并不想放过他,孔刚说完,马寅初直指要害,质问道:"请问部长先生,在法币已经贬值,物价不断上涨的时候,财政当局不设法稳定币值,制止物价上涨,反而突然宣布大幅度降低法币对美元的比价,推波助澜,造成财政大混乱,使物价更猛烈地上涨,我们学识浅薄,不知是何用意,要请部长指教。"孔祥熙张口结舌,马寅初穷追不舍:"听说这次调整美元比价公布之前,那些洞悉内情的人,都拼命向市场上抢购美钞、黄金,还通过种种办法套购外汇,抢购物资,不顾人民死活,一夕之间大发国难财,请问部长先生,这又作何解说?……"孔祥熙羞恼尴尬,进退失据,被赶入了死胡同。孔祥熙居政府要职,他本人就是一个千夫所指贪渎聚敛的国之大蠹。马寅初的做法有如西方民主国家国会议员对行政官员的公然质询,专制的中国哪里见得了这个?此时有人建议休会十分钟，孔祥熙方悻悻而去。

按照中国数千年专制政治的伦理，马寅初的做法几乎等同"犯上作乱"。蒋介石十分恼火，他想用官位把这个口无遮拦的"刺头儿"安抚下来。中国专制官场的潜规则是官官相护。因为利益一致，大小官吏除非因派系相争，偶发残酷的权斗，一般情况下，官吏为固权位，结网络，寻靠山，都彼此相安。即便发现黑脏，也会三缄其口，少数清者选择洁身自好，恶浊之辈一个比一个更黑，如不危及自己，轻易不会抓破脸皮，大打出手。所以蒋介石想把马寅初拉进这个圈子，授以实职，使其同化，不再"撒野发飙"。他通过陈布雷找到马寅初在哥伦比亚大学的同学王正廷，由王捎话给马，说委员长欲派马赴美考察经济，如果成行，将委任驻美全权大使，或出任财政部次长。可惜马寅初偏不吃这一套，竟拍案而起，怒道："不就是说了几句真心话，写了几篇文章吗？请问，这触犯了哪条国法？要赶我走，没门！要以高官厚禄收买我，休想！"然后奋笔疾书一严正声明，说："（我马某人）不搞投机买卖，不买一两黄金，一元美钞，有人想封住我的嘴，不让我说话，这办不到！"斥权奸于禁闼，发直声于士林，非马寅初，谁能为也？

1940年的一天，马寅初在重庆对陆军大学将官做《抗战财政问题》的讲演，慨言道：全国人民同心同德，共赴国难，有钱的出钱，有力的出力。但是，现在是"下等人"出力，"中等人"出钱，"上等人"既不出钱，也不出力；还有一种"上上等人"，依靠他们的权势，利用他们掌握的国家机密，从事外汇投机，大发国难财。呼吁撤孔、宋（宋子文）的职，将他们搜刮的不义之财，充作抗日经费。其言直指国民党上层的贪腐集团。人同此心，心同此理，祸国残民之贼，人人痛恨！这正义愤怒的狮子之吼，博得台下爱国军人的阵阵掌声。马寅初在立法院援引英美两国之例，提请国家征收"临时财产税"，其目的是在贪腐的权贵头上开刀。这种权贵，虽是少数，却都是势焰熏天的庞然大物，马寅初藐之如蛆蝇，恨之如狼豺，所以出言凌厉，挞伐不留情面。经济，乃国家之命脉，人民财货衣食之所寄，视人民若草芥，攘国权为禁脔的独裁者或者无法无天，专横独行，造成户皆赤贫，人尽贱隶，野无青草，饿殍遍地的惨剧；或者权多大财多大，以权敛财，贪渎掳掠，代际相袭，不知餍足，造成中华之物力尽成富可敌国富可卖国的几家几族之私产的权贵经济。马寅初言人所欲言，人所不敢言，奋身搏击权贵，真有以身饲虎之大勇也！

马寅初抗声直言，声讨权贵，最后，戟指国民党独裁政权的最高统治者蒋介石。1940年11月10日，在黄炎培主持的中华职业教育社的"职业青年星期讲座"上，马寅初登台劈头就说："兄弟今天把儿子女儿都带来了，我今天的讲话，就算给他们的一份遗嘱！为了抗战多少武人在前方流血牺牲，我们文人也不惜死于后方！"此言一出，举座皆惊，文人言死，难道有必死之厄吗？果然，他声讨的是蒋介石："蒋委员长要我去见他，他为什么不来见我呢？在南京我教过他的书，难道学生就见不得老师吗？他不敢来见我，就是因为他害怕我的主张。

有人说他是'民族英雄',我看充其量是个家族英雄,因为他庇护他的亲戚家族,危害国家民族。……在场的警察宪兵先生,你们要逮捕我吗?那就请耐心一点,等我讲完,再下手不迟!"蒋介石尽管没设所谓"恶攻"罪,但一个独裁者是不会容忍这种犯上言论的。独裁者的尊严就是那个政权的尊严,因为他本人就等同于那个政权。一个独裁者稍感不快,惹他不快那个人就要倒霉,轻者有牢狱之灾,重者有性命之虞。马寅初知道这一点,才有开场的决绝之言,他是不怕做烈士的。果然,这次演讲后的不久,1940年12月6日,一个连的宪兵进入重庆大学,捕走了马先生。尽管实行了"强制措施",但马先生既没有被戴手铐,也没有坐班房,因为蒋介石深知,对马先生这样的人物,还是要"投鼠忌器"的。曹操当年也没有杀祢衡嘛,要杀也送给别人去杀,蒋介石不比曹操傻。第二天,由宪兵押回学校,迫令其辞去商学院院长之职。重庆大学的学生们挥泪相送,宪兵押解出校,从此杳无音信。

马先生究竟去了哪里,官方给出的回答是:"立法委员马寅初,奉命派赴前方研究战区经济情况,业已首途。"这是刊于官方报纸的假新闻,以掩人耳目。到哪个"前方"?调查什么"经济",世人茫然不知,马先生玩起了失踪,家人也无法和他取得联系。记者采访他的女儿,女儿回答说:"我们给爸爸去信由侍从室第二科转,收到没有就不知道了。"马寅初先是被投进贵州息烽集中营,与张学良、杨虎城同押在"特监部"。"特监"者,应属软禁重犯之地,大约既不刑讯,也不戴刑具。对付一个劝诫无效而又暂时杀不得的人，又无法堂而皇之地给他定罪，隔绝他与外界的联系，限制他的自由，是蒋介石喜欢用的法子。软禁虽然不是坐牢，但形同坐牢，且漫漫无期，又不必经过司法程序，所以专制统治者都喜欢用它整治对手。马寅初后被转至江西上饶集中营。蒋介石大约觉得马寅初毕竟是个文人，又是国民党立法院财政委员会委员长，既非敌党，亦非"恶攻"，只能算"犯颜直谏"吧，所以，1942年8月，让他回到了重庆家中。但仍给他定了"三不准"，算是对他的惩戒：不准任公职，不准演讲，不准发表文章。总之是再不准他对公众发声了。

马寅初早年留学美国，获哥伦比亚大学经济学博士学位，1915年回国后，先在北洋政府财政部做职员，不久辞职到北大执教，并宣示"一不做官，二不发财，竭尽全力于教育救国事业"。这种人生定位，决定他在专制的中国必定是一个异数。他敢于公然指斥权贵，甚至向专制政权的最高统治者叫板发难，一方面出于他耿介直率的性格，嶙嶙卓立，皎皎自洁，对外力的摧折和玷污全然不惧。这正是传统的中国士人最可宝贵的品质，如孟子所言"富贵不能淫，贫贱不能移，威武不能屈"。这种传统士人精神由于文化的浸染和熏陶，已经深入他的骨髓，所以，在他遭遇来自高层的强大政治压力时，仍能持守立场，声言三军可夺帅，匹夫不可夺志，自知寡不敌众，也要应战到底，直至战死为止！在鸡蛋和石头之间，多数人都不会选择站在鸡蛋一边，因此，马寅初的精神尤其显得高洁可贵。再者，马寅初在美国留学九年，对民主政治耳濡目染。在那种制度下，陈述政见，弹劾官吏，言辞再激烈出格，也不会入人以罪。可是在专制的中国，践行这套理念自然要吃苦头。马寅初生于光绪八年（1882年）农历五月初九，按中国干支为马年马月马时；殁于1982年，活了整整一百岁。这一点，亦当属难遇之异数。他是一匹特立独行之马，在万马齐喑的时代仰天嘶鸣，铁骨铮铮，声彻九天，催人警醒，令人感奋！如果中国多一些这样本性刚烈扬鬃奋蹄之骐骥，一马当先，万马奔腾，踏平坎坷成大道，在专制政治的荆榛瓦砾间，一定会开出民主政治的坦途。

拘捕马寅初，蒋介石这一招棋下得很臭。本来他在国内就面临很多反对党派，要求实行宪政的人对他的一党专制很不满。马先生说他得到"全国一致拥护"，那是给他戴高帽，忽悠他。抓了马寅初，使他在道义上输了理，闹得舆论一派哗然。虽然慑于威权，人们还不敢公开指责他，但私下的议论和动作也不少。当时新闻界有影响的民主派知识分子邹韬奋就写了一篇文章，题目是"万方感念的马寅初先生"。"万方感念"者也，它的内涵似乎不仅是担心马先生的安危吧！这件事情还引起了暗涌的学潮。翌年，逢马先生生日，可马先生还不见踪影。重庆大学商学院的同学为他们所敬爱的马院长遥祝六十寿辰，筹备开一个纪念会，聊表尊师敬道之意。学校当局接到上面指示，贴出了"奉教（育）部令缓开"的布告，学生们只好发出"奉令停止举行"的通知。这一来一往，两个"奉令"，把政府压制民主自由,干涉公民权利的嘴脸暴露无遗,弄得人虽噤声却道路侧目,国民党大失人心。住在重庆周公馆里的周恩来也不忘为此添彩,他为马寅初先生六十大寿送来一幅贺联:"桃李增华坐帐无鹤,琴书作伴支床有龟。"虽然"鹤"与"龟"都是长寿的象征,但这里却别有所指。马先生身遭软禁,当然"坐帐无鹤(贺)",是哪个乌"龟"王八蛋在何处给他支了一张床,害得马先生只能寂寞凄惶,唯有琴书为伴呢?既然此时"无鹤(贺)",且问何时"有龟(归)"?这幅贺联,言虽正而意颇深,实在是高!

寿诞之日,重庆商学院的同学为马寅初设了一个寿堂,高悬"明师永寿"四个大金字,当然,周恩来的贺联也高悬在壁。寿堂除了陈列马先生的著作外,还誊写"马师语录"若干,其中有语云:"我是忠实的国民党员,所以我关心着国民党的进步……"看来,马先生是国民党的"救党派"。但国民党虽患恶疾,却无意自救,所以抗战后不消几年,这个"庞然大物"就分崩离析,被赶到海岛上去了。

马寅初先生徒唤奈何,转而投奔反独裁、争民主的共产党了……

失踪的战地记者方大曾

卢沟桥事变已经过去 80 年了。

1937 年 7 月 7 日,日本华北驻屯军向驻守卢沟桥和宛平的中国军队发起进攻,国民政府第 29 军奋起抵抗,中华民族的全面抗战正式开始。卢沟桥事变的第三天,战争的硝烟还没有散去,敌我双方剑拔弩张,更大更残酷的冲突正在酝酿中。一个年轻人出现在战云密布的卢沟桥畔,他用手中的相机和笔记录了中国现代史上这一重大时刻,并且预言:"伟大的卢沟桥也许将成为伟大的民族解放战争的发祥地!"这个年轻人当时 25 岁,他就是第一个报道卢沟桥事变的中外新闻社记者方大曾。此后数十年,他拍摄的卢沟桥战况照片一直被述说这一事变的历史著作和教科书所选用。然而,第一个报道这一事件,拍摄这些照片的方大曾却沉入了历史的忘川,他的青春和生命永远定格于那个血与火的年代。

方大曾的记者生涯虽然短暂,然而他留下的很多照片和文字彰显了我们民族的艰难与抗争、光荣与梦想,成为历史的一部分。那些纪实文字和照片,在中国的新闻与摄影史上占有辉煌的一页。如果打捞我们民族的记忆，方大曾是不应该被忘却的。

底层中国

1912年7月13日方大曾出生于北京东城区协和胡同，祖籍是江苏无锡。清末，祖父入京做官，自此留居北京。他的父亲方振东毕业于京师译学馆法文专业，在民国外交部工作，曾任科员和主事。父祖两代算不上官场要人，但在京有老宅，家境相对殷实。当时，摄影技术传入中国不久，照相馆里的全家福和仕女照都是惹人艳羡的西洋景，当然谈不上现代的摄影理念。少年的方大曾受过良好的教育，喜爱摄影，他的母亲用七块大洋给他买了一架照相机。这架折叠式相机很简陋，方大曾十分喜爱它，自此开始了他的摄影生涯。开始，他或许只觉得新奇和好玩，但在不断的实践中，他的摄影技术和照片的洗印技术日渐成熟，并且树立起关注社会现实的摄影理念。

1929年，方大曾17岁，为了吸引更多同龄的少年参与摄影活动，他曾发起组织"少年影社"，并在北平的《世界画报》发表征求社员的宣言："现在摄影艺术一天天地发达，进步。摄影人才也能在艺术上占重要地位……所以我们有组织少年摄影团体的必要。……少年影社以研究摄影艺术为宗旨，凡有摄影器材对于摄影发生兴趣者，不论有无经验，年在十六岁以内者，均得自由加入本社为社员。"他把少年影社联系地址定为协和胡同的家。显然，17岁的方大曾已把摄影作为艺术活动而非简单的照相和留影,他发起结社的活动也足见他自由的天性和心智的成熟。这或许是当时北方首个青少年的摄影团体,20世纪30年代的社会和文化氛围召唤并启迪着一个少年对艺术的自觉追求,他手中的武器是一架简陋的相机。

同年9月,北平第一次摄影展览会在中山公园和青年会相继展出,青年摄影家方大曾有几幅作品被选中参展,受到社会的广泛好评。晚清重臣荫昌之子、摄影家荫铁阁撰文评介说:"方大曾之《寒夜》亦具西风,所取色调,尤能增其冷静。"这说明,20世纪30年代北平的摄影团体,在西方艺术思想的影响下,更注重画面的光影色调及视觉艺术的审美感受。显然,能置办得起摄影器材者寥寥,所以这个圈子并不大,流风之所及乃唯美主义的艺术风尚。方大曾留下来的早期作品多为北平周边的寺庙、佛塔、摩崖佛龛、风景、历史建筑、人物特写等。这时的方大曾是勤奋、敏锐而充满热情的。据他的妹妹方澄敏女士回忆,他常常带一架相机、一条毛毯和一把雨伞就出发,近在北平四郊,远至天津、绥远等地去拍摄。从摄影艺术的角度来看,方大曾留下的摄影作品中,诸如历尽沧桑的古老长城、积雪覆盖下的燕京大学、秦皇岛海滨天真嬉笑的少年,尤其是内蒙四子王旗蒙古王爷为其子举办的具有民族风情的婚礼庆典等作品,都具有珍贵的文化价值。

在田野调查式的辛勤劳作中,对艺术孜孜以求的青年摄影家方大曾用镜头抚摸苦难深重的中国大地时,他的情感和焦点发生了变化,他更多地把镜头对准了苦难百姓和底层中国。乞丐、流浪者、船工、纤夫、锻造镐头的铁匠、肩扛麻包的苦力、人力车夫、煤矿工人、请愿的学生……这一切，都进入了他的镜头，在这一幅幅画面中，他倾注了悲悯和同情，倾注了满腔的愤懑和无声的呐喊……于是，我们从他留下的照片中，看到了80年前的中国——她的土地和人民。

我们不能单单从摄影艺术的角度来评价方大曾，因为他后来成为民族解放战争中一个英勇的战士。艺术的形式和内容固然不可分割，但从对光影效果的追求到表现更多的社会关怀，方大曾显然有一个逐渐成熟的过程。自觉地亲近土地和人民，题材上的平民化和底层视角，是当时文学、美术、音乐等进步艺术的自觉追求。我们只要提到鲁迅的小说和他对珂勒惠支版画的推重，就可以窥见当时的思想潮流。方大曾拿起相机时就自觉地融入这个潮流并在摄影实践中贯彻始终，我们感受到他内心的温暖、对光明的渴求和悲悯的人文情怀。1930年，18岁的方大曾考入中法大学经济系学习，大学中留下的照片，我们看到了一个开朗、乐观、时尚的阳光青年，他有目标，有追求，和所有的年轻人一样对未来充满憧憬和希望。此时，摄影是他的业余爱好，手中使用的还是那架折叠式的旧相机。他已在摄影界崭露头角，除了参加摄影展，还用"小方"的笔名在画报、杂志上发表摄影品，有了一定的影响。大学毕业后，他用发表作品的稿费买了一架禄莱福克斯牌新相机，这个举动表明他的摄影活动将由业余转向专业。此时的方大曾在艺术观念上更加自觉，他的妹妹方澄敏后来回忆说，他很少给家人或朋友照相,反倒是更多不相干的底层人进入他的镜头。在他的眼里,摄影不仅是一门照相技术,更是反映社会和人生的一门艺术。和同时代的许多青年一样,方大曾关注民族和国家的前途命运,关注人的生存状态和社会环境的变迁。他是一个冷静的观察者和纪录者,也是一个以相机为武器对社会不公不义的批判者。

大学毕业之后,方大曾先是在北平基督教青年会做干事,有条件接触许多国外的报纸杂志,了解更多的文化信息,西方的思想观念拓展了他的眼界。1935年,方大曾离开北平到天津基督教青年会工作,和朋友们组织了"中外新闻学社",并在其中担任摄影记者,从此开始了他的记者生涯。记者的职责就是比常人更多地关注社会和人生,他的眼界因此更加开阔,对时局和社会有了更广泛深入的了解,他的镜头也转向了祖国的命运和人民的抗争。

九一八事变后,日寇占领了东三省,民族危机日益严重。方大曾预感抗日战争不可避免,他对祖国充满了深挚的爱,深为祖国的前途命运担忧。他的镜头下出现了长城上成群结队的东北流亡学生、坐在长城垛口下的少年流浪者、青年学生呼吁政府抗日的南下请愿团、人民集会的宏大场面……这一切,都是中华民族危机的真实写照。同时,更多超越时代反映人生的底层生活画面也日渐自觉和鲜明。我们看到,河堤上纤夫们艰难行进的身影;看到赶着毛驴,驮着棉花跋涉在长路上的农民;看到停靠在天津码头上走私的日本货轮;看到纱厂车间里的女工、矿井里用肩头推着运煤车艰难前行的矿工、赤身裸体站在船头仰望升帆的船工……这些珍贵的影像让我们看到了一个远去的时代。

身为摄影记者,方大曾有着高度的职业敏感和强烈的工作热情,为了理想和事业不怕冒险,勇于探求真相。日本为了加紧对中国的侵略步伐,策动汉奸打着自治的旗号成立冀东伪政权,方大曾以记者身份,深入这个日寇猖獗之地,揭露在日本卵翼下的冀东伪政权经济上猖獗走私,社会上黄、赌、毒泛滥的真实场景。他镜头下有日本妓女,有戒毒所里的瘾君子空洞、茫然的眼神,有公然销售赌具的商店,有火车站的站牌上标示着的日本文字,有码头上装卸走私物品的苦力……这满目疮痍的中国土地带给人深深的屈辱。

从少年时代的摄影爱好者,到正直、热情、敏感与苦难的祖国共命运的青年记者,方大曾甫一入行,就是一个杰出的新闻战士。他只用自己的眼睛看世界,没有任何党派观念和意识形态的牵绊,澄澈的眼睛,纤尘不染的镜头,云翳散去,真实呈现,留下的是一个裸露的毫无矫饰的中国。

绥远前线

方大曾真正的记者生涯是从绥远前线开始的。就其摄影的成绩来说,也以绥远43天的采访所留照片最为丰富,题材覆盖政治、军事、经济、宗教、民族风尚等各个领域。留下的战地影像,在中国抗战史上弥足珍贵。

九一八事变后，东北、热河与冀东地区相继沦入敌手，1936年2月，日本在察哈尔得手后，即把侵略的矛头指向绥远。地处内蒙西部的绥远省，是西北边疆进入中国腹地的必经通道，具有极为重要的军事意义。5月，日本人操纵蒙古王爷德穆楚克栋鲁普（简称德王）和李守信等地方势力成立傀儡政权——"蒙古军政府"，同时拼凑了以土匪头子王英为首的一支武装，名为"大汉义军"。这些汉奸部队是日本侵略中国的别动队，由日本派出军事顾问并提供军费和武器。日本关东军制定了进攻绥远的详细计划，准备对百灵庙、红格尔图、归绥、集宁及包头等战略要地分别攻击，进而占领绥远全境。

日寇的嚣张、绥远的危机立刻引起了全国人民的愤怒，国民政府及地方军政官员在日寇的步步紧逼下，对日立场也发生了根本变化，为了国土和尊严，随时准备奋起抵抗。蒋介石紧急下令中央直属部队五个师进入山西，抵抗入侵的日伪军。绥远省主席兼第35军军长傅作义以"不惹事，不怕事，不说硬话，不做软事"的原则同日伪进行坚决斗争，在军事上也做了相应的部署。10月30日，阎锡山、傅作义面见蒋介石，研究了绥远前线的兵力部署及作战问题。11月11日，阎锡山以军事委员会副委员长，太原绥靖公署主任的身份发布命令，傅作义的第35军及赵承绶统领的骑兵军为绥远前线主力作战部队。11月15日，在日本军事顾问指使下，王英的"大汉义军"进抵兴和县红格尔图附近，与驻绥军前哨部队接触，绥远战役正式打响。当天午夜，傅作义、赵承绶抵达前线指挥。18日凌晨，晋绥军全线出击，一举击溃王英所部伪军，击毙敌人千余，红格尔图初战告捷。为了不给敌人以喘息之机，傅作义决定一鼓作气，发起百灵庙战役。百灵庙位于绥远北部，是乌兰察布草原上著名的藏传佛教的寺庙，距省城归绥（今呼和浩特）约160公里，战略地位非常重要。当时驻扎日伪匪军3 000多人，还有日本提供的大量的军事器械和作战装备。11月24日凌晨，战役打响，经过迂回包抄、速战速决、围点打援等一系列战术的运用，当天上午9点30分，百灵庙被一举收复。自12月3日起，日伪匪军组织多次反攻，均以失败告终。12月9日，傅作义等部进占锡拉木伦庙，19日，王英率少数残部逃归张北，"大汉义军"彻底覆灭，引起全国人民热切关注的绥远抗战以中国军队的全面胜利而告终。

百灵庙收复后，日伪匪军疯狂反扑，在两军激烈厮杀的时刻，中外新闻社记者方大曾立刻起程前往绥远。他在战地通讯《绥东前线视察记》中写道："为了把绥远抗敌的情形，给读者一个实际的真确的认识，所以记者乃有前线之行。"此时的北方大地，数九隆冬，冰封雪裹，"十二月四日晚，自北平起程，平绥道上的火车在冽风中挣扎了一个整夜。经过张家口、大同等处，记者均从睡梦中惊醒，听到车窗外面咆哮的大风，就觉得冷栗，而体会到战壕中守卫国土的将士之身境。啊，冷，冻得死人的冷！五日晨，到集宁县，这是绥东的军事重镇，记者即在此下车"。方大曾下车后的即日午后，搭乘军用运输车经黄家村到达大六号，翌日上午，再次搭乘军用运输车由大六号到达贲红，然后徒步北行前往高家地，"塞北荒原上的路程，比起内地来总要较长一些，这四十里的路程，直走了五个多钟头才到，又因为逆着强烈的北风，所以更感觉特别的吃力，当黄昏时候到达高家地已是疲倦极了"。方大曾在此停留一个晚上和一个上午，我们在他的战地通讯中看到了战争的酷烈和艰难——

  天明后，敌人又作更猛烈的攻击，但我军此时自然是更有把握了，两位英勇的正副团长，坐镇火线。这时，他下令把所有的马匹都交给少数几个马夫看管。骑兵的马本来与手中的枪是同样重要的，但现在只得放弃了宝贵的马，以示死守不逃的决心，于是军心乃更稳固了。
  张团长住在一个狭小的土房子里，在占满了全屋四分之三的土炕上，正中摆着一个炕桌，他独自睡在一边，另一边则让给记者。他的头旁，放着一架军用电话机，他随时随刻都留心着每一次铃声，好像这东西是他唯一的伴侣一样。他为款待记者晚餐起见，特叫侍从买来一块豆腐，加入他平时的美食——盐水煮土豆中。在我们盘腿对坐在炕桌旁吃饭的时候，他拿起这足有四两重的大馒头对记者说："这两天才有白面吃，从前都吃的是莜面和黑面。"记者询以兵士们是否也吃这个，他说是的，不过兵士们实际并不愿意吃白面，这并非是白面不好吃，而是因为它的价钱较贵，因为他们都是吃自己的伙食。本来晋绥军的规矩,在作战时应该有官家供给伙食,但现在并不是这样。

入夜,张团长拿了手电筒出去查勤,经一小时方回。归来后对记者说:"我们这团人自八月四日开到高红两镇以来,日间做工事,夜间睡在火线上,四个月来如一日,其间还经过两次主力战。从前天气温暖时,在火线上睡还不觉得如何难耐,但现在实在有些辛苦了。因为商都距离这两处很近,敌人如在黄昏时自商都起程,即使是最慢的步队,至迟午夜亦可到达,这正是夺营的最好的时候,所以我们的弟兄,不得不每夜都睡在火线上,以便应付紧急的事变。弟兄们的这种苦况,也只有团长以下的军官才能知道。"

我们谈了许多关于抗敌的问题,他深信晋绥的高级将领们是有决心守土卫国的。他说日本想要得到晋绥可真不容易,他劝记者将来有机会能到山西去做一次旅行,去瞻仰一下那里的伟大工事。

睡到三更时分,记者从梦中冻醒时,看见这位英勇果断的团长,正把着耳机在和红格尔图方面谈话,原来他夜间总是枕着耳机睡觉的。

(《绥东前线视察记》)

方大曾的战地通讯写自己的亲历亲见,行文朴实,没有矫饰和造作,这正是一个新闻记者的职业精神和可贵品格。从他的记述中,我们得以窥见国民政府时期军队的情况,士兵靠军饷养家,尽管在战场上舍生忘死,但为了家中的父母妻儿,宁可吃黑面,能节省还是要节省。在面对敌人时,淳朴的心灵里充满着民族大义,表现出大无畏的英雄气概。同在绥远前线采访的《大公报》记者范长江在一篇通讯中写道:"我们的将士在这回绥远战争中,决没有一个人在考虑个人自身的利害问题,大家一致的信念是'为生存而战争'……士兵情绪之坚决,令人可歌可泣,仅仅三五元一个月的军饷,他们已有一部兵士请求不发军饷,以减轻政府应付战争的困难!"对比来读,我们可知抗战初期民族危亡之际民气人心之可贵。

方大曾的记者身份和采访活动,得到了绥远前线军政官员的极大尊重和支持,高家地采访结束后,12月7日上午,方大曾谢绝了张团长的劝阻,决定前往红格尔图前线再行采访,当地驻军派出30人的骑兵马队护送他,方大曾谈及这次纵马驰骋蒙古荒原的经历为平生首次。在红格尔图他采访了参加战役的军官、士兵和百姓,获得了对战役的全面了解后返回集宁,12月14日完成了战地报道《绥东前线视察记》。12月17日上午,与范长江等前线记者一起,随骑兵七师师长门炳岳同乘一辆汽车离开集宁。这是方大曾与范长江的首次会面,两人惺惺相惜,都对这次会面印象深刻。方大曾等在隆盛庄、兴和、红茂营子等地采访视察后于12月19日返回集宁。1937年1月5日,方大曾在此完成绥远前线的第二篇战地通讯《兴和之行》。此时,绥远战地采访工作已告结束,方大曾检点行囊,还剩下一些胶卷,他决心翻越大青山,到绥北一带考察民族、宗教、边疆经济,以及战争给当地人民造成的损失和精神创伤等情况,并留下真确的历史影像。临行之际,方大曾和范长江等记者同行告别,1938年,范长江在《忆小方》一文中回顾了这个瞬间——

"明天我要到百灵庙去,如果走得早,我就不来看你了!"两年前在塞外著名的高寒地方——绥东平地泉的冬夜,黑黑一屋子的塞外冬装青年人,屋内发黄的烛光,被屋外如万顷波涛呼啸而来的狂风震撼得发闪,这位壮硕身躯,面庞红润,头发带黄的斯拉夫型青年方大曾先生走来和我握手。

"到百灵庙?"

"是的。"

"你怎样去法?"因为从平地泉到百灵庙,在塞上冬天如果不走归绥经武川的汽车路,那么一定要斜穿阴山,出草原,那是雄壮而艰苦的旅程,这位平时没有被人重视的朋友,今天却来这样一个壮举,我有点不明白他如何去法,一则恐怕他太过于理想,一则恐怕他准备不够,途中容易发生困难。

"骑马去。"坦然的回答。

"几个人一路?"

"还有个马夫。"

"你带什么东西？"

"就是身上带的这一点。"

塞外的生活，我们多少经历一些，总少像他这样冬季孤身翻阴山，而且正是百灵庙战争之后。

方大曾的采访计划受到军政官员的支持，汤恩伯军长要派汽车送他，但因山路僻远，道路坎坷，汽车无法通行，因此由王万龄师长借给他两匹马，并派一马夫随行护送。零下40度的塞外严寒没有阻退他前行的意志，方大曾终于完成了这次艰难的采访。

方大曾与著名记者范长江在这次绥远采访中结下了深厚的友谊。范长江是1936年11月16日赶到绥远前线的，比方大曾去得早。范长江时年27岁，方大曾25岁，都是青春勃发的好年华，他们把理想和事业融入了民族解放斗争中。

很多年过去了，从方大曾留下的数百张照片里，我们依然感受到荒原凛冽的风声和呼啸的子弹声。这些照片里有快速集结的部队、战前动员中举拳宣誓的士兵、蜿蜒在荒漠上的掩体、行进在戈壁沙漠上运送军事给养的驼队、守护在地堡边的哨兵、头戴防毒面具的防化兵和机枪射手、前线将领和各级指挥官坚毅的表情……还有蒙古包前的蒙族牧民、雪路上装满柴草的木轮牛车、庄严的喇嘛庙和喇嘛们、天主教堂内躲避战祸的孩子、畜牧专家改良的羊群、四个衣衫褴褛的孩子天真的笑容……这是80多年前的北方中国。我们在温习这段历史的时候,深深感受到我们民族的淳朴、勇敢和坚强,这样的民族是不会被征服的!

目击事变

1937年7月7日,震惊中外的卢沟桥事变爆发,7月10日,方大曾即前往卢沟桥采访。当时的北平已处于一片恐慌之中,许多京郊百姓为了躲避战火,源源不断涌向城里,在这纷乱恐怖的战争气氛下,方大曾骑着一辆自行车,迎着战火而去。"在丰台岔道口,我被几名日军截住,我身边的相机引起了他们的注意,他们怀疑我是中国军队的高等侦探,理由是新闻记者没有勇气到日军方面来。我递上一张名片,加之态度自若,这个猜疑也就消除了。一小时后,我被放行,穿过涵洞,再行了一里多路,就到了宛平城下,这里正是战场地带,伤亡的兵士想必都由双方运回了,只剩下一匹死去的骡子,肚肠流露在腹外。"方大曾随一位姓于的中国警官各处拍照采访,到了中午听到了两个消息:一是大井村又被日军占领;二是日军四五百人又从丰台出动,向卢沟桥进发。

宛平采访结束后,方大曾登卢沟桥西行,中国军队已在桥的西端,桥头堆满沙袋。中国守军听说他从北平来,问日本兵撤退没有?方大曾告诉说,日军非但未撤退,而且正在增援中。"听了这消息后,兵士们都感觉极愤恨。"从卢沟桥到长辛店的五里路,是平汉铁路的要道,南下北上的列车因战事全止于此,这里是个工人区。在一条街的尽头上,排列着阵亡士兵的尸体,当地老百姓告诉方大曾:直奉战争时,在长辛店打了三天三夜,也没死这么多人。他看到当地小学生组织童子军,向商户们宣传募捐;商户们组织起来,担着绿豆汤,带着糖果,前往卢沟桥去劳军。一个牺牲的连长的太太,看着丈夫下葬之后,就坐火车回娘家去了。在战场受伤的一名叫金振中的营长,收到了很多慰问品,他下令把这些慰问品分送给其他伤兵。

抵达长辛店后,方大曾才意识到,自己是卢沟桥事变后第一个赶到现场的记者。午后四时,他采访了这次战役的指挥官吉星文团长,对方手里正拿着一封电报,匆忙地对方大曾说:"前方很紧,日本兵恐怕又有新的动作。你从北平来吗?要不要回去了?"战事确实愈发紧张了,在一座高坡上,方大曾看到已经架设好的机关枪,路上的人都在往家跑,卢沟桥又发生激战,已无法通行。方大曾一心急着回去发稿,不得不沿着永定河西岸绕道门头沟返回北平。"离长辛店十二里,至卢井村,正是下午六时,隆隆的炮声从卢沟桥方向传来,激烈的战争又在进行着了。十日下午开始的第二次总攻,日军仍未能得逞,反而遭到了比第一次战役更大的损失。计两次战役死伤达二百三十名之多,而我军伤亡则为一百五十余人。二十九军在这次抗敌战争中,其悲壮热烈,实非笔墨所能形容。"方大曾的实地采访和记载,80年后读来仍令人惊心动魄。就在方大曾采访的当天(7月10日)日军二次进犯卢沟桥。"记得日军二次进攻的夜里,我军有一排人守铁桥,结果全部牺牲,亦未能退却一步,及后援军赶到,始将铁桥再行夺回。一个伤兵告诉我:他在那天参加夺桥的战役,他冲到日军战壕里,把一个敌人用刺刀扎死,没有急把刺刀拔出来的时候,旁边一个敌人把他左背刺伤,他就放弃了枪,右手从背上拔出大刀,立刻把刺他那个敌人斩去半个头,并且接连还杀伤两个敌人……"(《卢沟桥抗战记》)

这年酷热的7月,方大曾在紧张的工作中度过了自己25岁的生日。完成了战地通讯《卢沟桥抗战记》,8月1日,这篇通讯发表在上海《世界知识》杂志第6卷第10号上。

1937年7月28日清晨,再次奔赴卢沟桥时,与方大曾同行的还有《实报》记者宋致泉和《新闻报》记者陆诒。在50年后撰写的回忆录中,陆诒仍记得当年方大曾的样子:"小方身上挎着架相机,头戴白色帆布帽,穿着白衬衣和黄短裤,足蹬跑鞋,年少,英俊,显得朝气蓬勃,精力充沛。"三人所坐的列车距长辛店还有25里时,前线的炮声隐约传来,方大曾噌地一下从座位上跳起来说:"听,老陆,这是中华民族解放的炮声!"为了目击真实的战争,方大曾不惜离炮火近一些,再近一些。

卢沟桥事变之后,日本侵略者向中国腹地大举进攻。这场战争,不仅改变了中国的命运,也改变了方大曾的命运。二次卢沟桥采访中,由于战局变化,方大曾已回不去北平的家。自此,他随中国军队共进退,见证了战争和国土沦陷,也见证了中国人民的反抗和牺牲。他把这一切及时地告诉世界,留下了国人永远抹不去的战争记忆。

战地失踪

　　1937年8、9月间，方大曾奔走于两军拼杀的战场、外敌肆虐的土地，目睹侵略者的暴行和人民的死亡，国土沦陷，瞬间生死，内心焦灼而又愤懑。此时的他既亢奋又勤奋，一篇篇真实而又带血的文字如子弹飞出枪膛一样喷涌而出。他成为了一个深情的爱国者，一个对时局充满忧虑和洞见的时事评论员，一个出没于弹雨之中用手中的笔和相机作战的杰出战地记者。在极度动荡不安的环境中，他写下了《前线忆北平》《血战居庸关》《保定以北》《保定以南》《从娘子关到雁门关》等文字，并有《我们为自卫而抗战》《日军炮火下之宛平》《卢沟桥发生后之北平》《被日军占领前之天津》《敌机轰炸我保定车站》等摄影报道。这些亲眼目睹并被镜头记录下的惨烈悲壮的场面向世界揭示了战争的真相。今天，我们怀念和寻找方大曾，更多的是从摄影家和摄影艺术的角度来谈论他留下的影像作品，然而，我更愿意把他看成一个有理想、有抱负的热血青年，一个真诚的爱国者，一个人文知识分子，一个用文字和影像纪录他的时代的人，他目睹真相并如实地记录了真相，使我们得以窥见那个年代——

　　日军侵入平津后，二十九军驻防南口的只有两营步兵，第十三军汤恩伯部奉命抢防南口，于八月一日自绥东防次开拔东下,先头部队为八十九师王仲廉部,他们于三十日到达八达岭的青龙桥,次日抵南口。将士们离别绥东时,大家把自己所有的一切东西全部抛掉了,除了战场上所需要的武器外,别的什么也不带,以示决心。没有一个人的脑子里,想到抗战以外的事。……南口的重要,谁都知道,绥东的民众送走了十三军之后,大家就彼此议论着:"有老汤(汤恩伯)去,我们就对南口放心了。"

北平美国使馆陆军参赞处随员 Frank Dorn(宝尔恩),陪着一位美合众社记者白得恩氏,在八月四日这天由北平通过日军阵地到南口来,他们和我们新到的生力军谈话,那位美籍记者说:"来到你们的阵地上,我是很大胆很放心的,但是我害怕到日军阵地去,因为没有把握他们是否会危害我。"……美国武官又诚恳地嘱告我们:"日本的飞机不可怕,但是你们要小心一点大炮和坦克车。"他的见地确是很对,以后的战役中果然如此。我们很感谢这两个中国友人给我们真挚的鼓励和忠告。

(《血战居庸关·抢防南口》)

惊心动魄的南口战役在亲临前线的方大曾笔下展示了它的惨烈和悲壮。当日军坦克向我军阵地进攻时,战士们冲上前去把手榴弹塞进坦克的射击孔,以血肉之躯与这可怕的"铁怪"搏斗,一整排战士在这场力量对比悬殊的搏斗中死去。缴获了六辆坦克,在我军阵地放了两天,无人会驾驶,又无法销毁,最后被敌人拖了回去。我军武器装备的落后于此可见。忠勇的中国军人面对凶恶的侵略者,完全在以命相搏。"十三军的将士们真了不得!他们奉到的命令就是死守阵地,但是这里何来阵地?一些临时工事也被炮火轰平,居庸关从今以后再也不会看到它的模样了,有的是我们忠勇的抗日将士的血肉所筑成一座新的关口!"(《血战居庸关·新的长城》)方大曾写到两军的肉搏,写到军队前赴后继死守不退,写到指挥战役的高级将领亲临前线的情景——

  王仲廉师长,他有强壮的体魄,高大的身量,黑而坚实的脸。师部设在居庸关山洞里,一辆火车作了指挥所。他本人和两位旅长四位团长,都在前线指挥,炮弹把他的头打伤了,若不是还有一个钢盔戴在头上,就不堪设想了。战争剥夺了他睡眠的权利,又瘦又黑表现他是一个为国宣劳的忠勇的将官。

  汤恩伯,这个铁汉子,他不要命了。十三军从军长到勤务兵,他们全不要命了!大家都把一条命决心拼在民族解放战争的火线了。他不是去年冬天在绥东见到他的那样状态[①],他穿一件短衬衫和短裤,手指被香烟熏得黄透了,从战争发动以来就没有睡眠的时间了,一切的精神,都用香烟维持着,瘦得像"鬼"一样,烈日把脸晒出焦黑的油

[①] 方大曾绥东采访曾拍有汤恩伯给部队作战前动员的照片。

光，衣领肥大的可以伸进一只手。只有两个传令兵跟着他，卫兵和勤务兵早已上了火线。

（《血战居庸关·"铁汉"之泪》）

方大曾写道，汤恩伯到前线去指挥，见了官兵，只能用嘶哑的嗓音说出一句"你们好好的打呀"，已经说不出第二句话；见到阵地上的士兵，两眼满含泪水，又强噎了回去。而官兵们几乎已认不出眼前的人就是他们的军长，待认出他时，都流下泪来。汤恩伯后来与日寇打过多次硬仗，除南口血战外，还参加过台儿庄战役、徐州会战、武汉会战、随枣会战、枣宜会战以及豫南会战等大型战役，重创日军。华北日军对汤恩伯所部十分忌惮，以为第一号劲敌。汤在抗战中，一直被誉为"抗日铁汉"，其源即出自方大曾的笔下。

从 1937 年 7 月 10 日到 9 月 18 日，方大曾足迹遍布长辛店、保定、石家庄、太原和大同，哪里有战役，哪里有热点新闻，他就赶到哪里去。这次采访中，他和范长江再次相遇。8 月下旬，范长江电邀方大曾前往大同商议工作，听说方大曾去了绥东。原来，他听说八路军挺进热河，他赶去采访，后来听说消息不确，又返回大同与范长江会面。勤奋的方大曾并没有放弃记者的职责，一路上写了《保定以南》《从娘子关到雁门关》等长篇报道，将强敌压境的太原等地抗战情况做了详细的报道。他在《保定以南》中写道："我们现在的战争不是内战，因而以往的那些应用于内战的军事作风应该从根本上改过。这是一个全民的抗战,是一个生死关头的民族解放斗争,每一个国民都应该并且必须组织在抗战行动之下,只有这样,我们才能够把握着最后的胜利。"这警醒深刻的洞见今天读来,仍令我们动容。大同战事吃紧,范长江和方大曾先后赶到石家庄,作为协调正面战场报道任务的著名记者范长江与方大曾商定,仍由他挺进平汉线,负责战地新闻的采访工作。范长江回忆道——

那时保定已万分吃紧,卫立煌将军所部三师增援南口落空,正与敌激战于永定河上游青白口一带。小方当时异常兴奋,他不只要到保定,而且更要到保定以北南口山脉中去。他带上充分的蓝墨水、稿纸和照相器材,急急由石家庄登上北去的列车,临别时,我说:"希望你能写一篇'永定河上游的战争'!"他很平和坚定地对我说:"我一定有很好的成绩答复你!"(范长江《忆小方》)

这是两位记者最后的告别。方大曾9月18日在山西蠡县向上海《大公报》发出最后一篇战地通讯《平汉线北段的变化》后,杳如黄鹤,再也没了消息……

837张底片

据方澄敏回忆,他的哥哥方大曾1937年7月离家后,中间曾回家一次,席不暇暖,又匆匆离去。自长辛店被日军轰炸受阻，接着就是平津陷落，他有家难归，母亲和家人音讯不通，正是"感时花溅泪，恨别鸟惊心"，他唯有将全部身心投入抗战中去，才能稍稍纾解对亲人的思念。方澄敏说，哥哥带走了平时积存的 40 个胶卷，他本来准备用它去拍摄四川大饥荒的，据说四川百姓断粮，以观音土充饥。外敌凶恶入侵，他只好把它用于抗敌前线。内忧外患的中国的纪录者方大曾，用他全部热忱和生命完成了他的使命。

我们注意到，方大曾自辗转于平汉线战地报道始，其影像报道就明显减少了。居庸关隧道里瘦得像个鬼的前线指挥官、含泪巡视他的士兵的将军、敌机轰炸下逃难的百姓、美国驻华武官大战前夕对中国军队的访问……这一切，理应进入他的镜头，但是，我们没有看到。作为战地摄影师，当他的眼睛看到这一切时，他的相机不可能停止工作，可是，身处弹雨横飞、硝烟弥漫的战场，哪里有洗印它们的条件呢？那些珍贵的影像在他的相机里，在他布满战地烟尘的背包里，它们等待着曝光，等待着显影，等待着进入世人眼帘和内心的时刻。但是，这永远也不可能了，随着方大曾谜一样的失踪，那些影像也永远地消失了……

日寇进入北平后，为怕敌人加害，方大曾的父亲把他存留的一些照片烧掉了。妹妹方澄敏坚信哥哥有一天会回来，出于对哥哥的思念，保存下一个小木箱，里边珍藏着哥哥拍摄的 837 张底片。这些底片保存得很好，每一张都分别装在一个纸袋里，整整齐齐摆放着。这里有哥哥的手泽、哥哥的温度。经历漫长的岁月，经历动乱的年代，多少牵肠挂肚，几次失而复得，谢天谢地，它还在。方澄敏从一个活泼的少女变成了一个白发苍苍的老人，这个小木箱成为她生命的一部分，她抚摸它，端详它，有时对着光亮看底片里模糊的影像……她一直住在协和胡同那座老宅里，即使那座不规则的四合院搬进很多人家，变成大杂院，她也没离开那里。她幻想着25岁的哥哥像从前一样推开院门，满面春风地走进来。在她走向暮年的岁月里，她知道这些底片曾经记录过一个时代，它们是珍贵的，她整理它们，到处奔走，期待它们能重见天日。摄影师阮义忠先生知道后，登门拜访，说服了方澄敏，带走了58张底片。返回途中遭遇台风，飞机剧烈颠簸，无法降落。生死之际，阮义忠先生仍然记挂着拎包里的底片。飞机平安降落后，阮义忠先生洗印了这些照片，并把它们刊登在由他主办的《摄影家》杂志上。这些照片面世后引起轰动，方大曾的名字和经历方为世人所知。这之后，中央电视台的纪录片导演冯雪松拍摄了《寻找方大曾》的纪录片，失踪在抗战前线的战地记者方大曾，那个以小方的笔名发表战地通讯和图片报道的25岁青年才进入我们的视野。最终，方大曾留下的837张摄影底片被国家博物馆正式收藏，成为我们民族永久的记忆。

与方大曾同时代出生的法国人亨利·卡蒂埃·布列松被称为"现代新闻摄影之父"，他比方大曾仅大四岁，当方大曾拿起相机摄影时，布列松或许正在法国军队里扛着来福枪服役。我们深感惋惜的是，方大曾如流星划破夜空，消失于硝烟弥漫的中国土地上,他消失得太早太早,他的记者生涯仅仅有两年。而布列松却活了96岁,见证并用相机记录了20世纪几乎所有重大事件,成为了世界著名人文摄影大师。布列松提出了"决定性瞬间"的抓拍理论,方大曾没有理论,但他有决定性瞬间的实践。布列松说,经过加工和导演的照片我没有兴趣,相机是直觉和自发性反应的工具,他还说,必须永远秉持对被拍摄者与对自己的最大尊重。这一切,方大曾在职业生涯中都本能而自觉地身体力行。方大曾是20世纪的中国人,我们无法预测他的命运和事业,但是,在他活着并工作着的最后时光里,他无愧于一个战地记者和优秀摄影家的光荣使命。他留下的,是值得永远记忆的东西。为此,我们感谢他。

帝国政治的窳败之斑
——晚清变法及宪政改革的几个节点

  1895年的中日甲午之战，庞大而衰朽的清帝国被一个剽悍而凶恶的小个子击倒在地，遍体疼痛，羞辱不堪，本身的病灶也在发作，苟延残喘中，已经看到了死亡的阴影。但也并非无起死回生之术，老帝国从地下挣扎着爬起来，打量一下面前凶神恶煞的对手，发现了眼前小个子筋骨强壮孔武有力的秘密，那就是君主立宪，革新政治，变祖宗之法，以应世界潮流，图富强之路。适有国人猛醒，康、梁等士子"公车上书"，光绪亲政，欲图振作，遂有"百日维新"。后经慈禧太后等顽固派的反扑，发动戊戌政变，六君子血染菜市口，光绪被囚瀛台，康、梁远走海外，变法遂遭遏阻。之后有庚子之乱，东洋之祸未息，西洋之衅又起，八国联军突入京城，两宫遁逃，国遭荼毒，列强豆剖瓜分之势已成，比之甲午更加危乎殆哉。四海之外，列强环伺，九州之内，革命迭起，顽固如慈禧者，迫于大势，也不得不思改弦更张，以图自救，于是有之后的宪政革新。从戊戌变法到宪政革新，这条政治变革之路一直贯穿晚清帝国的始终，前者由光绪领衔，后者由慈禧主导，好比给一个病入膏肓者施行一次繁难而历时长久的手术，其中的血管神经、衰朽的脏器、不止一处的癌变病灶……其繁复错杂，盘结勾连岂可一语道尽！执刀施救者稍一不慎，触碰到某一根似乎并不要紧的神经，不仅使这老大帝国巨痛号叫，且可促其速死。对于这段并不久远的历史，方家多有论证，本文只就其间几个节点，略加陈述。历史是必然性和偶然性相互作用的结果，历史的吊诡在于，恰恰是当时并不经意抛撒的种子结出了最后的果实（无论是善果和恶果），而经心培育的秧苗开的反倒是不结实的谎花。

罢堂官光绪失策——王照事件

光绪自打做了皇帝，一直活在慈禧太后的阴影里，他没有施政经验和执政能力，这不能怪他，因为处理国事，执掌朝政的是垂帘听政的慈禧，他没有实践机会。在宫中，他只是一个事事听命于人且没有行动自由的忧郁的青年。他亲政之后，首先要干的是非常复杂的变法工作。变法，对任何一个政治家来说都是危机四伏，充满凶险变数的政治博弈。因为它涉及权力和利益的再分配，反对者的势力无比强大，因关涉荣辱沉浮、身家性命，所以有顽抗至死的蛮劲，弄不好则有喋血萧墙之虞。在原有轨道上蹒跚而行的旧制度有一种因循的惯性，新事物总是令人看不入眼，要得到广大人民的支持和同情，就需要一个长期的过程。在这里，易于被民众接受的思想和大胆谨慎的行动缺一不可。所以，即便是那些经验丰富的政治家也会在权衡利弊得失后,方能下破釜沉舟的决心,并在决策和行动中缜密布局,力求百无一疏。这样的担子放在没有执政经验的光绪肩头其结果可想而知。不错,光绪有变法的决心和热情,但他实在是太嫩了。他久居深宫,太迷信帝王的权力,以为谕旨一下,国内就会风附影从。更不幸的是,他身边以帝师翁同龢为首的几个支持变法的大臣,如张荫桓、徐致靖、文廷式等,折冲樽俎有余,而审时度势不足,比起那些阿附太后的顽固派,如徐桐、刚毅之辈,不仅势力不抵,就是高层政治的手段和权术也稍逊一筹。至于进言谋划的康有为之辈,更是一介书生,对于实际的政治操作,幼稚懵懂,一窍不通,只可倡言造势,不足与言枢机。于是,变法伊始,光绪就忙于下旨。举凡军国重事、工农士商、造船修路、练兵开矿、办学著述、发明专利、裁汰冗员、旧俗改易……无不囊括,一日下旨几通乃至十几通。莫说这些改革措施一时尚有许多窒碍难行之处,即便可行,因循守旧的官僚们也不肯马上施行,因为他们知道,皇帝虽然亲政,真正的权力还是握在慈禧太后的手里,不看老佛爷的眼色,把宝押到皇帝身上是危险的。由于官员们的敷衍怠惰、徘徊观望,维新百日,光绪皇帝所下的300多道谕旨,大多都成了"空头文件"。

细枝末节的改革尚且如此艰难,改制立宪又谈何容易?光绪的焦躁是可想而知的。初掌国柄有急切事功之心的光绪觉得很多臣子都在和他作对,似乎敌人很多,又找不到具体的目标,惩戒之剑已经举起,谁会成为他泄愤的目标?恰在此时,发生了王照事件。

王照（字小航）时为礼部主事，品级很低，连和首辅谈话的资格都没有，更别提见皇帝言事。皇帝为了广开言路，实行开明政治，曾下旨准人民上书代奏，举凡大小臣工、民间有识之士对国事有建议，皆可上书言事，有关部门不得阻塞搁置。于是王照上书，条陈请皇上东游日本痛抑守旧一折，请部堂代奏。礼部堂官许应骙、怀塔布等根本没有把这个越级言事的小员司放在眼里，或许认为此人心术不正，出风头以图腾达，或许认为此人所言之事错谬不经，有违成宪，所以将折子掷还。皇帝前有部院司员及士民皆准上书言事之谕，且维新之势方张，王照自不肯罢休，于是再次具折弹劾堂官。时礼部侍郎堃岫、溥颋在堂，回护本部长官，令掌印者勿收。王照怀之而出，欲将弹劾的折子呈递都察院，两堂官方许代递。许应骙慌了手脚，马上给皇帝上了一折，既求自保，也图报复，其奏折云：王照"妄请乘舆出游异国，陷之险地。日本素多刺客，昔俄太子出游及李鸿章奉使皆遭毒手，王照既用心不轨，故臣等不肯代递，乃敢登堂咆哮"。原来王照劝皇帝出访日本，考察变法，乃是欲置皇帝于险地，其用心在谋害皇帝。我许应骙看穿了他的险恶用心，才不与代奏。此人为此"登堂咆哮"，蔑视官宪，成何体统！光绪皇帝看了许的奏折，认为礼部堂官"蔽塞言路"，且强词夺理，下旨"交部严议"，并回应许折应否出访日本的议论说："亲游外国之举，朕躬自有权衡，无烦该大臣鳃鳃过虑。"此语无异对许当头棒喝。光绪对许的恶感并非无因，这年五月，身为礼部尚书的许应骙就因阻挠废除八股等反对变法的主张被人参劾过，光绪已经把此人划到变法的对立面去了。部议的结果认为这几个人应该受降职处分，但光绪怒气难平，下旨将礼部许应骙、怀塔布等六个堂官全部罢免，并嘉勉王照"不畏强御，勇猛可嘉"的品质，赏给三品顶戴，以四品京官候补。这道谕旨切责礼部六堂官阻挠言路的渎职行为，"岂以朕之谕旨为不足遵也？"足见光绪对蔑视皇帝权威言行的愤怒。晚清帝国多年来实行垂帘听政的老人政治，皇帝无权，官员心中只有太后，并不把皇帝放在眼里。光绪最恨官员对他敷衍塞责，阳奉阴违，故出此愤激之言。

此举彰显了光绪变法的决心。皇帝为了推行变法，急于树立权威，对官员违忤、怠惰、抗旨不遵的行为给以严厉责罚。可事情却做得稍嫌鲁莽，这种随意赏罚黜陟的做法，平时尚且不可，况于变法之中。皇帝躁急使气，铸成大错，它的后果直接影响了变法的大局。被罢免的官员没有被皇帝的威权所慑服，他们还有比皇帝更大的主子。他们结伙跑到太后移跸的颐和园，跪在太后脚下哭诉。顽固守旧的官员们感到了威胁，他们团结起来，抵抗变法。大约两个多月前，在皇帝颁布"定国是"诏即宣布变法的第四天，太后就对皇帝采取了反制措施，下旨令支持变法的帝师翁同龢开缺回籍。赶走翁同龢等于明确表达了慈禧的态度，顽固派心里有底，当然有恃无恐，此时更加坚定了对抗皇帝和新法的决心，更多的观望者站到了反对者一边，变法者的处境更加艰难。皇帝当然也没有退缩，此事坚定了他的独断之心，在一些维新大臣的保举下，皇帝起用谭嗣同、杨锐、刘光第、林旭四人，参与新政，赏给四品京官。此时，太后与皇帝，变法派和守旧派已势同水火。皇帝不知道，谭、杨、刘、林四人事实上已被推到了屠刀下，他们还在做着大清国变法图强的美梦。这之后，皇帝又拟颁两道谕旨，一是开懋勤殿以议政，二是请日本明治维新的元老伊藤博文为顾问帮助变法。这两道谕旨到了太后那里被扣下，未获发表。变法派这时才明白已被逼到了墙角，唯有做困兽之斗，结果病急乱投医，乞灵于袁世凯，其失败也就是必然的了。

王照事件并非戊戌变法中的小关目，它是历史上的一个关键节点，是维新派和守旧派矛盾激化的分野，标志着光绪皇帝政治生涯的终结。马基雅维利认为，一个君主因为想法多变而导致变革不断，将失去人们的敬重（百日维新，下谕旨300多，不仅朝野上下无所适从，就是百姓也深感困惑），这对光绪只说对了一半。光绪有变法图强的热情，然而过于迷信帝王的权力，他在政治上的幼稚和躁急的性格也是他失败的原因之一。

修官制袁世凯离心——责任内阁与军机处之争

提到晚清政治，就不能不提到袁世凯。这是清王朝最后的政治强人，也是这个帝国的最后终结者。袁世凯是什么时候和清王朝离心离德的？他在何种情况下对王朝失望并心萌异志的？

袁世凯不为谭嗣同慷慨激昂的言辞所动,向荣禄告密,出卖变法,引发戊戌政变,光绪被囚,慈禧重新亲政。这件事情虽然使晚清的政治革新遭致挫败,但袁世凯绝非皇室贵族那般顽固的守旧派。他告密的举动,是出于对帝、后两党力量清醒的分析和自身政治前途的考量。对于君主立宪的变法主张他是同情和支持的,认为唯此才能使倾颓的大厦免于坍塌。于是,在庚子乱后,慈禧回到北京,惊魂甫定之时,时为直隶总督的袁世凯就和张之洞交章入奏,请定宪法、开国会、改定官制,推行新政。这些主张从触及专制体制的基础、动摇其根本来说,比之戊戌年光绪的变法更彻底也更为先进(光绪还没来得及做)。顽固而颟顸的慈禧因支持义和团的所谓"扶清灭洋",妄图靠作法念咒、长矛砍刀把"红毛鬼子"逐出国门,关起门来再过天朝至上的太平日子,结果引来八国联军,闯下大祸,签订《辛丑条约》后,风雨飘摇的王朝暂时苟延残喘地存活下来。经此巨创,慈禧也感到非变行新政不可,于是下九年立宪之诏。虽然力图延宕,但毕竟有了一些革新的举措。此时则为预备立宪期。袁世凯认为,朝廷既已颁布立宪诏书,预备立宪,推行宪政,可是朝廷的现行官制下行政权操于军机处,内阁几同虚设,司法不能独立,财政也无预算,一个靠人治而行专制的政府和三权独立的立宪国之体制大相径庭。自应改定,才好推行新政。袁世凯要求改定官制的奏折上呈后,得到批准,并由他亲自主持此事。应该说,此时的袁世凯是新政的积极推行者。

据参与其事的曹汝霖说，修改官制馆设在北京西郊的朗润园，抽调30余名知名的新、旧学者为编修，并由宝熙（字瑞臣）为提调，负责串联并综合各方各派之意见。学者们都住在园内，以求克期完成。官制的修改分行政和司法两部分，"各拟说帖，附以条例"，再由"提调"汇总，呈袁世凯阅定。袁世凯满腔热情，郑重其事，但结果却适得其反。

专制的官僚体制是一个盘根错节、勾连支绌、相互排挤掣肘、效率极低的国家机器。它的运行靠的是君主一人的恩宠和意志，众多官僚的野心和欲望是它的润滑剂，妒忌和倾轧使各种锈蚀的齿轮和部件绝对不可能做到协调一致。袁世凯这颗迅速升起的政治新星已经遭到了众多满汉大员们的疑忌和妒恨。他们认为，这个人风头太盛，有着不可告人的野心和目的。他要裁撤军机处设责任内阁，无非是想当内阁总理。所以，六部以及其余官制的存废改制尚称顺利，可是一到裁撤军机处立内阁就横生阻力，遇到了激烈的反对。几经易稿，均不能得到同意。反对最力者，除朝中的满汉大员和皇亲贵戚外，还有时为军机大臣的瞿鸿禨。瞿在朝中资历很深，是一个工于心计的老官僚，除担任军机大臣外还兼署外务部。日俄战争后，清王朝派庆亲王奕劻、瞿鸿禨、袁世凯三人为全权代表与日谈判在东北的权益问题，当时袁世凯为直隶总督兼北洋大臣，名位在瞿之后。所以，尽管袁世凯在谈判中发言最多，对清朝权益多所维护，每次发言后都要征询瞿的意见，小心翼翼问是否这意思。袁世凯当时已清楚当朝重臣对他的疑忌，所以谦逊退抑，格外小心。此次军机处存废之争逸出宪政改革的本意，直接关涉权位之争，所以格外激烈。袁世凯本为革新政治而来，平心而论，也不能说不存将来为内阁总理大臣、一新王朝政治之想。所以说他野心也罢、雄心也罢，他还是想在推行宪政中大展鸿图的。如今却处在矛盾的旋涡里，众矢交集，其心境可想而知。

军机处本来成立于雍正西征之时，其时因内阁办事迂缓，故另设军机处，大臣可随时奏对，以期速应戎机。后因方便，政事也渐归军机处，内阁等于虚设，大权独揽的军机处故沿袭至今。这种体制，不可能实行立宪政治。所以，此次官制修订的草案，是要以责任内阁为行政中心，下设各部，以操行政之权。按照各君主立宪国的通例，总理大臣由君主钦派，但须交国会通过。朝中亲王大臣对责任内阁多持反对意见，说什么君权下移流弊更甚，政权操之总理岂非独裁……种种奇谈怪论，既说明顽固派对新政的无知，更反映出权力争夺的激烈。其实既为立宪，君主和总理都应在宪法下行事，不存在什么君权下移和总理独裁的问题。皇族和枢廷重臣们之所以拼命反对，其实是唯恐袁世凯当上内阁总理。争来争去，把袁世凯改革政治的热情和雄心弄得烟消火灭。最后弄出个四不像的"皇族内阁"，设总理大臣一人、副总理大臣二人，均为钦派，仍每日向君主奏对，内阁竟不设公署，下设章京数人。另设执行吏部事的铨叙局、公报局、印铸局等，其实换汤不换药，只改个名堂而已。这是朝廷昏庸，对立宪政治毫无诚意，守旧派顽固不化,死抱权力不放的结果。等到上谕一公布,袁世凯更是闹个透心凉。内阁总理大臣为庆亲王奕劻,副总理大臣为徐世昌和那桐。袁世凯和张之洞内调为军机大臣,张之洞兼体仁阁大学士,袁世凯兼外务部尚书。两人虽被赋予荣衔,实质上都被褫夺了兵权。军队归朝廷统一调动,陆军大臣为反对变法的顽固派铁良,袁世凯的北洋新军和张之洞的两湖新军皆归陆军部节制。大概袁世凯唯一差可告慰的是,他的政敌瞿鸿机不久倒了台,被开缺回籍,瞿原来的所有权位皆由袁世凯接手了。

袁世凯抱着改革政治的热心而来,所得却适得其反,乘兴而来,败兴而返。离京前夕,在北洋所设宴通请王公大臣,并演了一出话剧,剧名为"朝鲜烈士蹈海记"。剧情大意为:朝鲜顽固党争名夺利,与一烈士争论。烈士力陈如不变法,即将亡国,顽固大臣只顾权力,不肯改革。有一大臣调停其间,一面劝烈士不宜鲁莽,一面劝大臣强敌当前应以社稷为重,如不变法难以图存。大臣不听,后日本进兵,迫王退位,国家遂亡。烈士痛哭流涕,慷慨陈词后蹈海而死。这或许是根据朝鲜真实的历史人物所编写的剧本,其中所蕴含的警示意义不言而喻。袁世凯精心组织上演这出戏,寓有表达自己心志,唤醒朝中顽固大臣之意。这是艺术为现实政治服务的一次好的范例。据在场观看演剧的曹汝霖回忆,演员表演很精彩,演到烈士蹈海而死一节,场上竟有流涕者。可见国势危殆,人有同感焉!然而王公大臣们不会因为一出戏就改变自己的态度,专制特权是个好东西,死到临头也不会放手,他们是下决心抱着它为垂死的帝国殉葬的。

历史上的大事件都是由人搬演的,研究历史岂可忽视人心的变化?袁世凯在这次立宪变法修订官制的过程中对清王朝彻底失望,对帝国的起死回生也不再抱有期待。用曹汝霖的话说就是"从此灰心变志"。但是他蛰伏起来了,虽然他也算身居高位,但他对他所服务的帝国已失去了热情和忠诚。曹汝霖说:假使实行内阁制,予袁世凯以实权,或可能挽救危局,维持清室,亦未可知。然而历史不能假设。这件事的直接结果是清王朝为自己准备了最后的终结者。等到两宫宾天,三岁的宣统即位,摄政王载沣为了替乃兄光绪报仇,竟要逮杀袁世凯。使王公世臣错愕不已。后经张之洞竭力谏阻,袁世凯捡了一条命,被赶回了河南老家。这时候,袁世凯和帝国最后的情感维系被彻底斩断。等到武昌起事,革命蜂起,袁世凯终于被起用做了总理大臣,但这时他已非复往日心态,没有半点拯救帝国的想法了。他眼看着这个垂死的帝国徒劳地挣扎,并亲手扼紧了它的咽喉……

请愿遭拒激成革命——咨议局的联合请愿运动

清末立宪意义最重大的举措就是各省咨议局的创立。它是由各省选民直接选举的代议制机构,地方知名士绅和知识精英成为咨议局的骨干成员,其中很多人在日本学习过法政,他们有很强的参政意识。在中国专制王朝政治架构内,第一次有民选人士参与政权的管理和监督,使各省拥有军事和行政大权的督抚一人专断的权力大大受限,这是具有划时代意义的政治变革。曾为晚清官僚的曹汝霖晚年评价其意义时写道:"咨议员由人民按照选举法选举,议长由议员公选,此为中国人民开始有了选举权。此次虽属初次选举,且是地方选举,却没有弊病,可见中国知识分子,已有了行宪的资格。"

因是民选的参政机构,虽尚无完全的立法权,但对地方应兴应革之事乃至对督抚的监督仍有很大的权威,所以,钦派的地方大员对咨议局也有所忌惮。至1909年,运行数年的咨议局在政治上愈加成熟,他们开始干预国事,对数千年专制君主毋庸置疑的权力发起挑战。先是政府当局承诺以九年为期召开国会、颁布宪法,咨议局的议员们认为清政府有意延宕立宪进程,遂有各省咨议局关于缩短预备立宪期,提前召开国会,实行宪政民主的请愿行动。

这次请愿行动动员了社会各界的力量,由江苏省咨议局首倡发起。1909年10月14日是各省咨议局会议开幕的日子,咨议局开会的前一天(10月13日),江苏咨议局局长张謇即与江苏巡抚瑞澂以及雷奋、杨廷栋、孟森、许鼎霖等议定,决定联合各省督抚及咨议局一致要求速开国会、组织责任内阁。由瑞澂负责联络各省督抚,张謇负责联络各省咨议局,具体工作由杨廷栋等人助之。同时,浙江的汤寿潜及巡抚增韫完全赞成张謇、瑞澂的意见,这样江浙两省的巡抚与咨议局首先在速开国会、组建责任内阁的问题上达成共识,成为国会请愿运动的带头人。在他们的努力下,16省代表共51人齐聚上海,经多次磋商决定组成由33人组成的请愿代表团，定名为"各省咨议局请愿联合会"，以直隶咨议局代表孙洪伊为领衔代表，方还、罗杰、刘兴甲、刘崇佑等四人为干事。请愿代表抵京后受到首都各界的欢迎，同时孙宝琦等多名督抚及驻外使臣也电请政府俯从舆论，速开国会。

这次请愿的结果并没有达到目的。清政府先派宪政编查馆提调宝瑞臣出面应付请愿代表，孙洪伊等代表要求面见总理大臣奕劻，遭到奕劻拒绝。朝廷内的一些官员也有同情咨议局请愿代表之主张者，向总理大臣进言。然而，奕劻等人根本就没有倾听并尊重民意的习惯，认为请愿代表的做法是要挟君上，即便不是犯上作乱，也属大逆不道。如果听了他们的，民意嚣张，君主和政府权威何在？他们脑子里满是君臣义理，哪里有什么现代民主政治的意识，所以，坚决不肯让步。清政府的顽固和对民意的蔑视激起了请愿代表的愤怒，社会各阶层对政府的不满也在发酵。迨至翌年（1910年）5月，各省咨议局代表进行二次请愿，清廷发布谕令，坚持九年预备立宪期不变。代表们坚持不懈，又有三次、四次请愿。这些请愿活动，彰显了人民推进宪政的决心和热情，暴露了清廷顽固与人民对立的立场，客观上起到了革命舆论的动员作用。后两次有青年学生参加的请愿活动中，甚至有写血书、自残乃至自戕的激烈行为。这真是数千年未有之大变局，帝王专制的愚民治民传统走到了尽头，古老的华夏大地上现代政治的序幕正在拉开。然而，出于专制统治的惯性，即将崩溃的国家机器仍在旧有的轨道上滑行，清政府竟然利用警察把各省来京的请愿代表递解回籍。它的结果是，人民对政府完全失望，立宪派转向了革命。虽然后来改为五年立宪期，但民心已失，一切都晚了。

在此次咨议局请愿活动中，著名立宪派代表人物梁启超的言行格外具有代表性，在二次请愿失败之后，梁启超撰写两篇文章——《论政府阻挠国会之非》和《为国会期限问题敬告国人》，对速开国会之理由、延宕之不利以及政府漠视民意面临的危险给以详尽的讨论。但他还是对参与者强调了和平请愿的温和立场。迫于民众的压力，1910年清廷发布宣统五年召集国会的谕令，梁启超愤慨写道："时局危急，极于今日。举国稍有识，稍有血气之士，佥谓舍国会和责任内阁无以救亡，尔乃奔走呼号，哀哀请愿，至于再，至于三……"清政府的腐败和顽固，使这个温和的立宪派终于对朝廷失去信心，思想乃至言论都渐趋激烈，在一篇演说辞里，梁启超愤然大呼曰："犹记当举国请愿国会最烈之时，而政府犹日思延宕，以宣统八年、宣统五年等相搪塞。鄙人感愤之极，则在报中大声疾呼，谓政府现象若仍此不变，则将来世界字典上，决无复以宣统五年四字连属成一名词者。"清廷的顽固使之迅速覆亡，梁氏之言终成谶语。

关于清廷罔顾民意，一意孤行，终于酿成革命的情形，徐佛苏在《梁任公先生逸事》中言之颇详，录之如下：

> 虽然，梁先生仍不满意清廷缩短立宪期限之举，曾函

勉余与孙洪伊诸君,谓吾辈同志为预防全国革命流血惨祸起见,劝告各省法团向政府和平请愿,此原系至缓进之法。不料吾辈要求声嘶气绝,而政府毫无容纳之诚意。然吾辈何颜以对国民及各省请愿代表,并何颜以对激烈党人乎?故今后仍当作第二次、第三次之激进请愿,不达到即开国会之目的不止。余等闻先生之主张,至愧至悚,孙洪伊先生更有血忱义愤,百折不挠,乃复领袖法团继续请愿。及第二次请愿书留中,孙君更愤。其第三次请愿书中,措辞则甚激昂,略谓"政府如再不恤国民痛苦,不防革命祸乱,立开国会,则代表等唯有各归故乡,述诉父老以政府失望之事,且代表等今后不便要求国会矣"等语。窃按末次请愿书措辞如此愤激者,其言外之意,系谓政府如再不允所请,则吾辈将倡革命矣。更不料清廷因此震怒,立下明谕,勒令代表等出京还里。各代表闻此乱命,亦极愤怒,即夕约集报馆中,秘议"同人各返本省,向咨议局报告清廷政治绝望,吾辈公决密谋革命,并即以咨议中之同志为革命之干部人员,若日后遇有可以发难之问题,则各省同志应即竭力响应援助起义独立"云云。此种秘议决定之后,翌日各省代表即分途出京,返省报告此事。然清廷毫无所闻,方幸各省请愿代表已经出京,则中央政府仍可苟安无事矣。

武昌新军一次准备仓促的军变不足以使帝国倾覆,而以此为契机，各省咨议局纷纷宣布独立，清王朝众叛亲离，才最后瓦解崩溃。许多学者对这次晚清的请愿运动给以了很多制度层面的分析，并对中国有望迈入现代化国家而失此良机深感痛惜。还有人认为，清政府九年预备立宪期并不算长，中国知识精英有着理想主义情结，想毕其功于一役，张扬激进，结果在这场政治博弈中双方皆输。还有人假设当年奕劻等朝廷权贵们若能够俯察民情，接见代表，双方通过谈判协商各让一步，既使清廷保全，又使宪政得以实现，中国如今岂不如英国、日本一样成为虚君共和之国？这个假设事实的不可能乃在于文化层面。宪政民主制度的核心是平等协商，它的前提是人生而平等，每个人皆有他的自然权利，所谓乞丐之居，风进得，雨进得，帝王不经主人允许却进不得。可是中国数千年的专制统治，使居于上位者向来视民众如草芥，漠视甚至仇视舆情民意，高高在上，颠顶霸道，怎肯轻易和"臣民"对话？他们自以为权力在手即万世不易，岂知覆亡就在转侧之间。以此祸国而招致万世唾骂者不知几多，这是人人都看得到的事实。

光绪遭毒杀猝然而亡——帝国的家事与国事

在皇权专制的国度里，君主的死亡常会使帝国陷于严重危机，尤其是那些雄强专断之主，他的死亡可能给国家带来动乱或使国家灭亡（西方的亚历山大大帝和中国的秦始皇死后，他们开创的帝国很快就在连年动乱中消亡了）。晚清帝国的光绪不是一个有作为的皇帝，他徒有皇帝之名，手中并不握有国家的权柄。然而，由于他亲政后短暂的变法举动，他赢得了国人普遍的同情，一度是君主立宪派的希望所在。他的猝死，使中国维新改良的路子彻底断了，通过和平改良使中国成为君主立宪国再无可能。不久，便是帝国的覆亡和动乱的开始，走的是所有王朝终结后重新洗牌的老路。

光绪，名载湉，慈禧太后妹妹的儿子，其父为醇亲王奕譞。慈禧亲生儿子同治皇帝 19 岁死去，慈禧即选中年仅四岁的载湉为皇位继承人，在后来 34 年的时光里，他一直生活在慈禧的淫威之下。先是慈禧垂帘听政，军国大事皆决于这个乖戾残暴的女人，待光绪到了亲政的年龄，慈禧不得已将政权交与他，移跸颐和园，名为颐养天年，实际仍掌控着光绪的命运和国家权力。光绪亲政后实行变法维新，帝、后形成维新和守旧两党。维新百日，发生戊戌政变，慈禧把权力重新夺回手中，光绪被幽囚瀛台。慈禧对光绪充满仇恨，对之百般虐待。此时，皇帝个人处境极其悲惨，中国的政治现实也更加黑暗。光绪和慈禧的恩怨，帝、后两党的争端关乎着中国的政治命运。

光绪亲政变法的日子里，他目睹国运衰败，本想力图振作，有一番大作为的，因此才雄心勃勃，擢用新人，废黜旧党，屡颁新法谕旨。在遇到来自慈禧的遏阻后，他甚至有帝心自用的独断之心。帝师翁同龢被慈禧开缺回籍后，"皇上至是时，亦知守旧大臣与己不两立，有不顾利害誓死以殉社稷之意"（梁启超《戊戌政变记》）。谭嗣同等人对变法开始寄予深望,对皇帝的权力也很迷信,光绪让他起草开懋勤殿的诏旨,并亲自往颐和园请命太后,京城朝野皆知此事,可是诏旨迟迟不下,谭嗣同才知皇权不可倚恃,变法前景凶险莫测,"君退朝乃告同人曰:'今而知皇上之真无权矣。'"(梁启超《谭嗣同传》)此时变局已显,从皇帝到满腔热情的变法新党都感到了大祸立至的森森寒气。至慈禧政变成功,再掌国柄,对皇帝已生虐杀之心。先是造光绪病重的舆论,以备光绪死后可平息舆论。王小航所著《方家园杂咏纪事》记其事云:"戊戌八月变后,太后即拟废立,宣言上病将不起,令太医捏造脉案,遍示内外各官署,并送东交民巷各国使馆,各使侦知其意,会议荐西医入诊,拒之不可。"国人的舆论和外国使节的干预使慈禧不敢悍然行事。慈禧及朝中顽固派大臣有废光绪帝以端王载漪之子溥儁取而代之的阴谋,全国舆论沸腾,遭到朝野开明人士一致反对。朝中反对最力者是两江总督刘坤一,上海电报局长经莲珊先生联合绅民千余人电争,海外华侨也纷纷来电谏阻,慈禧最信重的荣禄也反对废立,废立之谋暂时搁置。《方家园杂咏纪事》对此记之颇详,因篇幅所限,兹不具录。荣禄虽为慈禧一党,但对帝、后二人有清醒的认识。"荣禄是年曾与高阳李符曾言:皇上性暴,内实忠厚;太后心狠,令人不测。"这个狠戾暴虐的老女人最终还是毒杀了光绪。

光绪猝死于光绪三十四年(1908年)十月二十一日酉时,慈禧死于十月二十二日未时,前后相隔不到20小时。光绪之死因,一直众说纷纭。自2003年始,国家清史编纂委员会、中国原子能科学研究院等有关部门对光绪两小绺头发元素含量进行科学检测,证明光绪死于砒霜中毒。众多历史资料证明,光绪虽遭多年虐待,但正当盛年,并无必死之症,他是遭了慈禧的毒手了。曾在清宫为官的曹汝霖晚年回忆说,他曾问过为皇帝传诊的西医屈桂庭博士,屈说:"他传诊三次,已在驾崩不久之前,首两次诊不出什么重症,第三次临时传诊,见皇帝神色大变,连呼腹痛,在床上乱滚,伺候在旁者,只有太监两人。听说那时太后亦病得厉害,顾不到皇帝这边云,是夜皇上即升遐。"屈桂庭后来也用文字记载过此事,医生目睹皇帝中毒情形的话应该是可信的。曹汝霖说:"太后近患伤寒出血腹泻,中医名为漏底伤寒,西医对伤寒肠破出血,亦认为严重,为不治之症。传闻太后临危之前,恐皇帝又再起秉政,出于嫉妒,密令进毒,故皇帝先一日而崩,太后越日也宾天了。"此说揆之当时政情,可信之成分较多,可见慈禧对光绪帝的狠毒,至死不变。尽管宫廷大内,斧声烛影,令人莫测,但是,慈禧毒杀光绪的事实经过史料的发掘和专家的论证,应无疑义。

那么,慈禧为什么要毒杀光绪呢?难道他们之间真有不同的政见吗?太后真有不同于皇帝的治国方略吗?非也。慈禧对光绪的仇恨完全来于权力的欲望和歹毒的嫉妒。《曹汝霖一生之回忆》记述了自己被太后和皇帝召对的情形,慈禧详细询问了日本的明治维新,看来对变法也并无恶感,思想并不顽固。慈禧是个喜欢大权独揽的人,王小航对变法失败曾有如下

论述:

> 戊戌之变,外人或误会为慈禧反对变法,其实慈禧但知权力,绝无政见,纯为家务之争。故以余个人之见,若奉之以主张变法之名,使得公然出头,则皇上之志可由屈而得伸,久而顽固大臣皆无能为也。……此策曾于余之第一奏折显揭之,亦屡向南海(康有为)劝以此旨,而南海为张荫桓所蔽,坚执扶此抑彼之策,以那拉氏为万不可造就之物。

戊戌变法的失败,维新派固然有许多策略上的错误,但在专制独裁的制度下,一切为国为民的大政方针,弄来弄去,最后都演变为几个人的权力斗争,事情原来的对错是非反倒不重要了。

慈禧谋害光绪缘于家务之争,并非因为变法,《方家园杂咏纪事》中记载有奕谟一段话,亦可为证明:

> 庚子团匪弥漫之日,守西陵贝子奕谟告逃难至西陵之齐令辰,曰:"我有两语概括十年之事:因夫妻反目而母子不和,因母子不和而载漪谋篡。"谟贝子成皇之胞侄也。

关于光绪和皇后夫妻反目,慈禧囚禁珍妃,庚子事变慈禧逃难离京前命太监崔玉桂将珍妃抛入井中的事,是人人耳熟能详的,所以后世也有隆裕皇后毒杀光绪的猜测。

君主专制的王朝是家天下,所以帝王的家事也就是国事。最高统治者就是家长,在位者贤与不肖,直接关乎国家的命运和亿万苍生的祸福。慈禧其人是否有治国的才能？义和团闹起不久,端王刚毅为之庇护,称为义民,带入宫中当着慈禧的面表演念咒避弹之法,说确实能避弹。于是慈禧令宫中设坛,并令懿亲王公连同太监卫兵每天在宫中换了短衣窄袖,蹦蹦跳跳,如痴如狂,也练起念咒作法的把戏来,妄图以此排外,把洋人赶出中国。后来杀害德国公使克林德,使董福祥军连同北京团民攻打各国使馆区达一个月之久,终于引来八国联军攻毁大沽炮台,长驱直入北京,国遭大难,民受荼毒,她自己换了村姑衣服逃到了西安。最高统治者作恶之后,总有下面的倒霉蛋做替罪羊。开头大臣许景澄上书拳民之法术不可信,触怒慈禧被杀。如今外敌入都,国家残破,又使李鸿章与洋人议和,签订屈辱的条约,出卖国家的主权。老迈的李鸿章干了这样的窝囊事后,吐血而死。慈禧反过来赐死或贬黜几个支持拳民的大臣,照例还在高位之上,听到的还是我主英明,山呼万岁之声,国家的损失和人民的苦难算得了什么呢！这样一个愚蠢歹毒的女人竟统治东方的庞大帝国达几十年之久,直到她在74岁那年罹恶疾身亡。

专制统治是人治,没有成宪可以限制最高统治者。持久的权力可以生成权力依赖,加上长期培植的臣僚和爪牙,扎根于迷信权力的荒昧土地上的独裁之树轻易不会被撼动。即使他恶贯满盈，也总会文过饰非，加上钳制舆论，遮瞒真相，暴君会打扮成明主，只有死亡才会终止他的恶行。专制统治是最讲究君臣名分的，然而强者为王的丛林法则使名分道统之类常常变乱从权，为我所用。如垂帘听政，帘子后的人如果对前边的人不满意，是会怒冲冲从帘子后跑出来的，或者换马，或者干脆把帘子撤掉，无须任何程序。

晚清帝国覆亡已经一百多年了，回顾历史，历数它表面上的窳败之斑，如脓疮毒瘤，何止一处，内瓤已经完全溃烂，欲其不亡，岂可得乎！

跋

一

树山先生蛰居塞外小城萨尔图，日读书史，偶作小文，茗边少清谈之客，牖外乏悦目之景，光阴俇偬，不觉老之将至。忽一日，听窗外零落的鞭炮声，方觉己亥猪年已尽。除夕日，枯坐书案前，在微信朋友圈发四句短语云："书册乱叠如堆石，心意怫郁似层云。神州疫疠惊江海，千门万户祷平安。"配发一书案电脑照片，给远方的朋友拜年。第一句是眼前景，第二句是心中情，时疫猖獗，举国惊惧，我所在的边远省也已启动突发公共卫生事件一级响应机制。庚子年春节，行人皆掩面，惶惶欲断魂。空寂此城中，又逢庚子春。掩面者，为防病毒入侵，皆以口罩掩口遮面也，此情此景，能不令人心头沉重，如层云堆叠吗？

中国古人例以天干地支纪年，天干中的庚字配以地支中的子字，即为庚子年，每个纪年皆60年一轮回。十二属相例以

12种动物为每一年的标志，这也是中国传统文化中独有的。凡中国人，都会记得所生那年的属相，那里似乎隐隐包含着你的性格及命运的密码。庚子年，属相为鼠。鼠，并不是怎么令人喜欢的动物，獐头鼠目、鼠窃狗偷、无名鼠辈……这些成语都非褒义，但它和鼠年出生的人并无任何关联。

传染病中极为可怕的鼠疫就是由老鼠传播的。鼠疫又名黑死病，14世纪爆发时，仅在欧洲就造成了数千万人死亡。法国作家加缪在第二次世界大战中创作了一部不朽的小说《鼠疫》，小说讲述一座叫奥兰的城市发生鼠疫，突如其来的瘟疫让人不知所措。政客狂妄无知，掩饰透过，甚至想利用灾难来获取利益；小百姓恐慌无助、自私贪婪，每天都过着颓废的生活。瘟疫城市被重重封锁，无人能够自由进出。被困在城中的人民，朝思暮想住在城外的亲朋好友。主人公里厄医师挺身而出救助病人，他的妻子却远在疗养院，生死未卜。灾难过去后，阳光重新照耀这座城市，从肆虐的瘟疫中活过来的人们惊魂甫定，就忘记了曾经历的灾难。加缪借鼠疫隐喻法西斯的战争和一切加诸人们身上的灾难，它是人类过去曾经经历，现在正在面对，甚至将来仍旧无法幸免的各种灾难的象征和缩影。加缪在1957年获得诺贝尔文学奖，这个伟大的作家用他的作品提醒说：人们啊，要警惕啊！"鼠疫"还会重新出现的！

这是2020年第一个月份将尽的日子，中国又逢庚子年，鼠疫没出现，新型冠状病毒肺炎开始肆虐。

阳光总在风雨后，有人会死去，多数人还将活在这个世界。个体生离死别的悲剧或许会使我们涕泪滂沱,但一个民族的历史呢?60年天干地支的纪年轮回,对于历史来说,的确是微不足道的一小步,个体的短暂生命,可能会经历一次纪年轮回,但个体的记忆总是那么微弱、细碎而无意义,并且易于被雨打风吹去,民族的记忆则会铭刻在历史上。黑格尔有一句话,它通常被翻译为:"人类从历史中得到的唯一教训就是人类不会从历史中汲取任何教训。"就是说,人类会不断地重复历史。这并非说人类是一个蒙昧健忘的物种。我们还记得莎士比亚对人的深情赞美:宇宙的精华,万物的灵长。但是人类也会在茫茫的荒野上重复地掉进一个坑里去。头顶没有文明的太阳照耀,在黑暗中闭着眼睛游荡。闭着眼睛而又信心满满,这是一种疯狂,而疯狂是拒绝规劝的。这不是一个人的状态,而是一个种群的状态。

本书取材的历史时段是上推两个庚子年左右,即上溯至1900年左右的零星记忆。本书所涉及的人物皆已亡故,唯有他们的事功供今人寻绎和叹惋。可是,1900年,即20世纪开初那个庚子年,则以中国最后一个王朝弥留之际的痉挛和抽搐的怪诞举动而铭刻在历史的记忆中。

二

1900年的事件,例称"庚子之变"。

那一年,中国大地上活跃着一群名为"义和团"的"爱国者",他们是一些旁门左道的信徒,多为农民和小生产者,不识字，世代生活于中国传统的乡村和小城镇，从说书人那里知道关公、武松、姜太公之类传说人物，易于被某种懵懂的邪说所蛊惑并肯于为之赴汤蹈火。这支黑暗、隐蔽和邪祟的力量被清王朝所深忌，嘉庆十三年，皇帝就曾下诏地方官，严惩聚众设会，其名目中就有义和团的前身。到了1900年，这股邪祟的力量打出了"扶清灭洋"的口号，被清王朝颟顸愚钝的统治者所收编，开始了以原始巫术对抗西方列强，以封闭落后的小农经济对抗全球贸易和商业文明的战争。

在这之前，以西太后为首的清王朝的顽固派镇压了"戊戌变法"，诛杀了变法的"六君子"，提倡君主立宪以行变法的康、梁逃亡海外，西方列强对中国和平转型和世界商业文明接轨的期待落空。西方一些国家力求以外交手段迫使西太后还政于光绪皇帝，以便和清王朝在商业文明的规则和话语下对话和交往，以维护自己的商业利益。这使西太后又怕又恨。可帝国衰落，军备废弛，没落的八旗子弟和冷兵器无法和西方的洋枪洋炮对抗。此时，恰义和团提出"扶清灭洋"的口号，这些大清王朝的"爱国者"据说念咒作法后有神力附体可刀枪不入，杀洋兵洋人如切瓜砍菜，西太后心为之动。

义和团初起和兴盛于山东各地，山东巡抚毓贤极力奖掖和扶植，他们多有攻击西方传教士和信徒的暴行，皆受毓贤的暗中和公开鼓励。在西方有关国家的抗议下，迁毓贤于山西，派袁世凯任山东巡抚。袁知其不可恃，且为国家动乱之源，故痛剿之。其信徒多向直隶一带流窜。清宫内愚昧的官僚如协办大学士、兵部尚书刚毅等引义和团数名徒众进宫，为西太后表演刀枪不入之术，西太后信之，于是纵容鼓励。光绪二十六年夏，得官方支持，义和团大盛，焚教堂，杀教士，毁铁路，断电线，京津交通为之中断。西太后之居心，是利用义和团这股邪祟而毫无理性的力量对抗又恨又怕的西方"蛮夷"，以保护自己不容挑战的专制权力，所谓义和团的爱国志士不过是被清王朝利用的炮灰而已。他们的咒语和抹在脑门上的妇女经血并不能抵御洋人的子弹，刀枪不入，不过是被洗脑后的谵妄和精神错乱。西方各国为保护自己的使馆、侨民和商业利益皆征兵自卫。是年五月二十五日，西太后的朝廷竟向西方各国下宣战之诏：

> 朕今涕泪以告宗庙，慷慨以誓师徒，与其苟且图存，诒羞万古，孰若大张挞伐，一决雌雄。彼尚诈谋，我恃天理。彼凭悍力，我恃人心。无论我国忠信甲胄，礼仪干橹，人人敢死，即土地广有二十余省，人民多至四百余兆，何难翦彼凶焰，张国之威。①

专制统治者居权力峰巅，为所欲为，世代的专横跋扈，无欲不行，已使其产生一种精神幻觉，就是"普天之下，莫非王土"，黎庶百姓，尽是他们的奴仆，所谓土地二十余省，人民

---

① 吕思勉：《中国近代史》，北京：中华书局，2015年，第148页。

四百余兆,都是他们的本钱,"天理"和"人心"都在他们手里,"涕泪"加"慷慨"就足以鼓荡起古老中国对抗世界潮流的蛮力。于是,下令董福祥统帅的甘军及义和团的乌合之众向西方使馆区发动进攻,又命各省速杀洋人。

法国著名的汉学家,当年尚年轻的伯希和在《北京日记》中写道:"中国人准备同一时间与全世界为敌,这真是个绝妙的想法。……中国人一直以为是最强大的,然而这五十多年来在被视为圣地的首都到处可见一些长着长长的红色或黑色毛发的妖魔,这些年积累起来的对这些妖魔的忌恨令中国人使出浑身解数向外交团挑衅……"这段话可见古老封闭的中国融入世界的艰难。统治者的妄自尊大、闭关锁国造成了国民的蒙昧,他们对世界大势一无所知,习惯于窝里斗,残害同胞,自认为忠君排外就是爱国。

庚子之变的大致过程如下:

湖广总督张之洞、两江总督刘坤一联合东南督抚,认为朝廷"乱命"而不奉诏,与各国领事订《东南保护约款》,不与战事之约,战区乃得缩小,避免了以举国之力对抗西方而使更多百姓生灵涂炭的结果。

英、俄、法、德、美、日、意、奥八国联军,以五月二十一日抵大沽,进攻天津,提督聂士成战死,天津沦陷。

直隶总督裕禄兵溃自杀。

长江巡阅大臣李秉衡率军驰援,兵溃,死之。

联军攻陷通州,7月底进攻北京,西太后及光绪皇帝逃走,先至太原，后逃至西安。

8月14日，八国联军攻入北京。清王朝战败与西方各国议和。

义和团除了死于战场的炮灰和作为替罪羊被杀的头领外，皆作鸟兽散。

庚子之乱西太后为祸首，最后的结果是其向西方诸国求饶，杀朝廷首祸诸臣也就是曾支持她的替罪羊，赔付巨额战争赔款，开放更多通商口岸，削平京师附近海防炮台，两年内禁止西方军火及军事物资进口以及停止考试，制止排外，为被杀洋人立碑昭雪等善后措施。统治者昏庸作恶的一切后果除了由倒霉的臣子承担外，大多转嫁到普通百姓身上。

1900年的庚子年，"中国人准备同一时间与全世界为敌"，其结果是，专制王朝最后抽了一次疯，然后迅速走向了终结。

三

庚子之乱已过去了120年，当年风头无两的义和团已成历史陈迹，但是，它的幽魂还在古老的土地上徘徊，在某些"爱国者"滚烫的血管里奔窜，这股蒙昧而毫无理性的力量仍在伺机复活。我们可以历数一下它当年的战绩：

> 据不完全统计，整个庚子劫难中，天主教传教士遇难44人，信徒18 000人；基督教传教士（及家属）遇难186人（或188人），信徒1 912人（另说5 000人）。（傅国涌

《庚子年：一百八十年来故国》）

从以上的统计中，我们看到，"扶清灭洋"的义和团所"灭"的还是自己的同胞最多。1925年，鲁迅先生在《杂忆》一文中写道：

> 或者要说，我们现在所要使人愤恨的是外敌，和国人不相干，无从受害。可是这转移是极容易的，虽曰国人，要借以泄愤的时候，只要给与一种特异的名称即可放心割刃。先前则有异端、妖人、奸党、逆徒等名目，现在就可用国贼、汉奸、二毛子、洋狗或洋奴。庚子年的义和团捉住路人，可以任意指为教徒，据云这铁证是他的神童眼已在那人的额上看出一个"十"字。

鲁迅年轻时读《庚子记事》，曾愤然曰："其举止思想直无异于斐、澳野人。"在"西方敌对势力亡我之心不死"的舆论环境和动辄抵制外国货的喧嚣中，我觉得我们的民族离1900那个庚子年似乎并不遥远，不是有人因开了一辆日本车被年轻的"爱国者"用U型锁砸开了脑壳吗？

因怯懦而凶残，因愚昧而狂妄，极度自负而又极度自卑，得意时目空天下，唯我独尊，被狠揍后立刻成缩头乌龟，下跪求饶，事过后再重新张狂，故态复萌。这是王朝的性格，也是王朝治下许多臣民的性格。

但也不尽如此,除了本书所列游走于体制内外的诸多读书人外,即便王朝官员中,也有睁开眼睛看世界的清醒者,他们下场如何呢?庚子之变中,一些官员反对西太后依恃义和团和西方各国宣战,认为这无异于置帝国于祸乱之中,失败的后果不待预卜可知。但他们的忠诚和智慧不仅不被王朝所鉴,反因和决策者意见不同被砍掉了脑袋。"兵部尚书徐用仪,户部尚书立山,吏部左侍郎许景澄,内阁学士兼礼部侍郎联元,太常寺卿袁昶,均以直谏被杀。"① 尽管事后恢复了他们的名誉,再赐给他们原来的官职,但他们的头颅只能被置于王朝失败的祭坛之上了。

体制内的臣子如此,游走于体制内外,历来被王朝统治者所深忌的知识分子和读书人,他们难道会有更好的命运吗?

康有为、章太炎、严复、黄遵宪、梁启超、汤寿潜……他们活动于王朝末期,是中国传统的旧式读书人向新型的知识分子转化的一代人,"生于末世运偏消",他们的失败是时代造成的。我们这里稍稍向上追溯,举出另外一个在正史上并不那么出名的人物,看一看王朝体制下一个臣子的命运。

吴可读,字柳堂,甘肃皋兰人。道光庚戌进士。历官至河南道监察御史,因敢言直谏,触怒了皇帝,不仅被罢官,险些被砍头。

事情是这样的:满族官员成禄为新疆乌鲁木齐提督,诬民

---

① 吕思勉:《中国近代史》,北京:中华书局,2015年,第148页。

为逆，大开杀戒，滥杀当地百姓，并向朝廷虚报"胜状"，此事被左宗棠上书举劾。廷议核实后，已定成禄之罪，上报给皇帝的疏稿也已完成。可这时事情发生了逆转，醇亲王后至，袖中藏一稿，当众宣读，不仅不治成禄之罪，反要严惩"言者"，就是主张追查和惩办成禄的人，他们的罪名是"牵合天时，刺听朝政"。这究竟是怎样的罪名呢？恐怕无法翻译成现代语言。主管刑部尚书桑春荣在疏稿上愤然写道："王爷大，中堂小，我从王爷。"遂将疏稿上报。在王朝中，无所谓事实和法律，谁权大听谁的。其实醇亲王也是个传话的，王朝中权力最大的是至高无上的皇帝。此时清帝年号叫同治，皇帝是个几岁的孩子，他要袒护成禄，而撞在枪口上的恰恰就是要求惩办成禄的吴可读。他在疏奏中陈列成禄之罪，指出滥杀百姓的成禄有可斩之罪十，不可缓者五。小皇帝撒泼大哭，喊叫道："吴可读欺负我！"现在满朝公卿大臣不是要根据法律和事实分清是非，惩办罪犯，而是要安抚任性撒泼的小皇帝，于是，把上疏的臣子吴可读逮捕论斩，是非颠倒以致如此！王朝围绕一个任性撒泼的孩子在转，所有自以为满腹经纶的臣子其实皆是王朝体制的奴才，归根结底，他们头顶只有一个主子，那就是皇帝。吴可读悲愤之极，再次上疏，语云："请斩成禄以谢甘民，再斩臣以谢成禄。"小皇帝听了这话，更加不依不饶，非要吴可读的脑袋不可，下旨斩立决，立刻砍掉吴的脑袋，以平心中怒气。刑部大理寺都察院所有王朝的法律机关"十三堂官"即13个主管官员都已签字画押，独有一人不肯签字，最后，吴可读免官流放。

事情如果到此为止，我们也不必感叹了，因为数千年所谓王朝政治本无是非可言，权力是最终的裁决者，最大的权力当然是皇权，中国人祈盼的无非是好官好皇帝而已。即使是坏皇帝，中国人也愿意用世间最美好的言词歌颂他，认为他的恩典高于生养自己的父母并愿意为他献出生命。吴可读侥幸捡得一条性命，他虽然满腔悲愤，但他对皇帝的忠心非但未有丝毫减弱，反而愈加坚定，好比一个被父母责罚的孩子，越打我越爱你，最后我死给你看！光绪五年，撒泼想要砍他脑袋的小皇帝已死去五年（同治帝五岁即位，死时19岁，据说因偷偷出宫嫖娼染上梅毒而死），这年举行盛大仪式，把他的尸体送到皇陵安葬，已被罢官流放的吴可读要求随仪仗而行。回程队伍到了蓟州，他宿在一座废寺中，因早已做了准备，遂自缢，但未死，又仰药自尽。他是因怨恨执意要他命的小皇帝而死吗？非也，人们从他的怀里发现一封要呈送朝廷的遗疏，内容是请求为死去无后的同治皇帝立嗣的事。呜呼，其忠如此！忙着追到阴司地府的这名臣子倘若见了死去的皇帝，皇帝还会认得他吗？会为当年任性哭着闹着要杀他的往事愧悔吗？会为这名臣子的忠心而感动吗？吴可读自杀事件被朝中士大夫名之为"尸谏"，就是自杀陈尸以示忠诚，遂引起朝野士人的一片唏嘘！吴可读"尸谏"的想法萌生已久，他留给儿子一封遗书交待后事，其言曰：

> 吾儿之桓知之，尔闻信切不可惊惶过戚，致阖家大小受惊，尔母已老，尔妇又少，三孙更幼小可怜，尔须缓缓告知，言我已死得其所，不必以轻生为忧。
>
> ……
>
> 我自廿四岁乡荐以后，即束身自爱，及入官后，更不敢妄为。每览史书内忠孝节义，辄不禁感叹美慕。对友朋言时事，合以古人情形，时或歌哭欲起舞，至不能已已。故于先皇宾天时，即拟就一折，欲由都察院呈进，彼时已以此身置之度外……今不及待矣，甘心以死，自践前日心中所言，以全毕生忠爱之忱，并非因数年被人诬谤而然。

其遗书中交待家事及身后事毕悉，读至"三小孙要紧，不及复见矣，书至此，泪下搁笔逾时矣！"不由酸鼻。作为爷爷，牵念小孙，疼爱有加，却决心赴死，写遗书时竟至泪下搁笔。问其何以弃亲人而"甘心以死"，不过想表达对"先皇"的"忠爱之忱"。[①] 呜呼，数千年王朝"忠孝节义"的思想灌输，成就了这样丧心病狂的"忠臣"，谈何自由思想，独立意志乎！

四

吴可读并非是一个冥顽迂执的庸人，他是有是非有见解的读书人，作为一个体制内的读书人、一个把自己的学识货于帝

---

① 有关吴可读事迹见黄濬《花随人圣庵摭忆》。

王家的"仕",他的"是非见解"只能诉诸朝廷,朝廷不接受,他的"是非见解"便等于乌有,甚至带给他杀身之祸。吴可读在晚清朝廷被人所铭记的除了"尸谏"外,尚有呈给朝廷的一封《请免外国使臣跪拜疏》。同治时,清王朝内忧外患,国家破败不堪,可是,昏庸愚妄的统治者不想睁眼看世界,还在做着天朝上国的迷梦。西方各国派来使节,皇帝和大臣们还在纠结,天子是否纡尊降贵而接见使节?是否应逼迫使节见了皇帝而屈膝跪拜,以彰显"大国"的尊严?此时的大清国有何"尊严"且不说,这种对世界大势和现代文明国家的交往方式和外交礼节一无所知,自绝于世界而带来的愚昧落后真不可一语道尽!

这种愚昧和妄自尊大可追溯至18世纪,就是乾隆时期的英国使臣马戛尔尼"朝见天朝大国"的礼仪事件。

1789年,大清国两广总督福康安授意英国东印度公司,希望派代表来京祝贺乾隆皇帝的八旬万寿,东印度公司的经理们有两怕,一怕大清国扣留他们的代表作人质;二怕行三跪九叩礼,所以迟疑未行。后来英国政府觉得一些贸易上的事情必须派代表前来协商,于是决定借补行祝寿的名义派公使马戛尔尼来华。英国外交部指示马戛尔尼,大使所行礼仪应表示中英平等,不卑不亢,但不可拘泥形式,交涉的目的在扩充通商机会和联络邦交,使中国人知道英国也是礼仪之邦,且是"世界大帝国"之一。交涉的具体条件是:

第一,英国想在中国得一小区域如澳门一样,使英商可以屯货在家，主权可以仍归中国，但警察权及对英侨的法权应归英国；在租界区域内，英国可不设军备。

第二，中国不愿租地，就加开通商口岸及减少广东的限制。

第三，英国可以遵守中国的鸦片禁令。

第四，希望英国可派公使驻北京，或间来北京；如中国愿派公使到伦敦，英国政府十分欢迎。

以上是18世纪末英国对华外交的目的。

为了能使这次外交活动正常进行，东印度公司董事长于乾隆五十七年（1792年）夏季，先发一信给两广总督，报告英国政府派使的意思。这封信被译成中文后，随官员奏折送往北京。其中文译文完全曲解了原意，如："我国王兼管三处地方（即英伦三岛）。向有夷商来广贸易，素沐皇仁。今闻天朝大皇帝八旬万寿，未能遣使进京叩祝，我国王心中惶恐不安。"英国人费尽心力要表达平等相敬，结果翻译把英国人弄成对大清国低三下四的藩属口气。当时的翻译叫通事，他不敢如实翻译，只好曲解原意，以使皇帝欢心。大清国禁止外国人学习中文及用中文移书往来，就是想通过翻译占这个纸上的便宜，大清国的对外交往实在是幼稚和滑稽。

对于马戛尔尼出使来华，乾隆昭示官员，预先做了安排。皇帝不想也不愿意知道英国此次外交行动有何企图，英人的条件对国计民生利弊如何。他最为关心的是英国使节能不能对他三跪九叩，这关乎天朝大国的皇帝君临天下的面子和尊严，是头等大事，不可不讲。他指示官员"当于无意闲谈时，婉词告知，以各处藩封到天朝进贡观光者，不特陪臣俱行三跪九叩之礼，即国王亲自来朝者亦同此礼，今尔国王遣尔等前来祝嘏，自应遵天朝法度"。他认为英国是大清国的"藩封"，别说你一个使臣，就是你英国国王来了也应对我三跪九叩。

马戛尔尼船只进港，循例插旗，船头插旗书曰"英咭唎国进贡船"，马戛尔尼为了不影响外交使命，隐忍接受了。对于晋见皇帝的礼节，他表示，他可以行三跪九叩礼，但前提条件是中国应派与他同等级的大臣在英国国王像前作三跪九叩答礼，他说他所争的不是自己的身份，而是中英平等和英国国王的尊严，以此表示英国并非中国的"藩封"。他把自己的条件提交给当时的首揆和珅，遭到了大清朝廷的拒绝。于是他决定以晋见英王最敬的礼节来晋见中国的皇帝。

马戛尔尼于乾隆五十八年（1793年）八月十日及八月十三日在热河行宫两次见了高宗，两次都未跪拜。高宗虽敷衍了，赏了他及他的随员不少的东西，心中实在不满意，要官吏暗中设法讽令英国人早回国。他所提出的要求，乾隆以一道勒谕拒绝一切。[①]

由于马戛尔尼未行三跪九叩，他的使团成了不受欢迎的

---

① 蒋廷黻：《中国近代史》，北京：中国华侨出版社，2016年，第248页。

人,他的外交使命彻底失败。

但马戛尔尼究竟跪拜没有?中国官员另有记载:

> 觐见时,循例使叩头。马戛尔尼深虑以小节妨其所企,于八月十日觐清高宗于万树园幄次,行跪拜礼。陈康祺《郎潜纪闻》记兹事云:"乾隆癸丑,西洋英咭唎国使当引对,自陈不习跪拜,强之,止屈一膝,及至殿上,不觉双跪俯伏。故管侍御《韫山堂诗》有'一到殿廷齐膝地,天威能使万心降'之句。"①

中国朝廷官员的意淫和得意忘形的小人心态跃然纸上。"天威能使万心降"了吗?后来的一败涂地和丧权辱国说明了一切。

> 由现代中国人看来,马氏出使中国毫无直接的成绩可言,这已经够奇了,但连间接的影响也没有,这更奇了。马氏在中国境内逗留几及半年。在这时期内,中国官吏与他往来的也不少。……马氏所坐的兵船——比中国水师的船大五倍——及所送高宗的炮位和模型军舰,当时也有许多中国人看过。何以他们对西洋军备无丝毫惊醒呢?英国这次所送的浑天仪实属18世纪西洋科学及工艺的最精品,

---

① 黄濬:《花随人圣庵摭忆》,太原:山西古籍出版社,1999年,第222页。

何以中国人（满汉均在内）没有发生一点觉悟呢？马戛尔尼文化使命的失败足证中国绝不会自动接受西洋的科学和工艺。①

西洋的科学和工艺中国都不能自动地接受，文化和制度就更谈不到了。

继马戛尔尼出使后，嘉庆二十一年（1816年），英国再派使节罗尔美都（阿美士德勋爵）来中国，因跪拜问题，嘉庆竟下逐客令。由北京返广州途中，沿途官吏皆以白眼相待。西洋人由此知道，要变更中国的通商制度和与中国建立平等的邦交，和平之路根本就走不通。

五

大清国庚子年向西方各国宣战，以兵匪合攻外国使馆，并且杀了德国公使克林德和日本使馆书记官杉山彬，更加证明与中国朝廷以和平文明的方式交往之不可能。战后，应德、日两国要求，朝廷派出户部右侍郎那桐赴日、醇亲王载沣赴德谢罪。载沣赴德后，被要求晋见德皇时行跪拜礼。时移世易，时势颠倒以至如此！

载沣在德再三哀求，于回朝廷电文中云："……婉商外部，以跪礼我国万难应允，于德既无所取，更与两国体面大有相

---

① 蒋廷黻：《中国近代史》，北京：中国华侨出版社，2016年，第249页。

关……恳请德皇宽免。"载沣在德，受尽屈辱，没有半点天朝大国皇亲贵胄的体面。德皇接见使团时，只允二人入见，"沣随带荫昌进见内殿，递书宣读颂词，张翼六人在外殿侍立"。载沣在电文中一再称颂德皇的"优渥""鸿福"云云，皆为谢罪时创巨痛深至哀至辱之大耻也！德皇在载沣的一再哀告下，宽免了跪拜礼，但这并非对清廷的优容和宽大，英国人濮兰德在《慈禧外纪》中述及此事时说，德皇所以允不必用跪礼者，乃"迟疑多日，卒迫于中国向来外交拖延忍耐之手段，而让步焉"。德国人忍受不了大清朝的拖延忍耐，不耐烦在这样的小事上拖下去，所以就算了。使臣可以不跪拜，但事关国家尊严和对战败者索赔方面寸步不让，让你疼，让你出血，让你颜面尽失，备受屈辱。

当年大清朝廷从皇帝到百官争的就是这个，认为是"礼仪廉耻，国之四维"，所在必争，关乎国计民生和国家安全的大事反倒无人理会。上面所提的吴可读《请免外国使臣跪拜疏》中指出："臣闻各国往来文移，所进表章，有如许妖魔鬼怪，不知何物某皇某帝，竟与我皇上并列矣，诸臣不彼之耻，而耻此乎？前岁俄夷由伊犁而入新疆，自东而南而西，包中国一万余里，创千古外夷入中国未有之局，其措置甚大，其处心积虑甚深甚毒，诸臣不彼之虑，而虑此乎？"大清国的皇帝和官员并不在意沙俄对中国的领土野心，所斤斤者乃是对大清国的皇帝是否三跪九叩。西方各国君主和民选领袖在他们眼里都是"妖魔鬼怪"，和他们的皇上并列使他们痛心疾首，深以为耻。

直到清朝气息奄奄，被世界所抛弃，他们还是这样看待世界。呜呼，愚之极矣，不亡何待乎！

他们对西方文明和各国的国情蒙昧无知，不知而又不想知，闭上双眼，堵上双耳，不看、不闻、不问，认为西方的世界贸易体系是自己闭关锁国称王称霸掳掠百姓的大敌，又怕、又恨、又无奈，谁不骂西方、不称颂朝廷和皇上，谁就是国家公敌。出使西方多年，睁开眼睛看世界的郭嵩焘一句"西洋立国，本末兼赍，其君民上下同心一力，以求所以自立"，竟招来大清国官员的一片咒骂，称其"丧心病狂"。倨傲虚骄的清政府庚子败后派出醇亲王载沣卑躬屈膝赴德谢罪，说明一个文化和体制落后的民族是无法自立于世界民族之林的。

英人濮兰德就近观察中国的皇朝体制和末日乱象，在庚子年后写道：

> 至于京中官僚，见和局已成，危险已过，遂以为复睹太平，立忘前此畏惧之心，故态复萌，一切卑鄙嬉乐之象，又如往日矣。从各种方面，皆可察见此等现象。至后来修理商约之时，尤为显见，足以证明吾人之定评。此定评乃数年前一在北京之英国代表所指出者，其言曰：此类人毫不讲情理，若恐惧之则事事屈服矣。①

---

① 有关载沣赴德谢罪事皆见黄濬《花随人圣庵摭忆》。

1900年距今过去了一个多世纪,大清国也早已亡灭。我们没有生活在大清国统治时期,大清朝廷更与我们无干,但是想到我们的祖先就曾在这样一个时而如昏眊老人,时而如撒泼的孩子,张狂时不可一世,挨揍后卑躬屈膝的王朝统治之下,一代又一代屈辱地活着,我们能不血脉贲张,废书而叹乎!

六

文将终,拊膺坐叹,不能自已,抄书一则如下:

又记戊午任公居团城时,一日严寒,坐沁香亭中,望液池波欲成冰,大风作浪有声,任公方辞职,叹曰:"求去亦何所谓?世事兴衰,大势略定,何人为之,皆不甚相远。"予因譬解,极言史迹皆由人为,非武侯蜀必不能四十年,王猛死苻坚覆且加速。往史不必论,且如前清,假使世宗不立,或竟为允禵辈所得者,允禟、允禵皆亲信欧洲人,当时传教之穆经远等,实为羽翼,允禟等皆通西文,能作书札。而世宗则亲信蒙古喇嘛,故雍正既胜,遂利用喇嘛之导辅,以次成乾隆拓边设藩之弘规,然因顽固迷信之累积,卒成故步自封,而极于庚子义和团诸役,遗毒至今不已。反之,假令允禟等得志,诸西洋传教士等向用,天主教固得早盛,而以智识新锐,或易于西洋文化接近,在初期未必有奄有蒙藏之武功,其终也,或早肇海通之事势,甚或可使全国早成现代化。历史之嬗变虽有极难料者，事视人为，则必可信。欧人觇吾国者谓腐败之基在乾隆中叶，而那拉氏一手促其祚之终。古人所谓政与人存，一言丧邦，皆凿然不爽，安得言何人为之皆不甚相远乎？任公亦极以为是。

以上摘自黄濬著《花随人圣庵摭忆》中《忆与梁任公两次晤谈》一文。任公者，梁启超也，其民国初年政坛沉浮事见拙文《春半如秋意转迷》。梁虽辞职，心有戚戚焉，故有"大势略定，何人所为，皆不甚相远"之说，此处所云，似为历史决定论，人之所为，离不开时势，时势如此，谁都只能顺应历史潮流，所以，谁在台上也都差不多。黄濬反驳他的观点，认为历史是由人创造的，不同的人主宰时势则会创造不同的历史。如果没有诸葛亮为相，偏安之蜀国绝不能支撑40年；失去了王猛，苻坚的前秦则迅速败亡。即举清朝之史，允禟为康熙第九子，允禵为康熙第十四子，皆在夺嫡中失败。上位的清世宗雍正（康熙第四子胤禛）亲信蒙古喇嘛，故成后来拓边设藩，闭关锁国之局，经康熙直至最后的庚子之乱，终于由那拉氏西太后促成其亡国绝嗣。假定允禟、允禵能够上位执政，由于他们信重西方传教士，热爱西方文化，肯定会开放海禁，学习西方文化和制度，说不定能促成古老中国融入世界，完成现代化。所以黄濬认为，史由人创，政由人存，一言兴邦，一言丧邦，由什么人来主宰时势，决定历史的走向，实关重要。他的话也得到了梁启超的赞同。

18世纪,若中国出现一个具有世界眼光的皇帝,真的会扭转历史的走向,把古老的帝国引向现代化之路吗?这或许只是后人美好的期待和诗意的想象。事实是,历史加诸中国之上的多半是噩梦和最坏的结果,苦难的中国除了背负沉重的历史前行,似乎没有另外的选择。

2020年2月5日改定于庚子年时疫猖獗时

图书在版编目(CIP)数据

乱世和末世的自我救赎:中国近代的知识分子/周树山著. —上海:复旦大学出版社,2020.12
ISBN 978-7-309-15333-0

Ⅰ.①乱… Ⅱ.①周… Ⅲ.①知识分子-研究-中国-近代 Ⅳ.①D693.71

中国版本图书馆 CIP 数据核字(2020)第 216050 号

乱世和末世的自我救赎:中国近代的知识分子
周树山 著
责任编辑/李又顺

复旦大学出版社有限公司出版发行
上海市国权路 579 号 邮编:200433
网址:fupnet@fudanpress.com　http://www.fudanpress.com
门市零售:86-21-65102580　　团体订购:86-21-65104505
外埠邮购:86-21-65642846　　出版部电话:86-21-65642845
上海四维数字图文有限公司

开本 890×1240　1/32　印张 9.875　字数 196 千
2020 年 12 月第 1 版第 1 次印刷

ISBN 978-7-309-15333-0/D・1063
定价:48.00 元

如有印装质量问题,请向复旦大学出版社有限公司出版部调换。
版权所有　侵权必究